Christina Münk

Philosofy your Life

Christina Münk

Philosofy your Life
Besser leben mit Philosophie

Tectum Sachbuch

Christina Münk
Philosofy your Life. Besser leben mit Philosophie
© Tectum Verlag Marburg, 2014
ISBN: 978-3-8288-3279-4

Umschlagabbildung: Man watching a Rodin's thinker imitation.
        © NLshop | iStockphoto.com
Satz und Layout: Heike Amthor | Tectum Verlag
Druck und Bindung: CPI Ulm
Printed in Germany
Alle Rechte vorbehalten

Besuchen Sie uns im Internet
www.tectum-verlag.de

Bibliografische Informationen der Deutschen Nationalbibliothek
Die Deutsche Nationalbibliothek verzeichnet diese Publikation in der
Deutschen Nationalbibliografie; detaillierte bibliografische Angaben sind
im Internet über http://dnb.ddb.de abrufbar.

EINLEITUNG

Besser leben mit Philosophie. Was verbirgt sich hinter diesem bemerkenswert unbescheidenen Versprechen? Nun, zunächst einmal die Idee, dass es in irgendeinem Sinne besser ist, sich mit philosophischen Themen zu beschäftigen bzw. sich philosophisch mit bestimmten Themen zu beschäftigen, als dies nicht zu tun. Die Philosophie kann bedeutsam für die persönliche Lebensführung sein, ja sie kann das Leben besser machen. Allerdings gilt es zu bedenken, dass das Wörtchen „besser" hier nicht – gemäß den Imperativen unserer Leistungs- und Beschleunigungsgesellschaft – mit „effizienter", also „höher, schneller, weiter, mehr" zu übersetzen ist. Auch macht das Philosophieren das Leben nicht unbedingt „besser" im Sinne von „leichter", „unkomplizierter" oder „sorgloser". Auf welche Weisen philosophische Überlegungen die Lebensgestaltung positiv beeinflussen können, wie sie also das Leben besser machen, soll in diesem Buch anhand von zehn Beispielen aus 2500 Jahren Philosophiegeschichte gezeigt werden. Als zentrale Themen der Lebensverbesserung kristallisieren sich dabei heraus: die Arbeit an der Freiheit, Selbstbestimmung, Selbstoptimierung, Reflexion, Selbstsorge, bewusste Lebensführung, Eigensinn sowie das Eröffnen neuer Perspektiven und Denkwege.

Der Philosoph Alain de Botton, der in London eine School of Life eröffnet hat, findet, dass das Universitätsstudium heutzutage viel zu wenig darauf ausgerichtet ist, „den Studenten irgendwelche emotionalen oder ethischen Fertigkeiten fürs Leben zu vermitteln". Die akademische Beschäftigung mit philosophischen (und anderen) Werken ist in aller Regel nicht auf deren Lebensbedeutsamkeit hin ausgerichtet. Die Auseinandersetzung mit dringlichen existenziellen Fragen, auf die die klassischen Werke der Philosophie, Literatur und Kunst womöglich eine Antwort geben, gehört nicht zum Lehrplan. Demgegenüber würden Universitäten, wie Botton sie sich wünscht, zwar aus demselben reichhaltigen kulturellen Angebot schöpfen wie traditionelle, würden aber „ihre Aufmerksamkeit dabei darauf richten, wie sie die Studenten lehren zu leben". Im Rahmen eines solchen Studiums würden philosophische Texte und Theorien daraufhin untersucht, was sie zu drängenden Fragen der Lebensführung zu sagen haben. Das Philosophieren würde als unmittelbar lebensgestaltende, nicht als rein intellektuelle Tätigkeit betrachtet. So wie es auch in diesem Buch getan wird.

Dass die Philosophie aufs Engste mit der Lebensführung und -gestaltung verknüpft ist, ist nun alles andere als eine neue Idee. So war z. B. Epikur der Ansicht: „Wer jung ist, soll nicht zögern zu philosophieren, und wer alt ist, soll nicht müde werden im Philosophieren. Denn weder ist jemand zu jung noch zu reif, um sich um die Gesundheit der Seele zu kümmern." Die Philosophie soll demnach das geeignete Mittel sein, um seelische Gesundheit zu erhalten oder zu erlangen. Philosophie als Therapeutikum – inspiriert von dieser Vorstellung ist in dem vorliegenden Buch die Rede von philosophischen Heilmitteln oder besser: philosophischen „Heilmitteln", denn die Analogie zwischen medizinischen und philosophischen Therapeutika hat ihre Grenzen. So wird eine Heilung im Sinne einer Beseitigung der Ursachen eines Leidens in den Texten, die im Folgenden vorgestellt werden, in der Regel nicht anvisiert. Eine solche Heilung ist auch gar nicht möglich, wenn es z. B. um ein Leiden geht, das mit den Bedingungen unserer Existenz verbunden ist. In solchen Fällen kann es „nur" um einen veränderten Umgang mit Gegebenheiten gehen, die selbst nicht verändert werden können. Das legt nun einen Vergleich mit palliativ-medizinischen Behandlungen nahe, aber auch dieser ist irreführend, denn die philosophischen „Therapeutika" sind durchaus nicht immer beruhigend, tröstend oder schmerzlindernd. Außerdem verlangen philosophische „Heilmittel" im Unterschied zu medizinischen Therapeutika die (denkende) Mitarbeit des Patienten an seiner Therapie. Mit einem passiven Auf-sich-wirken-Lassen ist es hier nicht getan. Schließlich muss man sich vor Augen führen, dass die Rede von der Heilung auf ein Kranksein verweist. Aber die Erfahrungen, um die es im Folgenden gehen wird, sind nicht samt und sonders als pathologisch zu betrachten. So ist beispielsweise die bisweilen schmerzhafte Beschäftigung mit Themen wie Sterblichkeit oder Sinnlosigkeit eher existenziell als krankhaft zu nennen. Aus den genannten Gründen wird in diesem Buch der Begriff „Heilmittel" durchgehend mit Anführungszeichen versehen.

Im Folgenden werden neun Philosophen und eine Philosophin vorgestellt, die Leidenserfahrungen oder existenziellen Herausforderungen mit den Mitteln des Denkens begegnen: Antiphon bietet philosophische Lebensberatung bei Sorgen und Kummer. Sokrates lehrt die Kunst des philosophischen Sterbens – und Lebens. Boethius zeigt, wie die Philosophie einem dabei helfen kann, (nicht nur) in Extremsituationen den Verstand zu behalten. Mit Hilfe von John Lockes Methode zur Korrektur des Gaumens soll man sich von schlechten Angewohnheiten und schädlichen Vorlieben verabschieden können. Immanuel Kant appelliert an die vernünftige Hoffnung darauf, dass die Welt nicht so ungerecht ist, wie sie uns zuweilen erscheint. Friedrich Nietzsche schwört auf eine philosophische Rosskur bei Sinnverlust und Orientierungslosigkeit – wenn man denn über die nötige Unerschrockenheit verfügt. Jean-Paul Sartre erklärt, wie man der Hölle entkommt, die die Anderen sind. Simone de Beauvoir weist den Weg aus den Zwängen der Geschlechterideologie. Peter Bieri lehrt das Handwerk der Freiheit und erläutert, wie man zu mehr Selbstbestimmung gelangt. Peter Sloterdijk verordnet ein philosophisches Fitness-Training für den Allkampf des (Über-)Lebens.

Dieses Buch wurde weder als Lehrbuch noch als Überblicksdarstellung konzipiert. Es wird daher auch nicht der Anspruch erhoben, sämtliche Philosophen und Philosophinnen zu berücksichtigen, die Beiträge zum Thema der philosophischen Lebensverbesserung geleistet haben. Vielmehr handelt es sich um eine Auswahl von Texten, die wesentlich durch die persönlichen Interessen der Autorin beeinflusst ist. Dem einen oder der anderen mögen die einzelnen Kapitel als Einführungen in die betreffenden Schriften dienen. Vielleicht besteht auch ein gewisser Unterhaltungswert. Die eigentliche Intention des Buches aber ist es, den vorgestellten philosophischen „Heilmitteln" die Möglichkeit zu geben, wirksam zu werden – sofern sie denn tatsächlich das Potenzial dazu haben. Um herauszufinden, ob ein philosophisches „Heilmittel" auf die eine oder andere Weise hilfreich sein kann, muss man es testen. Dabei kommt es meiner Überzeugung nach auf die richtige Art der Verabreichung an. Diese Überzeugung war für die Gestaltung der Kapitel leitend. Ich habe mich bemüht, die jeweiligen Gedankengänge so ausführlich wie nötig und so verständlich wie möglich zu erläutern. Dabei stehen in aller Regel die Primärtexte im Vordergrund. Eine Diskussion der Forschungsliteratur wird nicht vorgenommen. Wer sich mit einem der vorgestellten Texte bzw. Themen intensiver beschäftigen möchte, findet im Anschluss an die Kapitel einige ausgewählte Literaturhinweise. Auch auf eine kritische Diskussion der jeweiligen Thesen habe ich weitgehend verzichtet ebenso wie auf philosophiehistorische Betrachtungen. Beides hat in anderen Kontexten zweifellos seine Berechtigung, ist aber geradezu hinderlich, wenn die (mögliche) Wirksamkeit von philosophischen Überlegungen im Mittelpunkt stehen soll. Der Grund dafür ist folgender: Die vorschnelle Suche nach inneren Widersprüchen und Kritikpunkten genauso wie der rein historische Blick schaffen eine Distanz zu philosophischen Texten. Für das philosophische „Heilmittel" bedeutet das, dass seine potenzielle Wirksamkeit von vornherein verhindert wird, weil es sozusagen nicht richtig aufgenommen werden kann. Damit philosophische „Heilmittel" wirken können, muss man sie an sich heranlassen. Das bedeutet nun nicht, dass man sie widerspruchslos „schlucken" sollte. Um die philosophischen „Heilmittel" im Selbstversuch testen zu können, bedarf es eines – durchaus kritischen – Nach- und Durchdenkens. Aber es bedarf eben auch einer besonderen Offenheit und einer Bereitschaft, sich probeweise auf die „therapeutischen" Gedanken einzulassen. Die ausschließliche Konzentration auf die Philosophiegeschichte und die voreilige Suche nach Denkfehlern und theoretischen Schwächen stehen dieser Offenheit im Wege.

Die Philosophie kann das Leben besser machen. Sie kann sogar eine Art von Therapeutikum sein. Das ist die von Epikur geäußerte Überzeugung, die diesem Buch zugrunde liegt. Epikur selbst geht allerdings noch weiter, wenn er schreibt: „Die Rede jenes Philosophen ist leer, durch die kein Leiden geheilt wird; denn wie die Heilkunst keinerlei Nutzen hat, wenn sie nicht die Krankheiten des Körpers vertreibt, so auch nicht die Philosophie, wenn sie nicht das Leiden der Seele vertreibt". Das ist eine extreme Position. Etwas gemäßigter könnte man formulieren: Die Philosophie kann ein „Heilmittel" sein. Damit sie es sein kann, muss man empfänglich für ihre mögliche Wirksamkeit bleiben.

ANTIPHON
und die Technik der Leidensbekämpfung

Unter dem Titel Mit Sokrates durch die Lebenskrise *berichtete die* Berliner Zeitung *1998 von einem außergewöhnlichen Beratungsangebot: »Die Philosophische Praxis will eine Alternative zur Psychotherapie bieten, jedoch keine alternative Therapie« (SL). Philosophie und Praxis – allein die Verbindung dieser beiden Begriffe ist schon merkwürdig, sind doch die Philosophen viel eher für ihren ausgeprägten Hang zur* Theorie *bekannt. Und was soll man sich unter einer philosophischen Alternative zur Psychotherapie vorstellen? »Spricht man mit einem Philosophen über die Sorgen des Alltags? Den Seitensprung des Partners oder den ältesten Sohn, ein lieber Junge, aber arbeitslos und auf dem besten Weg, ein Trinker zu werden?« (SL). Was, so fragen sich wohl viele, qualifiziert einen Philosophen eigentlich zur Lebensberatung, ja was wissen Philosophen überhaupt über die Probleme des Lebens?*

Auf der Homepage des Philosophischen Praktikers Gerd B. Achenbach erfährt man etwas mehr über die Tätigkeit der beratenden Philosophen. Zur Idee der Philosophischen Praxis heißt es dort: »Die philosophische Lebensberatung in der Praxis des Philosophen [...] ist eine Einrichtung für Menschen, die Sorgen oder Probleme quälen, mit ihrem Leben ›nicht zurechtkommen‹ oder meinen, sie seien irgendwie ›steckengeblieben‹; die von Fragen bedrängt werden, die sie weder lösen noch loswerden [...]. In der Philosophischen Pra-

xis melden sich Menschen, denen es nicht genügt, nur zu leben oder bloß so durchzukommen, die sich vielmehr Rechenschaft zu geben suchen über ihr Leben und sich Klarheit zu verschaffen hoffen über dessen Kontur, sein Woher, Worin, Wohin. Ihr Anspruch ist nicht selten, einmal über die besonderen Umstände, die oftmals sonderbaren Verstrickungen und den seltsam uneindeutigen Verlauf ihres Lebens nachzudenken. Kurz: Sie suchen die Praxis des Philosophen auf, weil sie verstehen und verstanden werden wollen. Dabei ist es fast nie die Kantische Frage ›Was soll ich tun?‹, die sie bewegt, häufig hingegen die Frage Montaignes – und die lautet: ›Was tue ich eigentlich?‹« (PP). Wem also das eigene Leben aus dem einen oder anderen Grund fragwürdig geworden ist, der kann sich an praktizierende Philosophen wenden. Dass diese selbst von Berufs wegen viel eher mit Fragen als mit definitiven Antworten beschäftigt sind, scheint auf den ersten Blick vielleicht paradox zu sein: Ein Fragender wendet sich in einer Krise an einen professionellen Hinterfrager. Aber vermutlich ist es gerade diese hinterfragende und prüfende Haltung eines Philosophen oder einer Philosophin, die Menschen helfen kann, die sich mit den kleinen und großen Fragwürdigkeiten des Lebens konfrontiert sehen.

Hilfe durch (Mit-)Denken, das ist es, was die Philosophische Praxis anbietet. Dieses Angebot erfreut sich erst seit einigen Jahren einer wachsenden Popularität (oder zumindest Akzeptanz). Man könnte daher meinen, die Idee einer philosophischen Beratung sei eine moderne. Tatsächlich aber kennt die Philosophiegeschichte einen Denker, der bereits im 5. Jahrhundert v. Chr. als Philosophischer Praktiker mit eigener Praxis tätig gewesen ist: Antiphon von Athen.

Als Sophist zählt Antiphon, wenn man so will, zu den üblichen Verdächtigen der Philosophiegeschichte. Wenn von der Sophistik die Rede ist, drängen sich fast unweigerlich Assoziationen von philosophischer Unredlichkeit und zweifelhafter Seriosität auf. Die Sophisten verdanken ihr negatives Image, das noch heute in unserer Verwendung des Wortes *sophistisch* (= haarspalterisch, wortklauberisch) zum Ausdruck kommt, in erster Linie Platon bzw. Sokrates, so wie er uns durch seinen Schüler Platon überliefert ist. Platon stellt die Vertreter der Sophistik als notorische

Wortverdreher dar, denen es nicht um die Überzeugung durch vernünftige Argumente, sondern um die Überredung durch rhetorische Spitzfindigkeiten geht. Statt nach Wahrheitsliebe und Tugend zu streben, seien die Sophisten durch Macht- und Geldgier motiviert. Xenophon war derselben Ansicht wie Platon und äußerte sogar die Meinung, man müsse klar zwischen Philosophen und Sophisten unterscheiden. Im Grunde, so fand er, sei »Sophist« ein Schimpfwort. So bekam der ursprünglich positiv konnotierte Begriff *Sophist* (griech. *sophia* = Weisheit) schon früh einen negativen Beiklang, weil er mit Gerissenheit, Gewinnstreben und Scharlatanerie assoziiert wurde.

Aber wer waren denn nun diese Männer, deren Treiben (nicht nur) von Platon mit größtem Argwohn beobachtet wurde? Die Sophisten, das muss man zunächst einschränkend festhalten, können nicht als einheitliche Gruppe betrachtet werden. Auch von *der* sophistischen Philosophie kann nicht ohne Weiteres gesprochen werden. Dennoch gibt es bei aller Differenz im Denken und Wirken der Sophisten einige gemeinsame Elemente, die eine verallgemeinernde Beschreibung erlauben. In antiken Quellen werden die Sophisten als wandernde Weisheitslehrer beschrieben, die im 4. und 5. Jahrhundert v. Chr. in Griechenland, vor allem in dessen kulturellem Zentrum Athen, Menschen gegen Bezahlung unterrichteten. Zu dieser Zeit bestand ein gewisser Bedarf, die Kunst der Politik und der Rede zu erlernen, denn mit dem Niedergang des Adels und der allmählichen Herausbildung der athenischen Demokratie änderten sich die Bedingungen für politisches Handeln. Die professionelle Lehrtätigkeit der Sophisten kam diesem Bedarf entgegen und vermittelte in erster Linie die *politike arete*, die politische Tüchtigkeit. Der Unterricht, den die Sophisten erteilten, hatte dabei wohl häufig einen seminarartigen Charakter: Es wurden Lehrvorträge gehalten, Fragen beantwortet und Diskussionen geleitet – alles mit dem Ziel, die Schüler auf die Teilnahme am politischen Leben vorzubereiten.

Das Wirken der Sophisten stand somit im Zeichen eines unmittelbar anwendbaren, alltagstauglichen Fachwissens. Damit leiteten sie eine neue Epoche der griechischen Philosophie ein, die sich bis dahin in erster Linie mit den Fragen nach dem Grundprinzip der Welt und nach der Ursubstanz, aus der alles entstanden ist, beschäftigt hatte. Mit den Sophisten rückte demgegenüber der Mensch in den Mittelpunkt philosophischen Nachsinnens, und an die Stelle der kosmologischen und naturphilosophischen traten nun ethische Fragestellungen. Die Sophisten interessierten sich weniger für die Frage, was die Welt in ihrem Innersten zusammenhält, sondern vielmehr für gesellschaftliche, politische, juristische und moralische Themen. Dabei vertraten sie eine philosophische Position, die gekennzeichnet ist durch einen praktischen Relativismus und einen erkenntnistheoretischen Skeptizismus. Anders formuliert: Sie hielten eine skeptische Distanz zu der Rede von absoluten, menschenunabhängigen Wahrheiten, und sie fanden diese Wahrheitsfrage zudem zweitrangig im Vergleich zu einem sehr praxis- bzw. anwendungsorientierten Wissen. Der sogenannte *homo-mensura*-Satz (»Der Mensch ist das Maß aller Dinge. Der seienden, dass sie sind, der nicht-seienden, dass sie nicht sind«) gilt in dieser Hinsicht als ein für die Sophistik paradigmatisches Statement.

Wie gesagt sahen die Sophisten es als ihre Aufgabe an, den griechischen Bürgern eine zum konkreten politischen Handeln befähigende Bildung zu vermitteln. Darum lehrten die sie ihre Schüler vornehmlich die Beredsamkeit bzw. das Überzeugen durch Redekunst. Die Rhetorik für den konkreten Anwendungsfall nahm einen zentralen Stellenwert in den Lehrkonzepten der Sophisten ein. Sophistik und Rhetorik – diese beiden Begriffe erscheinen bei Platon sogar mehr oder weniger als Synonyme: »Dasselbe sind Sophist und Redner oder doch ähnlich und fast gleich« (Gorg. 520a).

Die beschriebene Mischung aus Relativismus, Skeptizismus, Pragmatismus und Geschäftssinn war genau dasjenige, was die Kritik von Platon provozierte, der sich mit seinem Bemühen um ein »reines Philosophieren«, mit der Suche nach begründetem Wissen, das in direkter Verbindung mit der Tugend steht, von den (vermeintlich) geld- und machtgierigen Sophisten abgrenzen wollte.

Ein Philosoph als Psychotherapeut?

Man begegnet also einem auf die menschliche Sphäre konzentrierten sowie unmittelbar praxis- und anwendungsorientierten Denken, wenn man sich mit den Sophisten beschäftigt. Der Sophist Antiphon, um den es in diesem Kapitel geht, hatte nun offenbar einen ganz speziellen Anwendungsbereich im Visier, nämlich den der Linderung von psychischem Leiden. Folgendes wird über ihn berichtet: »Antiphon erfand eine Methode, Leid zu vermeiden, vergleichbar mit der medizinischen Behandlung von körperlich Kranken. Er richtete sich in Korinth, in der Nähe des Marktplatzes, ein Gebäude ein und verkündete dabei, er könne die Leidenden durch Worte behandeln. Er pflegte die Ursachen des Kummers zu erfragen, worauf er dann die Patienten mündlich aufmunterte« (MM 195). Und an anderer Stelle heißt es: »Antiphon […] kündigte Sprechstunden an, die den Zweck hatten, seelischen Kummer zu beseitigen; denn niemand, so glaubte er, werde von einem so schlimmen Leid berichten, daß er dessen Sinn nicht davon befreien könne« (MM 195). Ein Philosoph als psychologischer Berater, gar als Psychotherapeut – das mag der ein oder andere moderne Leser verwunderlich finden, denn heutzutage liegen doch die Zuständigkeiten für seelisches Leiden ganz woanders. Wer in unserer Zeit mit psychischen Problemen zu kämpfen hat, wird sich in aller Regel an einen Mediziner oder eine Psychologin wenden. Nur wenige Zeitgenossen werden hingegen auf die Idee kommen, ein Philosoph könne ihr Leiden lindern oder gar beseitigen, auch wenn diese Vorstellung, wie eingangs erwähnt wurde, allmählich eine Rehabilitation erfährt.

Tatsächlich war in der Antike vieles, was wir heute als genuin psychologische oder psychiatrische Angelegenheit zu betrachten gewohnt sind, eine Sache der Philosophie. Die Psychologie, wie sie heute an den Universitäten gelehrt wird, ist eine vergleichsweise junge Wissenschaft, die sich erst im 19. Jahrhundert entwickelte. Bis dahin fiel die theoretische Beschäftigung mit dem Psychischen in das Tätigkeitsgebiet der Philosophen. Im antiken Denken wurde aber auch die *praktische* Beschäftigung mit dem Innenleben, die (Lebens-)Beratung und die Linderung seelischen Leidens, ganz selbstverständlich als eine oder sogar als die Hauptaufgabe des Philosophen betrachtet. Epikur war beispielsweise der Ansicht, die Philosophie nützte nichts, wenn sie nicht die Leiden der Seele beseitigte. Demzufolge kann die Philosophie das Leben von pathologischen Anteilen befreien, kann sie therapeutisch wirksam sein. Diese und ähnliche Vorstellungen finden sich bei vielen antiken Denkern, so dass man zu dem Schluss kommen kann: »In der Antike [...] scheint die Philosophie keineswegs nur beiläufig, sondern zentral mit der Aufgabe der Lebensgestaltung betraut gewesen zu sein« (AL 12). Bevor also im Mittelalter Vertreter der Kirche die Aufgabe der Seelsorge übernahmen und lange bevor in der Moderne Ärzte und Psychologen die Seelen(heil)kunde für sich beanspruchten, fielen das Nachsinnen über die Verfasstheit des Seelenlebens ebenso wie die Sorge um das seelische Wohlbefinden und die praktische Lebensberatung in den Zuständigkeitsbereich von Philosophen.

Erst in neuester Zeit hat der Gedanke, dass die Lebensberatung eine genuin philosophische Tätigkeit bzw. Aufgabe ist, wieder an Bedeutung gewonnen. Dazu war es zunächst einmal notwendig, dass die Philosophen *selbst* diesen Aspekt ihres Berufes wiederentdeckten. In Deutschland hat Gerd B. Achenbach dazu einen wichtigen Beitrag geleistet, indem er 1981 seine Philosophische Praxis in Bergisch-Gladbach eröffnete.

Unspezifisches und Spezifisches

Aber zurück zum Protagonisten dieses Kapitels: Antiphon richtete sich den zitierten Quellen zufolge in Korinth, und zwar in zentraler Lage, ein Gebäude ein, in dem er seelisch Leidende empfing, beriet und tröstete. Heute würden wir sagen: Er eröffnete eine Praxis. Die Unterschiede zwischen Beratungspraxis, psychotherapeutischer Praxis, psychiatrischer Praxis und Heilpraktiker-Praxis waren im 5. Jahrhundert v. Chr. ebenso unbekannt wie diejenigen zwischen Therapeuten bzw. Therapieformen mit oder ohne Kassenzulassung. Antiphon konnte diesbezüglich gänzlich unbefangen agieren. (In Anlehnung an diese Unbefangenheit verwende ich in diesem

Kapitel Begriffe wie »Therapie«, »Beratung« und »Lebenshilfe« so, als seien sie ohne Weiteres austauschbar.) Genau genommen war Antiphon ja der erste (uns bekannte) professionelle »Seelentröster« des abendländischen Kulturkreises und mithin der Pionier eines Berufsfeldes, das sich heute in ein breites, kaum noch zu übersehendes Spektrum an Beratungsangeboten und Therapieformen auffächert. Antiphon war – wenn wir die Zuverlässigkeit der Überlieferung einmal voraussetzen – der gemeinsame Urahn von Freud und Achenbach, der Urheber psychotherapeutischer Kommunikation und zugleich der erste philosophische Lebensberater.

Um sich nun der philosophisch-psychologischen Beratungstätigkeit Antiphons verstehend zu nähern, sollte man sich mit zwei Fragen beschäftigen: Was war das Hilfreiche, das Therapeutische an seinem Tun? Und wieso kann ein Philosoph *qua Philosoph* als Berater oder als Therapeut agieren; was befähigt ihn dazu? In Anlehnung an die Terminologie der modernen Psychotherapieforschung könnte man auch fragen: Was sind die unspezifischen (theorieunabhängigen, schulenübergreifenden) und was sind die spezifischen (hier: die spezifisch philosophischen) Wirkfaktoren von Antiphons helfender Tätigkeit?

Die oben zitierten Passagen über Antiphons therapeutisches Tun enthalten zwar nur wenige Informationen, aber das Wenige ist doch recht aufschlussreich. So erfährt man, dass der Sophist in einem eigens zu diesem Zweck eingerichteten Gebäude und zu bestimmten Zeiten (Sprechstunden) Menschen empfing, die mit nicht körperlich verursachten Leiden zu kämpfen hatten – also mit Sorgen, Gewissenskonflikten, Trauer usw. –, um diese Leiden mit Worten zu lindern. Man kann also festhalten, dass Antiphon eine therapeutische Situation schuf. Er bot seinen Klienten einen Raum (wörtlich wie bildlich gesprochen), der nur dem Zweck diente, über das das eigene Leiden zu sprechen und sich intensiv mit Problemen und Kummer auseinanderzusetzen. Außerdem bot sich der Philosoph selbst als professioneller Zuhörer und Berater an, als eine Person also, die im Gegensatz zu den Menschen im direkten Umfeld des Ratsuchenden ihre eigenen Sorgen und Ansprüche zurückstellt und sich ganz den Angelegenheiten seines Gegenübers zuwendet. Eine Person aber auch, die im Gegensatz zu einem Fremden die

üblichen Höflichkeitsformeln ebenso wie die gewohnten Distanz-
und Taburegeln beiseite lässt und sich nicht davor scheut, auch
intime und »nicht gesellschaftsfähige« Themen offen zur Sprache
zu bringen. Diese merkwürdige Mischung aus Distanz und Offenheit ist typisch für eine therapeutische Beziehung und gehört
zu denjenigen Aspekten einer Therapie oder Beratung, die schon
für sich betrachtet (potenziell) wirksam sind, ganz unabhängig
davon, welcher Schule oder Richtung ein Therapeut sich selbst
zurechnet. Allein das Eintreten in eine therapeutische Situation,
wie sie Antiphon in seiner Korinther Praxis offenbar schuf, wird
von Klienten nachgewiesenermaßen als hilfreich empfunden. Das
dürfte nicht zuletzt daran liegen, dass damit der entscheidende
erste Schritt getan wird: Das, was einen mehr oder weniger un-
terschwellig bedrückt oder quält, wird offen zur Sprache gebracht
und die Probleme werden in Angriff genommen.

Als ein weiterer, kaum zu überschätzender unspezifischer
Wirkfaktor von Therapien gilt allgemein die Persönlichkeit des
Therapeuten oder der Therapeutin, auf Neudeutsch: seine oder ihre
soft skills. Um nun etwas über Antiphons Persönlichkeit aussagen
zu können, ist es aufschlussreich, sich eine Quelle anzusehen, in
der der Sophist selbst zu Wort kommt. Es geht in dem betreffenden Fragment um die Sorgen und Entscheidungsschwierigkeiten
eines jungen Mannes, der heiraten und eine Familie gründen will,
aber mögliche negative Folgen dieser Entscheidung befürchtet.
Antiphon hat dazu Folgendes zu sagen: »Wenn das Leben weiter
vorrückt, verlangt es nach Ehe und Frau. Dieser Tag, diese Nacht
ist der Anfang eines neuen Schicksals, eines neuen Loses. Denn ein
großer Entscheidungskampf ist die Ehe für den Menschen. Wenn
es sich nämlich ergibt, daß die Frau nichts taugt, wie soll man dann
mit dem Mißgeschick fertig werden? Schwierig ist eine Scheidung:
die Verwandten sich zu Feinden machen, gleich gesinnte, gleich
empfindende Menschen, die man anerkannte und von denen
man anerkannt wurde; schwierig ist es aber auch, einen solchen
Besitz zu behalten: man glaubte, Freuden zu erwerben und trägt
Schmerzen davon.«(AdA 207). Stellen wir uns einmal Antiphon
in seiner Korinther Praxis vor, wie er seine Überlegungen zur Ehe
in einer konkreten Beratungssituation äußert. Und stellen wir uns

einen jungen Mann vor, der dem Sophisten seine Sorgen geschildert hat und nun dessen Ausführungen zuhört. Man kann unter dieser Annahme zunächst einmal feststellen, dass Antiphon echtes Verständnis für das Zaudern und die Bedenken seines Klienten zeigt. Jenseits von allgemeinen Floskeln, Höflichkeitsformeln oder einer beschwichtigenden Relativierung der vorgetragenen Probleme – nach dem Motto: »Deine Sorgen möchte ich haben!« – gelingt es ihm, sich in die Gedanken- und Gefühlswelt des Ratsuchenden einzufinden. Er nimmt die Sorgen des jungen Mannes ernst und nicht nur das, er vollzieht sie nach. Die Fähigkeit, die es einem ermöglicht, an dem, was den Anderen bewegt, verstehend teilzuhaben, heißt *Empathie*. Wer empathisch ist, kann die Perspektiven und das Empfinden anderer Menschen nachvollziehen, weil er sich in sein Gegenüber hineinzuversetzen vermag. Empathisches Verstehen, so könnte man sagen, ist der Versuch, nicht in den Anderen *hinein-*, sondern aus ihm *heraus*zuschauen, um die Welt mit seinen Augen zu sehen. Carl C. Rogers, der Begründer der Gesprächstherapie, erkannte in der Empathie ein wirkmächtiges therapeutisches Agens und wies ihr eine zentrale Rolle in seinem Therapiekonzept zu. Wirklich verstanden zu werden, ist alles andere als selbstverständlich und wird daher von vielen Menschen als ungemein tröstlich und wohltuend empfunden. Antiphon scheint ein natürliches Talent für empathisches Zuhören gehabt zu haben und setzte dieses, wie man mutmaßen kann, in seinen Beratungsgesprächen ein.

Die zitierten Ausführungen des Sophisten lassen auf weitere Grundzüge seiner Persönlichkeit schließen, die für die Beratungskunst eine wichtige Rolle spielen. In dem Fragment über die Ehe wendet er das Besorgniserregende der anstehenden Verheiratung ins Positive um. Wiederum kann man sich vorstellen, wie diese Vorgehensweise auf einen Besucher der Korinther Praxis gewirkt haben mag. Antiphon belässt es nicht bei dem Nachvollziehen der Sorgen des Ratsuchenden, sondern beleuchtet mit einem gesunden Optimismus die andere, erfreuliche Seite der Ehe und versucht dadurch, sein Gegenüber positiv zu beeinflussen: »Doch wir wollen nicht vom Widerwärtigen sprechen: reden wir über das Günstigste von allem. Was gibt es denn Erfreulicheres für den jungen Menschen als eine Frau nach seinem Herzen? Was Süßeres zumal für einen jungen Mann?«(MM 207). Den begründeten, aber einseitigen Befürchtungen des Mannes setzt Antiphon den Ausblick auf das Glück entgegen, das die Ehe bedeuten kann. Damit wird die negative Perspektive des Ratsuchenden durch eine andere, positive Sichtweise ergänzt. Das ist wichtig, um eine gut durchdachte, begründete Entscheidung treffen zu können, denn eine einseitige Betrachtung der Dinge – sei sie nun einseitig optimistisch oder einseitig pessimistisch – ist der Fülle des Lebens nicht angemessen. »Es ist«, wie Wilhelm Schmid schreibt, »die Eindimensionalität des Positiven wie des Negativen, die der Mehrdimensionalität des Lebens nicht gerecht werden kann« (US 47). Durch Antiphons Ergänzungen eröffnen sich demgegenüber neue Gedankengänge, und eine differenziertere, vollständigere Vorstellung von der Zukunft zeichnet sich ab.

Nachdem damit das Für und Wider eines Lebens zu zweit angesprochen worden sind, kommt Antiphon zu einem zentralen Aspekt seiner Tröstung: Er appelliert an die Verantwortung und Eigeninitiative des Klienten. »Aber gerade darin, wo das Angenehme wohnt, ist irgendwo in der Nähe auch das Schmerzliche; denn die Annehmlichkeiten kommen nicht für sich allein, sondern es folgen ihnen Schmerzen und Mühen. Auch die Siege in Olympia und Delphi und andere derartige Wettkämpfe, auch Kenntnisse und Annehmlichkeiten jeder Art pflegen ja aus großen schmerzvollen Dingen zu entstehen. Ehren, Kampfpreise und Genüsse […] führen ja zum notwendigen Aufwand großer Mühe und vielen Schweißes.«(AdA 204f.). Der philosophische Berater beweist hier Lebensklugheit und gesunden Menschenverstand, woran er seinen Klienten teilhaben lässt. Das Leben ist kein Ponyhof – das ist sehr platt gesagt die Einsicht, mit der Antiphon den Ratsuchenden konfrontiert, auch wenn er es zweifellos sensibler und differenzierter darlegt. Einfühlsam, aber dennoch entschieden macht Antiphon seinem Gegenüber klar, dass Sorgen, Ängste und Krisen zum Leben (und zur Ehe) dazugehören und dass es sich von allzu naiven Vorstellungen zu befreien gilt. Um eine gute Entscheidung treffen zu können, muss man einerseits die Vor- und Nachteile abwägen, sich aber andererseits klarmachen, dass Angenehmes und Unangenehmes in aller Regel nicht scharf voneinander zu trennen sind. Siege erfordern hartes Training, Erfolg geht mit Verzicht einher, und ein Leben zu zweit bringt durchaus auch Sorgen und Probleme mit sich. Welcher Lebensentwurf *insgesamt* gesehen mehr Lust und weniger Leid bereithält, will daher wohlüberlegt sein. Antiphons Erläuterungen zeugen von Lebenserfahrung und einer realistischen, bodenständigen Einstellung zu den Höhen und Tiefen des Daseins. Und sie beinhalten einen ganz konkreten Rat für das Gelingen einer Partnerschaft: Glückliche Zweisamkeit fällt einem nicht einfach in den Schoß, sondern es muss etwas dafür getan werden. Glück und Unglück sind nicht ausschließlich eine Frage des Schicksals, sondern liegen zumindest teilweise in unserer eigenen Hand. Und dazu gehört nicht zuletzt, vernünftige, wohl durchdachte Entscheidungen zu treffen.

Fassen wir zusammen: Antiphon schuf in seiner Beratungspraxis eine therapeutische Situation, d.h. er bot seinen Klienten den nötigen äußeren Rahmen für eine Besprechung seelischen Leidens an. In seinen Trostgesprächen nahm der Sophist die Rolle eines empathischen Zuhörers und eines weltklugen Ratgebers ein. Bemerkenswert ist dabei vor allem die Mischung aus Sensibilität und Verständnis einerseits und gesundem Menschenverstand und (Heraus-)Forderung des Klienten andererseits. Eine erfolgversprechende Beratung verzichtet auf Ermahnungen oder Zurechtweisungen mit erhobenem Zeigefinger. Stattdessen sollte der Berater, wie Antiphon es tut, dem Grund des Kummers mit Einfühlungsvermögen nachspüren, um dem Leidenden dann zu neuen Einsichten zu verhelfen und ihn schließlich an seine Eigenverantwortung zu erinnern.

Soweit die unspezifischen Wirkfaktoren, die nicht notwendig mit Antiphons Beruf, der Philosophie, sondern mit seiner Persönlichkeit zusammenhängen. Wenden wir uns nun der Frage zu, was gerade einen Philosophen zum Beraten oder Therapieren befähigen könnte. Was kann eine Philosophin, was andere nicht oder weniger gut können? Diese Frage führt unmittelbar zu einer anderen, nämlich der Frage, was Philosophen und Philosophinnen eigentlich tun. Nun, einfach gesagt: Sie denken nach. Das tun andere Menschen zugegebenermaßen auch, aber Philosophen tun es systematischer und gewissermaßen hartnäckiger als es im alltäglichen Leben üblich ist. Philosophinnen verbeißen sich berufsmäßig in Fragen, die nicht ohne Weiteres zu beantworten sind, prüfen Argumentationen, ziehen logische Schlüsse, klären Begriffe, suchen nach guten Gründen, führen Gedankengänge konsequent zu Ende und spielen in Gedanken die unterschiedlichsten Möglichkeiten durch. Gerade die letztgenannte Denktätigkeit scheint mir ein zentraler Aspekt philosophischer Beratung zu sein, denn weil Philosophen in der Lage sein müssen, sich gedanklich außerhalb gewohnter Bahnen zu bewegen und weil sie den Mut haben müssen, sich auch mit scheinbar Undenkbarem auseinanderzusetzen, können sie den Blick für außergewöhnliche Perspektiven öffnen. Als Denkvirtuosen können Philosophen anderen Menschen dabei helfen, aus festgefahrenen Gedankenmustern herauszufinden. Sie können neue, bisher ungedachte Möglichkeiten eröffnen und alternative Interpretationen aufzeigen. Mit dem Philosophen an seiner Seite kann ein Ratsuchender daher idealerweise neue Denkwege einschlagen. Philosophen bringen, wie der philosophische Praktiker Achenbach betont, Bewegung in ein Denken, das zum Stillstand gekommen ist bzw. sich in den immer gleichen Bahnen bewegt, ohne zu einer Lösung zu gelangen. Die Fähigkeit der Philosophen zu unkonventionellem Denken lässt sich anhand einer kleinen Anekdote illustrieren, die sich in den antiken Berichten über Antiphons Tätigkeit findet. Es geht darin um einen Mann, der viel Geld verloren hat, das er eigentlich investieren wollte, und der darüber verständlicherweise betrübt ist. Diesem Mann wird nun der einigermaßen respektlose »Ratschlag« erteilt, er solle doch einen Stein an die Stelle des verlorenen Geldes legen, »denn auch als es dir gehörte, hast du ja gar keinen Gebrauch davon gemacht; daher glaube auch jetzt nicht, du gingst einer Sache verlustig« (AdA 208). Auch wenn diese Bemerkung dem Betroffenen vermutlich keine unmittelbare Tröstung verschaffen sollte, so kann das Eröffnen eines neuen Blickwinkels doch einen Prozess des Nachdenkens und der kritischen Selbstprüfung in Gang setzen, der möglicherweise zu neuen Einsichten über das eigene Leben führt. Man könnte vielleicht sagen: Bisher Unbedachtes wird bedenklich, und bisher Ungedachtes wird denkbar. Scheinbar selbstverständliche Wertvorstellungen und festgefahrene Prioritäten werden provokativ auf den Kopf gestellt und der Klient wird zu einem Überdenken (und Korrigieren oder Begründen) seiner Weltsicht herausgefordert.

Das Spezifische einer philosophischen Beratung besteht somit kurz gesagt in einer Belebung des Denkens und einer Aufforderung zur Reflexion. Der Philosoph »heilt« nicht etwa mit Theorien oder mit seinem philosophiegeschichtlichen Wissen, sondern er stellt sein Handwerkszeug des Nachdenkens zur Verfügung, um Ratsuchenden in Situationen zur Seite zu stehen, die durch festgefahrene und zugleich nicht ablegbare Denkzirkel oder gedankliche Sackgassen charakterisiert sind. Offenheit des Denkens und die kritische Prüfung von unhinterfragten Meinungen und Einstellungen – das sind zwei entscheidende Aspekte der philosophischen Beratung.

Eine etwas andere Traumdeutung

Ich habe Antiphon weiter oben als Urahn Freuds bezeichnet, weil sich bei ihm bereits die Grundlagen therapeutischer Kommunikation finden lassen. Vielleicht müsste man sogar Antiphon als den eigentlichen Erfinder der *talking cure* anerkennen. Aber nicht nur das Bearbeiten psychischer Konflikte durch Worte verbindet den Sophisten aus Athen mit dem Tiefenpsychologen aus Wien; die beiden teilten offenbar eine weitere Leidenschaft miteinander, nämlich die Beschäftigung mit Träumen. Verschiedene antike Quellen berichten von Antiphons Tätigkeit als Traumdeuter, und einige seiner Traumdeutungen sind uns erhalten geblieben. Dabei gibt eine überlieferte Anekdote einen ersten Hinweis darauf, was der Sophist unter der Kunst des Traumdeutens verstand. Auf die Frage, was seiner Meinung nach das Weissagen sei, antwortete Antiphon: »Das Einschätzungsvermögen eines klugen Mannes« (AdA 209). Weissagungen haben demnach nichts mit einem echten Sehen in die Zukunft zu tun oder mit einer Verbindung zu übersinnlichen Mächten, sondern basieren auf nüchternen, rationalen Erwägungen. Da nun die Traumdeutung im antiken Griechenland zu den bevorzugten Mitteln der Weissagekunst zählte, können wir davon ausgehen, dass Antiphon sich nicht als Medium göttlicher Botschaften verstand, wenn er sich mit Träumen auseinandersetzte. Vielmehr ist zu vermuten, dass seine Traumdeutungen als Ergänzung zu seiner philosophischen Beratungstätigkeit zu interpretieren sind. Sieht man sich die überlieferten Beispiele seiner Traumdeutungskunst an, so bestätigt sich diese Vermutung. Antiphons diesbezügliche Ausführungen haben nichts Mystisches oder Orakelhaftes an sich, sondern sind von einem bodenständigen Pragmatismus und einer ans Unverschämte grenzenden Offenheit. So erklärt er beispielsweise einem Wettkampfläufer, der im Traum in einen Adler verwandelt wurde und dem ein anderer Deuter versichert hat, dies deute auf einen zukünftigen Sieg hin: »Idiot: siehst du nicht, daß du verloren hast? Denn dieser Vogel, der anderen hinterherjagt und sie verfolgt, ist selbst immer der letzte« (AdA 210). Ähnliches wird von Antiphons Begegnung mit einem anderen Sportler berichtet: »Ein Läufer, der an den Olympischen Spielen teilnehmen wollte, träumte, er fahre auf einem vierspännigen Wagen. Am nächsten Tag ging er zum Wahrsager. Der sagte: ›Du wirst siegen, denn darauf deuten die Schnelligkeit und die Kraft der Pferde.‹ Danach ging der Mann zu Antiphon. Der aber erklärte: ›Du wirst unausweichlich besiegt werden: Verstehst du denn nicht, daß vier vor dir gelaufen sind?‹« (MM 197). Nun geht es dem philosophischen Berater sicher nicht darum, die Läufer zu demotivieren oder ihnen ernsthaft zu erklären, ihre Niederlage stehe bereits unabwendbar fest und kündige sich in ihren Träumen an. Was aber soll das Ganze dann? Zunächst einmal kann man feststellen, dass Antiphon auf eine bereits vorhandene, an konventionellen Maßstäben orientierte Deutung mit einem krassen Widerspruch kontert. Er konfrontiert die Klienten mit dem kompletten Gegenteil dessen, was sie anderswo gehört haben (und was wohl viel eher dem entspricht, was man von einem Traumdeuter hören will als Antiphons polemische Zurechtweisungen). Wenn man davon ausgeht, dass es in Antiphons Traumdeutung nicht um das Prophezeien zukünftiger Ereignisse geht, sondern um eine Selbsterkenntnis im Medium des Traums, dann begegnen einem hier Aspekte wieder, die auch für Antiphons Beratungstätigkeit charakteristisch zu sein scheinen. Der Sophist gibt sich wiederum ausgesprochen bodenständig, wenn er die beiden Läufer vor der Illusion eines bereits errungenen Sieges warnt. Durch seine etwas schroff daherkommende, aber vernünftig begründete Kritik an den bereits erfolgten Traumdeutungen holt er sein Gegenüber gewissermaßen auf den Boden der Tatsachen zurück. Den Klienten wird die Lehre erteilt, sich nicht auf Irrationales zu verlassen, sondern die eigene Verstandestätigkeit einzusetzen. Zudem wird implizit erneut der Rat erteilt, sich selbst nicht als bloßen Spielball des Schicksals zu betrachten, sondern das Leben selbstverantwortlich in die eigene Hand zu nehmen. Das bedeutet für die Wettkampfläufer: Ein Sieg erfordert hartes Training und nicht das günstige Auslegen von Träumen.

Antiphon, so kann man zusammenfassen, bringt seine Klienten (im wahrsten und positivsten Sinne) zur Vernunft: »Im menschlichen Geist, einem Bereich, welcher nach traditioneller Auffassung dem Einfluss von Göttern und Dämonen ausgeliefert war, versuchte Antiphon, im Einklang mit der sophistischen Aufklärung überhaupt, die menschliche Intelligenz zum bestimmenden Faktor zu machen – auch bei psychischen Leiden«(AdA 210f.). Intelligenz oder besser: vernünftiges Nachdenken als wirksames Mittel in der Auseinandersetzung mit Leidenserfahrungen – damit ist die Quintessenz dessen benannt, was in diesem Buch anhand vielfältiger Beispiele veranschaulicht werden soll, nämlich die Idee, dass die Philosophie etwas »Heilsames« an sich haben kann. Philosophie kann helfen. Nicht indem man philosophiehistorisches Wissen anhäuft oder sich in komplizierten Gedankenspielen ergeht, sondern indem man sich in eigenständigem, kritischem Denken übt. Ein solches Denken kann in schwierigen, verfahrenen Situationen Klärung ermöglichen und eine (Neu-)Orientierung schaffen. Eigenständiges, kritisches Denken, das sich nicht bloß am Üblichen und Gewohnten orientiert, ist eine unabdingbare Voraussetzung dafür, gut begründete Entscheidungen zu treffen, die man zu verantworten hat. Die Philosophie leistet so gesehen einen bedeutenden Beitrag zu einer reflektierten Lebensführung und steht damit letztlich im Dienste der Selbstbestimmung.

Wer im Übrigen Gefallen an der unkonventionellen, leicht rüden Deutungstätigkeit Antiphons gefunden haben sollte, dem soll eine abschließende Anekdote nicht vorenthalten werden: Ein Mann kommt zu Antiphon und berichtet, dass seine Sau ihre Ferkel aufgefressen habe. Von dem Sophisten will er nun wissen, wie er diesen Vorfall deuten solle. Antiphon »begriff, daß das Schwein wegen des Geizes seines Besitzers richtig abgemagert war. ›Sei froh‹, sagte er diesem, ›was das Zeichen angeht, daß die so hungrige Sau nicht deine eigenen Kinder auffraß‹« (AdA 209).

ⓘ	**um 480 v. Chr.**	Antiphon wird im zu Athen gehörenden Rhamnus geboren. Es ist die Zeit der Perserkriege, in denen die persischen Großkönige (erfolglos) versuchen, Griechenland ihrem Reich anzugliedern. 480 v. Chr. finden die Seeschlacht von Salamis und die Schlacht bei den Thermopylen statt.
	470 v. Chr.	Sokrates wird geboren.
	431–404 v. Chr.	Peloponnesischer Krieg zwischen Athen und Sparta.
	423 v. Chr.	In der Komödie *Die Wolken* geht der Dichter Aristophanes hart mit den Sophisten ins Gericht.
	411 v. Chr.	Antiphon tritt im Zuge des oligarchischen Umsturzes in Athen politisch in Erscheinung. Er spricht sich für einen Friedensschluss mit den Spartanern aus. Das wird ihm nach dem Sturz der Oligarchie zum Verhängnis: Antiphon wird wegen Hochverrats angeklagt und zum Tode verurteilt.

Woran erkenne ich gute Beratung?

▷ *Habe ich den Eindruck, dass der Berater/die Beraterin mich und mein Anliegen versteht?*

▷ *Bekomme ich neue Denk- und Handlungsanstöße?*

▷ *Gewinne ich durch die Beratung einen besseren Einblick in meine Situation?*

▷ *Machen mir die Erfahrungen in der Beratung Mut?*

▷ *Hilft mir die Beratung dabei, auftretende Schwierigkeiten besser zu bewältigen?*

▷ *Erhalte ich genügend Zeit und Raum, um meinen eigenen Weg zu finden und seine Konsequenzen zu bedenken?*

www.dachverband-beratung.de

Zum Nachlesen

Gerd B. Achenbach, *Kurzgefaßte Beantwortung der Frage: Was ist Philosophische Praxis?*, abrufbar unter: http://www.achenbach-pp.de/de/philosophischepraxis_text_was_ist.asp (letzter Abruf 24.7.2013; PP).

Hermann Diels/Walther Kranz, *Die Fragmente der Vorsokratiker*, Bd. II, Nr. 87 (Antiphon), Berlin 1952 (Die Texte von und über Antiphon wurden nach Furley und Meister zitiert, weil sich dort alle verwendeten Quellen in deutscher Übersetzung finden. Die griechischen Originaltexte finden sich bei Diels/Kranz).

William D. Furley, *Antiphon der Athener: Ein Sophist als Psychotherapeut*, Rheinisches Museum 135/1992, S. 198–216 (AdA).

Christoph Horn, *Antike Lebenskunst. Glück und Moral von Sokrates bis zu den Neuplatonikern*, München 1998 (AL).

Klaus Meister, *»Aller Dinge Maß ist der Mensch«. Die Lehren der Sophisten*, München 2010 (MM).

Platon, *Gorgias*, in: Ders., Sämtliche Werke, Band I, übersetzt von Friedrich Schleiermacher, neu herausgegeben von Ursula Wolf, Reinbek bei Hamburg 2002 (Gorg.).

Wilhelm Schmid, *Unglücklich sein: Eine Ermutigung*, Berlin 2012 (US).

Anke Sparmann, *Mit Sokrates durch die Lebenskrise*, in: Berliner Zeitung, 19.8.1998, abrufbar unter: http://www.berliner-zeitung.de/archiv/philosophische-praktiker-wollen-eine-alternative-zur-psychotherapie-bieten--antworten-von-der-stange-haben-sie-nicht-parat-mit-sokrates-durch-die-lebenskrise,10810590, 9467502.html (letzter Abruf 24.07.2013; SL).

 Zum Weiterlesen

http://www.igpp.org (letzter Abruf 20.07.2013).

Andreas Ross, *Praktizierende Philosophen. Sinnstiftung in Hausbesuchen*, abrufbar unter http://www.spiegel.de/unispiegel/jobundberuf/praktizierende-philosophen-sinnstiftung-in-hausbesuchen-a-277476.html (letzter Abruf 20.7.2013).

SOKRATES
und die Kunst des Sterbens

Als der italienische Schriftsteller und Journalist Tiziano Terzani erfuhr, dass er nur noch wenige Monate zu leben hatte, lud er seinen Sohn Folco ein, ihn in einer Berghütte im toskanischen Orsigna zu besuchen. »Er wollte mir sein Leben erzählen«, berichtet Folco Terzani. Vier Wochen lang erzählte der Vater, und der Sohn nahm das Gesprochene auf Tonband auf, tippte die Bänder ab und machte ein Buch daraus: Das Ende ist mein Anfang. Ein Vater, ein Sohn und die große Reise des Lebens. *Am 28. Juli 2004 starb der Vater an Magenkrebs.*

Der todkranke Tiziano Terzani nutzte die ihm verbleibende Zeit, um über sein Leben, aber auch über sein Sterben zu sprechen, mit dem er ruhig und gelassen umging: »Ich bin so froh, mein Sohn. Ich bin jetzt sechsundsechzig, und mein Leben, diese große Reise, geht dem Ende zu. Ja, ich bin an der Endstation angelangt. Aber ohne Trauer, im Gegenteil, fast mit einem Schmunzeln. Vor ein paar Tagen hat deine Mutter mich gefragt, ›Hör mal, wenn jemand anriefe und uns von einem Mittel erzählte, mit dem du noch zehn Jahre weiterleben könntest, würdest du es nehmen?‹ Und ich habe ganz spontan gesagt: ›Nein!‹ Ich würde es nicht nehmen, ich will nicht noch zehn Jahre leben. Wozu denn? Um all das zu tun, was ich bereits getan habe? (….) Seit Monaten spüre ich eine geballte Freude in mir, die in alle Richtungen ausstrahlt. Ich habe das Gefühl, nie zuvor so leicht* *und glücklich gewesen zu sein. Und wenn du mich fragst: Wie geht es dir?, kann ich nur antworten: hervorragend. Mein Kopf ist frei, ich fühle mich wunderbar. Nur dieser Körper fault vor sich hin und ist inzwischen überall leck. Das Einzige, was bleibt, ist, sich von ihm zu lösen und ihn seinem Schicksal zu überlassen, dem Schicksal der Materie, die zerfällt und wieder zu Staub wird. Ohne Angst, denn es ist doch die natürlichste Sache der Welt« (EA 8 f.).*

Das ist zweifellos eine bewundernswerte Art, sich mit dem Unausweichlichen auszusöhnen und das irdische Leben loszulassen, stellt aber vermutlich eher die Ausnahme als die Regel dar. Zumindest ist das in unserem Kulturkreis so, in dem das Ende des Lebens mit hartnäckigen Tabus belegt ist. Dass jeder Mensch früher oder später einmal stirbt, ist uns zwar schon im Kindesalter klar und stellt ein selbstverständliches Hintergrundwissen dar. Nichtsdestoweniger bleibt der eigene Tod – ebenso wie der Tod eines geliebten Menschen – ein unbegreiflicher Skandal, den wir am liebsten ausblenden wollen. »Sterben ist die größtmögliche Grausamkeit« (H 110), war im Mai 2012 im Spiegel zu lesen, in einer Ausgabe mit dem Titelthema Ein gutes Ende.

Dass, wie Terzani feststellte, der Tod »die natürlichste Sache der Welt« ist, wird kaum jemand bestreiten wollen. Diese Einsicht allein wird aber nur die Wenigsten von ihrer Todesfurcht befreien. »Sterben macht Höllenangst«, so der Spiegel, »auch deshalb reden die meisten Menschen nicht gern darüber. Aber sie sollten es tun, dringend, das ist die neue Idee: Lasst uns übers Sterben sprechen«(H 110). Nur dann könne man sich vorbereiten, seine Angst verlieren und den Tod schließlich nicht mehr als Feind betrachten, den es zu bekämpfen gilt. »Und vorbereitet und angstfrei stirbt es sich besser«(H 110). Eine neue Idee ist das freilich nicht (allenfalls eine wieder neu zu entdeckende). Immerhin hat sich das berühmteste »Sterbegespräch« der Philosophiegeschichte 399 v. Chr. ereignet. Der athenische Philosoph Sokrates sah sich in diesem Jahr mit dem nahen Ende seines Lebens konfrontiert. Ebenso wie Tiziano Terzani wollte er die ihm verbleibende Zeit für Gespräche über das Leben und das Sterben nutzen. Und genau wie Terzani sah auch Sokrates dem Tod ruhig und gelassen entgegen.

Philosophen, so lautet ein hartnäckiges Vorurteil, sind Menschen, die sich von Berufs wegen in höheren Sphären bewegen und die deshalb mit einer ausgeprägten Weltfremdheit geschlagen sind. Mit dem wirklichen Leben, mit der harten Realität scheint ihre Arbeit herzlich wenig zu tun zu haben. Die größten Berufsrisiken einer Philosophin, so könnte man daher meinen, bestehen in unschmeichelhaften Buchrezensionen oder schlechtbesuchten Vorträgen. Jedoch sollte man die Gefahren, die das berufsmäßige Nachdenken mit sich bringen kann, nicht unterschätzen. Dass die Philosophie keineswegs das ungefährlichste Berufsfeld ist, mussten schon einige ihrer Vertreter schmerzlich erfahren. Baruch de Spinoza beispielsweise wurde von seinen Glaubensgenossen wegen seiner »schrecklichen Irrlehren« massiv angefeindet. Die jüdische Gemeinde von Amsterdam belegte den ausgebildeten Rabbiner mit dem »großen Bannfluch«: Spinozas Schriften durften nicht gelesen werden und niemand durfte mit ihm verkehren oder sich ihm auch nur auf weniger als vier Ellen nähern. Immanuel Kant bekam 1794 den Zorn der Obrigkeit zu spüren, nachdem er seine Schrift über *Die Religion innerhalb der Grenzen der reinen Vernunft* veröffentlicht hatte. Er wurde der »Herabwürdigung des Christentums« bezichtigt und unter Androhung der »höchsten Ungnade« von König Friedrich Wilhelm II. dazu aufgefordert, sich dergleichen nicht noch einmal anzumaßen. Der politisch engagierte Jean-Paul Sartre entging 1961 und 1962 nur mit Glück zwei Sprengstoffanschlägen auf seine Pariser Wohnung, die ihn, wäre er zu Hause gewesen, getötet hätten. Die Täter waren militante Algerienfranzosen, die es auf Sartre als prominenten Fürsprecher der algerischen Unabhängigkeit abgesehen hatten.

Sokrates, dem dieses Kapitel gewidmet ist, kam nicht so glimpflich davon wie seine genannten Kollegen. Im Jahr 399 v. Chr. wurde der Philosoph wegen Gottlosigkeit und Verführung der Jugend angeklagt und verurteilt. Nach dem Schuldspruch schien freilich noch nicht alles verloren zu sein: Sokrates erhielt die Gelegenheit, ein anderes Strafmaß als die von den Anklägern geforderte Todesstrafe vorzuschlagen. Doch anstatt sich reumütig zu zeigen und um Gnade zu bitten, zog der Philosoph es vor, sich eine provokante Bemerkung zu erlauben. Er bat das Gericht, ihn mit einem Festmahl im Athener Rathaus zu »bestrafen«. Wie nicht anders zu erwarten trug diese Bemerkung nicht zur Entspannung der Lage bei, und es wurde das Todesurteil über Sokrates verhängt. So wie der Philosoph es abgelehnt hatte, um Gnade zu bitten, so lehnte er auch die Flucht ab, die sein Freund Kriton ihm vorschlug. Sokrates starb mit siebzig Jahren durch den Schierlingsbecher.

Ein philosophischer Quälgeist

Sokrates tut Unrecht, weil er nicht an die Götter glaubt, denen die Stadt ihren Kult erweist, vielmehr andere neue göttliche Wesen einführt. Ferner tut er Unrecht, weil er die Jugend verdirbt. Antrag: Todesstrafe.« So ist der Wortlaut der Anklageschrift von dem antiken Historiker Diogenes Laertius überliefert worden. Die Vorwürfe muss man vor dem Hintergrund der gesellschaftlichen Situation betrachten, die zu dieser Zeit in Athen herrschte. Die Niederlage Athens im Peloponnesischen Krieg hatte die athenische Demokratie erschüttert, und es war zum vorübergehenden Sturz der demokratischen Regierung gekommen. Nachdem diese wieder eingeführt worden war, war die gesellschaftliche Stimmung angespannt. In solch unsicheren Zeiten erwartete man, dass die Bürger sich wohlverhielten (und nicht öffentlich als unbequeme, kritische Fragesteller auftraten). Ein sich wohlverhaltender, bequemer Zeitgenosse aber war Sokrates ganz und gar nicht. Das war ihm selbst durchaus bewusst, wie man der *Apologie* entnehmen kann, dem platonischen Text, in dem es um die Verteidigung des Sokrates vor Gericht geht. Der Angeklagte äußert sich darin zu den gegen ihn erhobenen Vorwürfen. Er bemüht sich, das Bild, das sich die Athener von ihm gemacht haben, zu korrigieren und erklärt in diesem Zusammenhang, worin seine philosophische Tätigkeit und die Außergewöhnlichkeit seiner Person tatsächlich bestehen: »Ich werde euch zu zeigen versuchen, was es ist, was mir diesen Ruf und diese Verleumdung eingetragen hat. Hört also zu! […] Ich nämlich, meine Athener, habe durch nichts anderes als durch eine gewisse Weisheit diesen Ruf erworben« (Ap. 20d). Der Philosoph erklärt vor Gericht, das Orakel von Delphi habe kundgetan, kein Mensch sei weiser als er, Sokrates. »Nachdem ich nämlich dies gehört hatte, überlegte ich mir Folgendes: Was meint der Gott, wenn er behauptet, ich sei der Weiseste?« (Ap. 21b). Nach einer längeren Phase der Ratlosigkeit angesichts des Orakelspruchs beschloss Sokrates, der Sache auf den Grund zu gehen, »und ging dabei wie folgt vor: Ich ging zu einem von denen, die im Rufe stehen, weise zu sein, um an ihm [...] den Spruch des Orakels zu widerlegen« (Ap. 21b–c). Der Philosoph suchte also einen als weise geltenden Menschen auf, in der Absicht, seine eigene Weisheit zu relativieren, doch – siehe da! – es kam ganz anders. Im Laufe seiner Befragung nämlich gelangte Sokrates zu der Einsicht, dass sein Gegenüber, das er für weise gehalten hatte, dies gar nicht war. »Beim Weggehen aber dachte ich bei mir: Ich bin weiser als dieser Mensch. Denn es ist zwar zu befürchten, dass niemand von uns beiden etwas Bedeutendes weiß; aber dieser bildet sich ein, etwas zu wissen, obwohl das gar nicht der Fall ist. Ich aber – genauso wie ich nicht wissend bin – glaube auch nicht wissend zu sein. Ich scheine also um eine Kleinigkeit weiser zu sein als dieser, da ich nicht glaube zu wissen, was ich nicht weiß« (Ap. 21d). Nachdem Sokrates derart dem Wesen seiner Weisheit – zu wissen, dass er nicht wissend ist – auf die Spur gekommen war, fuhr er systematisch mit seiner Untersuchungsreihe fort. Das bedeutet: Er verwickelte Menschen, die sich für wissend hielten, in Gespräche, bei denen ihre Unwissenheit offen zu Tage trat. *Elenchos*, Beschämung, nennt sich dieses dialogische Prüfverfahren, und beschämt wird der Überprüfte dadurch, dass ihm ein Selbstwiderspruch nachgewiesen wird. So verstrickte sich z.B. Meletos, Sokrates' Hauptankläger, in einen offensichtlichen Widerspruch, als er Sokrates zugleich des Atheismus und der Einführung neuer göttlicher Wesen bezichtigte.

Sokrates praktizierte also seine Philosophie in Form von Frage-Antwort-Spielen, bei denen seine Gesprächspartner auf Ungereimtheiten und innere Widersprüche in ihren Äußerungen aufmerksam gemacht wurden. Dabei trat er zunächst als Unwissender auf, der scheinbar bloß an der Weisheit angesehener Athener Bürger teilhaben wollte. Im Verlauf des Gesprächs aber führte er seinem Gegenüber durch geschicktes Nachfragen dessen Unzulänglichkeit vor Augen. Dabei kam er zu der Einsicht:

»Diejenigen, die das größte Ansehen genossen, schienen mir am ärmsten dran zu sein, wenn ich sie im Sinne der göttlichen Weisung prüfte« (Ap. 22a). Man liegt wohl nicht ganz falsch mit der Vermutung, dass Sokrates vielen seiner Zeitgenossen mit seinem Prüfverfahren schlichtweg auf die Nerven ging. Er trat als ein philosophischer Quälgeist auf, der es sich zur Aufgabe gemacht hatte, die Menschen in ihrer alltäglichen Geschäftigkeit und ihrer unhinterfragten Selbstzufriedenheit zu stören. Ja, mehr noch: Es war ihm ein besonderes Anliegen, seinen Gesprächspartnern ihr eigenes Unwissen und die Fragwürdigkeit ihres Ansehens zu offenbaren – und das in aller Öffentlichkeit! Es ist daher nicht allzu verwunderlich, dass Sokrates »unter Furcht und Betrübnis bemerkte, dass ich mich verhasst machte« (Ap. 21e).

Sokrates fand selbst ein recht treffendes Bild für seine philosophischen Aktivitäten: »Wenn ihr mich nämlich tötet, werdet ihr nicht leicht einen zweiten wie mich finden, welcher der Stadt geradezu vom Gott zugewiesen wurde, wie einem zwar schweren und edlen, aber wegen seiner Schwere etwas trägen Pferd, welches […] von einer Stechfliege geweckt werden muss« (Ap. 30e). Der Philosoph als Pferdebremse also, die dem trägen und schwerfälligen Ross namens Athen permanent im Nacken sitzt. Dabei ist das Piesacken jedoch keineswegs als reiner Selbstzweck zu verstehen. Philosoph zu sein, das bedeutete für Sokrates nicht, die Weisheit zu *besitzen*, sondern sie zu *suchen*. Wenn er daher seine Gesprächspartner dazu bringen konnte, an ihren unreflektierten Meinungen zu zweifeln oder gar ihr Nichtwissen einzugestehen, war damit schon etwas sehr Wichtiges gewonnen. Sokrates ging auf die Menschen zu und machte ihnen bewusst, dass sie völlig unreflektiert über Dinge sprachen, deren Wesen sie in Wirklichkeit nicht erfasst hatten. So stellte er das scheinbare Wissen seiner Gesprächspartner infrage und konnte diese in vollständige Ratlosigkeit und Verwirrung stürzen – der ideale Ausgangspunkt jedes Philosophierens. Der philosophische Quälgeist wollte die Menschen in Unruhe versetzen, sie zum Nachdenken bringen, sie zur Selbstprüfung aufrufen und sie vielleicht sogar zu Wahrheitssuchenden machen. Um sich aber auf die Suche nach der Wahrheit – und dazu gehörte für Sokrates nicht zuletzt die wahre *Tugend* – machen zu können, muss man zuerst einmal einsehen, dass man noch nicht in ihrem Besitz ist.

Vor diesem Hintergrund versteht man die ungewöhnliche Bitte, die Sokrates an seine Ankläger richtete: »An meinen Söhnen, wenn sie erwachsen sind, nehmt eure Rache, ihr Männer, und quält sie ebenso, wie ich euch gequält habe, wenn euch dünkt, dass sie sich um Reichtum oder um sonst irgend etwas eher bemühen als um die Tugend: und wenn sie sich dünken, etwas zu sein, aber nichts sind, so verweiset es ihnen wie ich euch, dass sie nicht sorgen, wofür sie sollten, und sich einbilden, etwas zu sein, da sie doch nichts wert sind. Und wenn ihr das tut, werde ich Gerechtes von euch erfahren haben, ich selbst und meine Söhne« (Ap. 41e-42a).

Gelassenheit im Angesicht des Todes

In dem Dialog *Phaidon* schildert Platon die letzten Stunden im Leben seines zum Tode verurteilten Mentors und Freundes. Genauer gesagt wird uns gleich zu Anfang erklärt, ausgerechnet Sokrates‹ Meisterschüler Platon sei an jenem Tag krank und daher abwesend gewesen. Der Autor des Dialogs tritt also nicht selbst als Erzähler auf, sondern lässt Phaidon, einen der Männer, mit denen Sokrates seinen letzten Tag verbrachte, berichten, was sich unmittelbar vor Sokrates' Tod im Gefängnis abgespielt hat. Und Phaidon erzählt zunächst von der seltsamen Stimmung, die das letzte Zusammensein mit dem Verurteilten prägte: »Mir meinesteils war ganz wunderbar zumute dabei. [...]; denn glückselig erschien mir der Mann, [...], in seinem Benehmen und seinen Reden, wie standhaft und edel er endete [...]. Darum nun trat mich weder etwas Weichherziges an, wie man doch denken sollte bei solchem Trauerfall, noch auch waren wir fröhlich, wie in unseren philosophischen Beschäftigungen [...]; sondern in einem gar nicht festzulegenden Zustande befand ich mich und in einer ungewohnten Mischung, die aus Lust zugleich und Betrübnis zusammengemischt war« (Phd. 58e-59a). Den Tag, an dem Sokrates im Gefängnis den Schierlingsbecher trank, erlebten Phaidon und die übrigen Anwesenden mit einer eigenartigen Mischung aus Genuss und Trauer. Es wurde geweint – was nur allzu verständlich ist –, aber es wurde auch gelacht, wie Phaidon berichtet. Sokrates fesselte seine Schüler und Freunde ein letztes Mal mit philosophischen Gesprächen, so dass der Anlass des Zusammenseins bisweilen fast in Vergessenheit geriet – obwohl das Thema der Unterhaltung diesem Anlass gemäß war. Als jedoch der Tag sich dem Ende neigte und Sokrates das Gift trank, war die Traurigkeit der Zeugen überwältigend. Platon lässt Phaidon berichten: »Von uns waren die meisten bis dahin ziemlich imstande gewesen sich zu halten, daß sie nicht weinten; als wir aber sahen, daß er trank und getrunken hatte, nicht mehr. Sondern auch mir selbst flossen die Tränen mit Gewalt, und nicht tropfenweise, so daß ich mich verhüllen mußte und mich ausweinen […]. Kriton war noch eher als ich, weil er es nicht vermochte, die Tränen zurückzuhalten, aufgestanden. Apollodoros aber hatte schon früher nicht aufgehört zu weinen, und nun brach er völlig aus, weinend und unwillig sich gebärdend, und es war keiner, den er nicht durch sein Weinen erschüttert hätte, von allen Anwesenden als nur Sokrates selbst« (Phd. 117c). Denn der Verurteilte, so erfahren wir, war bei alledem keineswegs in einer verzweifelten Stimmung. Er wird im Gegenteil als sehr gefasst, ja geradezu als gelöst beschrieben. Das Bevorstehende schien ihn nicht sonderlich zu beeindrucken.

Sokrates präsentierte sich seinen Freunden also in ruhiger Stimmung, und er hatte offenbar nicht die Absicht, seinen Todestag mit emotionalen Ausbrüchen oder dramatischen Abschiedsszenen zu verbringen. Vielmehr lenkte er, wie Phaidon erklärt, das Gespräch ganz unsentimental und ohne große Umschweife auf eine philosophische Diskussion. Das Thema lag angesichts der Umstände auf der Hand: Es sollte um das Sterben und um ein mögliches Leben nach dem Tod gehen. Nach Sokrates‹ Ansicht »ziemt es sich ja wohl am besten, daß der, welcher im Begriff ist, dorthin zu wandern, nachsinne und sich Bilder mache über die Wanderung dorthin, wie man sie sich wohl zu denken habe« (Phd. 61e). Dabei eröffnete er das gemeinsame Nachsinnen mit der einigermaßen irritierenden Behauptung, dass jeder wahrhafte Philosoph »dem Sterbenden zu folgen wünsche« (Phd. 61d). Den erstaunten Freunden erklärte Sokrates, der Tod sei doch nichts anderes als die Trennung von Leib und Seele, »und eben dies also ist das Geschäft der Philosophen, Befreiung und Absonderung der Seele von dem Leibe« (Phd. 67d). Das Philosophieren ist demnach nicht gleichzusetzen mit der Sehnsucht nach dem physischen Tod, so als seien alle guten Philosophen notwendig suizidgefährdet. Todesähnlich ist vielmehr die Loslösung des Philosophen »von dem Leibe« (also von sinnlichen Ablenkungen, materiellen Zwängen und körperlichen Begierden) im Dienste der Wahrheitssuche. Die Freunde akzeptierten nach dieser Erläuterung Sokrates' eigenwillige Charakterisierung der Philosophie als einer Annäherung an den Tod. Aber eine andere Behauptung weckte doch die Zweifel der Anwesenden. Sokrates meinte nämlich, »ein Mann, welcher wahrhaft philosophisch sein Leben vollbracht, müsse getrost sein, wenn er im Begriff ist zu sterben, und der frohen Hoffnung, daß er dort Gutes in vollem Maße erlangen werde, wenn er gestorben ist« (Phd. 63e-64a). Er glaubte also an ein Leben nach dem Tod und war »der frohen Hoffnung, daß es etwas gibt für die Verstorbenen, und [...] etwas weit Besseres für die Guten als für die Schlechten« (Phd. 63c). Kebes, einer der Freunde des Sokrates, gab demgegenüber zu bedenken: »Das von der Seele findet großen Unglauben bei den Menschen, ob sie nicht, wenn sie vom Leibe getrennt ist, nirgend mehr ist, sondern an jenem Tage untergeht, an welchem der Mensch stirbt« (Phd. 69e-70a).

Über die Unsterblichkeit der Seele

Vergeht die Seele, wenn der Körper stirbt, oder existiert sie über den Tod des Körpers hinaus? Mit dieser Frage wird der berühmteste und am meisten rezipierte Teil des Dialogs *Phaidon* eingeleitet, in dem es darum geht, Beweise oder besser: Argumente für die Unsterblichkeit der Seele zu finden. In der von Platon geschilderten Szenerie schlägt Sokrates vor, »eben das miteinander durch[zu]sprechen, ob es wahrscheinlich ist, daß es sich so verhalte, oder ob nicht« (Phd. 70b) – ob es also wahrscheinlich ist (oder nicht), dass die Seele nach dem Tode weiterexistiert. Er, der so oft angesehene Athener Bürger in die Situation gebracht hat, sich für ihre

Meinungen rechtfertigen zu müssen, stellt sich an seinem letzten Tag selbst die Aufgabe, seine Überzeugung über ein Leben nach dem Tod zu verteidigen. Dieses Unternehmen kündigt Sokrates mit Galgenhumor an: »Wohlan denn, […], laßt mich versuchen, ob ich mich mit besserem Erfolg vor euch verteidigen kann als vor den Richtern« (Phd. 63b).

Das erste durchzusprechende Argument für ein Weiterbestehen der Seele nach dem Tod formuliert Sokrates wie folgt: »Dieses also laßt uns sehen, ob nicht notwendig, was nur ein Entgegengesetztes hat, nirgend anders her selbst entsteht als aus diesem ihm Entgegengesetzten. So wie, wenn etwas größer wird, muß es doch notwendig aus irgend vorher kleiner Gewesenem hernach größer werden […] und ebenso aus Stärkerem das Schwächere und aus Langsamerem das Schnellere« (Phd. 70e). Zwischen Entgegengesetztem, so lautet die These, gibt es »ein zwiefaches Werden von dem einen zu dem anderen und von diesem wieder zu jenem zurück« (Phd. 71b). So gibt es beispielsweise zwischen dem Heißen und dem Kalten die Prozesse des Abkühlens und der Erwärmens. Und zwischen dem Schlafen und dem Wachsein lassen sich unschwer die Prozesse des Einschlafens und des Aufwachens festmachen. Sokrates ist nun der Meinung, dass diesen Beispielen ein allgemeines Prinzip zugrunde liegt, das sich somit auch auf das Gegensatzpaar Leben und Tod anwenden lässt. Das entsprechende »zwiefache Werden« würde dann in den Prozessen des Sterbens und des Auflebens bestehen. Wenn es demzufolge einen Zyklus des Ablebens und Auflebens gibt, dann »kommt es uns heraus, daß die Lebenden aus den Toten entstanden sind, nicht weniger als die Toten aus den Lebenden. Ist dies nun so, so schien es uns ja ein hinreichender Beweis, daß die Seelen der Verstorbenen irgendwo sein müssen, woher sie wieder lebend werden« (Phd. 72a). Außerdem, so gibt Sokrates zu bedenken, würde nicht, »wenn alles zwar stürbe, was am Leben Anteil hat, nachdem es aber gestorben wäre, das Tote immer in dieser Gestalt bliebe und nicht wieder auflebte, ganz notwendig zuletzt alles tot sein und nichts leben?« (Phd. 72c). Auf eine Anregung von seinem Freund Kebes hin schließt Sokrates dieser Zyklus-Theorie ein weiteres Argument für die Selbständigkeit der Seele gegenüber dem Körper an. Diesmal geht es ihm um die *Anamnesis* (griech. = Erinnerung), genauer gesagt, darum, »daß unser Lernen nichts anderes ist als Wiedererinnerung und daß wir deshalb notwendig in einer früheren Zeit gelebt haben müßten wessen wir uns wiedererinnern, und daß dies unmöglich wäre, wenn unsere Seele nicht schon war, ehe sie in diese menschliche Gestalt kam« (Phd. 72e-73a). Lernen ist die Wiedererinnerung an etwas, das die Seele sich vorgeburtlich angeeignet hat. Wie kommt Sokrates zu dieser seltsamen Behauptung? Angenommen, jemand würde Ihnen den Auftrag erteilen, in Ihrem Garten oder an einem Flussufer nach zwei gleichen Steinen zu suchen. Vermutlich würden Sie nach einigem Suchen fündig werden, Sie würden also zwei Steine finden, die dem Anspruch, gleich zu sein, einigermaßen gerecht würden. Zugleich wäre Ihnen klar, dass von einer wirklichen, absoluten Gleichheit zwischen den Steinen keine Rede sein könnte. Die Gleichheit ist in diesem Beispiel der Maßstab, an dem die konkreten Dinge gemessen werden, ohne dass diese dem Maßstab gerecht werden könnten. Das heißt aber, dass wir die Idee der vollkommenen Gleichheit nicht im Umgang mit den nur annähernd, also unvollkommen gleichen Steinen erfassen. Für Sokrates folgt daraus: »Notwendig also kennen wir das Gleiche schon vor jener Zeit, als wir zuerst, Gleiches erblickend, bemerkten, daß alles dergleichen strebe zu sein wie das Gleiche, aber doch dahinter zurückbleibe« (Phd. 74e-75a). Bestimmte Erkenntnisse, darauf will Sokrates hinaus, sind uns zu eigen, ohne dass wir sie uns über unsere Sinne angeeignet hätten. Vielmehr haben wir sie schon *vor* aller sinnlichen Erfahrung gewonnen und erinnern uns bei entsprechenden Anlässen – wie der Suche nach zwei gleichen Steinen – an sie. Und da sich das Erlangen von Kenntnissen über die Ideen (der Gleichheit, des Schönen, des Guten usw.) *vor* aller sinnlichen Erfahrung, also *vor* unserer Geburt abgespielt hat, ist für Sokrates klar, dass unsere Seele bereits vor unserer Geburt existiert und diese Ideen »geschaut« hat.

Die Freunde folgen bereitwillig der Argumentation des Sokrates – was den heutigen Lesern wohl etwas schwerer fallen wird – und zeigen sich »hinreichend überzeugt, daß, ehe wir geboren wurden, unsere Seele war« (Phd. 77a). »Ob aber auch, nachdem wir gestorben sind, sie noch sein wird, das scheint […], o Sokrates, noch nicht bewiesen zu sein« (Phd. 77b). Tatsächlich sagt das Anamnesis-Argument nichts über das Leben *nach* dem Tod aus, sondern bezieht sich nur auf die vorgeburtliche Existenz der Seele. Sokrates begegnet diesem Einwand, indem er zum einen geduldig auf seine vorangegangenen Erläuterungen zum Zyklus von Leben und Tod verweist und zum anderen ein drittes Argument für die besondere Beschaffenheit der Seele ins Feld führt. Dieses Mal geht es um die Affinität der Seele zum »Göttlichen, Unsterblichen, Vernünftigen, Eingestaltigen, Unauflöslichen« (Phd. 80b). Wenn man befürchtet, dass beim Tod eines Menschen seine Seele gleichsam vom Winde verweht wird, dann muss man sich, so Sokrates, folgende Frage stellen:»Welcherlei Dingen kommt es wohl zu, dies zu erfahren, das Zerstieben, und für welche muß man also fürchten, daß ihnen dieses begegne, welchen aber kommt es nicht zu [...]. Dann müssen wir untersuchen, zu welchen von beiden die Seele gehört« (Phd. 78b). Sokrates trägt nun Merkmale zusammen, die es erlauben sollen, zerstörbare, vergängliche Dinge von unzerstörbaren zu unterscheiden. Zerstörbarkeit, so erläutert er, beruht auf Zusammengesetzsein. Was zusammengesetzt ist, kann sich auch in seine Einzelteile auflösen. Zusammengesetzte Dinge erweisen sich als veränderlich, und veränderlich sind die sichtbaren Dingen, im Gegensatz zu den unsichtbaren, unveränderlichen Ideen (des Guten, Schönen usw.), die uns bereits beim Anamnesis-Argument begegnet sind. Auf diese Weise unterscheidet Sokrates zwischen zwei Kategorien des Seins: Einerseits gibt es das Veränderliche und Auflösbare, andererseits das Konstante und Unsterbliche. Die Seele ist in dieser Einteilung nicht mit dem unauflöslichen Sein der Ideen *gleichzusetzen*, hat aber eine Affinität zu diesem. In dieser Zuordnung steckt zugleich eine Aufforderung: Wir sollten die Affinität unseres Geistes zum Unveränderlichen pflegen und uns der Erkenntnis der Wahrheit – also den Ideen – zuwenden.

Nachdem Sokrates diese Ansichten über das Wesen und Schicksal der Seele erläutert hat, fällt ihm auf, dass zwei der anwesenden Freunde miteinander tuscheln. Scheinbar sind sie nicht vollends überzeugt von dem bisher Diskutierten. Sokrates ermuntert die beiden, Kebes und Simmias, ihre Zweifel laut zu äußern, um sie gemeinsam besprechen zu können. Das tun diese dann auch, wobei Kebes sich durch folgende Überlegung beunruhigt zeigt: Selbst wenn einiges für die Annahme spricht, dass die Seele dauerhafter ist als der Körper, folgt daraus noch nicht ihre *Unsterblichkeit*. Ist es nicht denkbar, so Kebes, dass die Seele sich im Laufe diverser Wiedergeburten sozusagen abnutzt, so dass sie einmal doch mit einem ihrer Körper vergeht? Für den einzelnen Menschen würde das bedeuten, dass er mit der Befürchtung leben müsste, die aktuelle Inkarnation seiner Seele sei deren letzte. So müsste jeder, »der im Begriff ist zu sterben, für seine eigene Seele in Sorge sein, ob sie nicht gerade in dieser Trennung von dem Leibe ganz und gar untergehen werde« (Phd. 88b).

Als Erwiderung auf die Bedenken des Kebes entwickelt Sokrates ein viertes Argument für die Unsterblichkeit der Seele, indem er über Eigenschaften spricht, die bestimmten Dingen wesensmäßig zukommen. So gehört z. B. zum Schnee notwendig die Kälte – dass es einmal Schnee aus der Sprühdose geben würde, konnte Sokrates nicht ahnen. Schnee ist nicht identisch mit Kälte, aber er ist doch immer kalt und kann, wie die Kälte selbst, keine Wärme annehmen. Die Kälte gehört so wesentlich zum Schnee, dass dieser verschwindet, wenn es warm wird. »Es ist nämlich dieses, daß nicht nur jenes Entgegengesetzte selbst [z. B. Kälte und Wärme] einander nicht annimmt; sondern auch alles das, was einander eigentlich nicht entgegengesetzt ist, doch aber das Entgegengesetzte immer in sich hat [wie der Schnee die Kälte], auch dieses scheint jene Idee [in diesem Fall die Wärme] nicht annehmen zu wollen, die der in ihm wohnenden entgegengesetzt ist, sondern wenn sie kommt, entweder unterzugehen oder sich davonzumachen« (Phd. 104b). Dieses Prinzip, meint Sokrates, lässt sich auch auf die Seele anwenden. »Also wird wohl die Seele das Gegenteil dessen, was sie immer mitbringt, nie annehmen« (Phd. 105d). Dasjenige aber, was die Seele als ihre wesensmäßige Eigenschaft immer mit sich bringt, ist die Lebendigkeit. Die Seele ist laut Sokrates notwendig immer mit dem Leben verbunden, so wie der Schnee mit der Kälte. Sie kann daher das dem Leben Entgegengesetzte, also den Tod, schlechterdings nicht annehmen. »Und was den Tod nie annimmt, wie nennen wir das? – Unsterblich« (Phd. 105d). Die Seele ist unsterblich, da sie mit dem Tod unverträglich ist und ihn gleichsam abstößt. Wenn daher ein Mensch stirbt, »zieht [sie] wohlbehalten ab, dem Tode aus dem Wege« (Phd. 169e).

Vom Logos zum Mythos

Nicht eine, nicht zwei, sondern vier eloquent vorgetragene Argumentationen für die Beständigkeit und Unabhängigkeit der Seele bzw. für ihr Weiterexistieren nach dem Tod werden von Sokrates dargeboten. Diese sollten ihren Zweck nicht verfehlen und uns, ebenso wie die Freunde des Sokrates, von dem Weiterleben der Seele nach dem Tode des Körpers überzeugen. Damit dürfte zugleich die Angst, die die meisten Menschen vor dem Ende ihres Daseins haben, besänftigt sein. Oder haben Sie etwa noch Zweifel? Ist für Sie der Gedanke an ihren Tod nach allem, was dieser große Philosoph gegen die entsprechenden Befürchtungen ins Feld geführt hat, noch mit Schrecken verbunden? – Vermutlich ja.

Tatsächlich lässt sich gegen die angeführten Argumente einiges einwenden. Schon die allem Gesagten zugrunde liegende Behauptung, der Tod sei gleichbedeutend mit der Trennung von Seele und Körper, ist durchaus bezweifelbar. Ebenso lassen sich das Prinzip, alles entstehe aus seinem Gegenteil, und die Behauptung, Lernen sei Wiedererinnerung an pränatal Angeeignetes, bezweifeln. Und auch, dass die Seele das Lebensprinzip und als solches schlechterdings unsterblich ist, ist eine These, die man nicht unbedingt akzeptieren muss. Zumal Sokrates hier zirkulär argumentiert, also das zu Beweisende im Beweisgang bereits voraussetzt: Die Seele schließt den Tod aus, weil sie per definitionem immer mit dem Leben verbunden ist. Aber selbst wenn alles, was im *Phaidon* über die Seele gesagt wird, absolut stichhaltig wäre, so würden doch die Vernunftgründe allein die Angst vor dem Tod wohl nicht beseitigen. Sokrates‹ Freunde bestätigen diese Vermutung mit ihrem Verhalten, denn obwohl sie sich von den Argumenten und den Antworten auf ihre Einwände überzeugt zeigen, macht doch ihre Verzweiflung, als ihr Lehrer den Schierlingsbecher leert, deutlich, dass die Gefühle den philosophischen Einsichten nicht ohne Weiteres folgen wollen. Es bedarf daher auch des *Zuspruchs*, um mit Todesangst und Traurigkeit fertig zu werden, wie Sokrates selbst einräumt. Das ängstliche Kind in uns lässt sich mit philosophischen Argumenten nicht ohne Weiteres beschwichtigen. Dieses innere Kind muss man geduldig beruhigen und ihm gut zureden. Deswegen (und weil die philosophischen Argumente uns nicht verraten, was die Seele denn nun nach dem Tod erwartet) schließt Sokrates an seine rationalen Erörterungen die Schilderung eines Mythos an.

Die mythische Erzählung über den Verbleib der Seelen nach dem Tod führt uns nicht, wie wir es aus der christlichen Tradition gewohnt sind, in himmlische Sphären, sondern bleibt in gewisser Weise der Erde (freilich inklusive der Unterwelt) verhaftet. Sokrates beginnt mit einer kurzen Schilderung der Reise der Seelen durch die Unterwelt. Es ist die Rede von einem Totengericht, bei dem entschieden wird, welches Schicksal der vom Körper abgelösten Seele gebührt. Nachdem der Seele dieses zuteil geworden ist, bringt ein Seelenführer »sie wieder von dort hierher zurück nach vielen und großen Zeitabschnitten« (Phd. 107e). Über das Gebührende selbst erzählt Sokrates nicht viel. Wir erfahren im Grunde nur, dass sich die Reise mehr oder weniger beschwerlich gestaltet, je nachdem in welcher Verfassung die Seele ist – ob sie besonnen und vernünftig ist oder aber »begehrlich an dem Leibe hält« (Phd. 108a) und sich gegen das Unausweichliche sträubt. Nach diesem kurzen »Reisebericht« und den Anspielungen auf Lohn und Strafe nach dem Tod setzt Sokrates zu einer ausführlichen Beschreibung der »Gestalt der Erde« (Phd. 108e) an. Es geht also um Geographisches (wiederum: inklusive der Unter- und jetzt auch einer Oberwelt). Das mutet zunächst merkwürdig an, macht aber durchaus Sinn, wenn man Sokrates so versteht, dass in seiner mythischen Erzählung das Schicksal der Verstorbenen mit bestimmten *Orten* verbunden wird – entsprechend ihrer Verdienste oder Vergehen. Es gibt demnach für jede Seele den passenden Aufenthaltsort. Die guten Seelen finden sich in einer harmonisch geordneten Oberwelt wieder, die frei von Krankheiten und Verfall ist. Auf die schlechten Seelen hingegen warten die rohen Naturgewalten einer trostlosen Unterwelt, wo ein System von Flüssen verschiedene Strafen ermöglicht, je nach Schwere der Vergehen. Allein diejenigen Seelen, die

»durch Wahrheitsliebe sich schon gereinigt haben« (Phd. 114c), entgehen dem Zyklus von Tod und Wiedergeburt. Ihnen bleibt jede Reinkarnation erspart. Wohin diese philosophischen Seelen wandern und was sie dort tun, erklärt Sokrates nicht, versichert aber: »Schön ist der Preis und die Hoffnung groß« (Phd. 114 c).

Nachdem Sokrates seine Erzählung über das Schicksal der Seelen nach dem Tod beendet hat, betont er noch einmal das Spekulative dieser Schilderungen. Denn nach der philosophischen Argumentation, den kritischen Einwänden und Erwiderungen, geht es nun gleichsam um einen Sprung in den hoffnungsvollen Glauben. »Daß sich nun dies alles gerade so verhalte, wie ich es auseinandergesetzt, das ziemt wohl einem vernünftigen Mann nicht zu behaupten; daß es jedoch, sei es nun diese oder eine ähnliche Bewandtnis haben muß mit unseren Seelen und ihren Wohnungen, wenn doch die Seele offenbar etwas Unsterbliches ist, dies, dünkt mich, zieme sich wohl gar wohl und lohne auch, es darauf zu wagen, daß man glaube, es verhalte sich so. Denn es ist ein schönes Wagnis, und man muß mit solcherlei gleichsam sich selbst besprechen« (Phd. 114d).

Philosophieren heißt leben lernen

Die Vernunftgründe für die Beständigkeit der Seele über den Tod hinaus reichen nicht aus, um die Todesangst zu beseitigen. Der Mensch muss sich, wie Sokrates erklärt, über das rationale Argumentieren hinaus »selbst besprechen«, sich also selbst gut zureden. Es ist somit offenbar nicht die Stichhaltigkeit der »Beweise« für die Unsterblichkeit der Seele, die Sokrates so ruhig und gelassen in den Tod gehen lässt. Aber was ist es dann? Und warum sollte man sich mit diesem Text Platons beschäftigen – besonders wenn es um die Suche nach philosophischen »Heilmitteln« geht –, wenn der Kern des Ganzen, die Argumente für das Fortbestehen der Seele nach dem Tode, keine hinreichende Überzeugungs- bzw. Wirkkraft hat?

Das zentrale Thema des *Phaidon* ist der Tod: das Wesen des Todes, das Schicksal der Seele nach dem Tod, das Philosophieren über den Tod und der Philosoph im Angesicht des Todes. Und doch geht es in Sokrates› letzten Gesprächen auch und immer wieder um das *Leben*, genauer gesagt um das philosophische Leben. Am Beginn des Dialogs steht wie gesagt die Behauptung, das Leben des Philosophen sei in gewisser Weise ein Sterben-Wollen oder eine Annäherung an den Tod. Diese Aussage macht nur Sinn, wenn man wie Sokrates voraussetzt, dass der Tod die Trennung von Körper und Seele bedeutet. Diese Trennung ist das Ausschlaggebende, wenn von der Todesaffinität einer philosophischen Lebensweise die Rede ist. Man kann die These also etwas weniger nebulös so formulieren: Das philosophische Leben orientiert sich möglichst nicht an körperlichen Gelüsten, materiellen Zwängen und sinnlichen Ablenkungen. Philosophen sollten laut Sokrates versuchen, die Seele (oder den Geist) von den Begehrlichkeiten und Zerstreuungen, die mit dem Körper zusammenhängen, zu befreien. »Denn der Leib macht uns tausenderlei zu schaffen wegen der notwendigen Nahrung, dann auch, wenn uns Krankheiten zustoßen, verhindern uns diese, das Wahre zu erjagen, und auch mit Gelüsten und Begierden, Furcht und mancherlei Schattenbildern und vielen Kindereien erfüllt er uns […] und daher fehlt es uns an Muße, der Weisheit nachzutrachten, um all dieser Dinge willen« (Phd. 66b–c).

Für Sokrates offenbart sich die Wahrheit der Dinge allein im Denken, nicht im Sehen, Hören oder Fühlen. Die Philosophie befasst sich nach seinem Verständnis mit dem Nicht-Offensichtlichen. Wer glaubt, die Wahrheit unmittelbar durch die Sinne, gleichsam mit bloßem Auge erfassen zu können, erliegt einem Irrtum. »Das Wesentliche ist für die Augen unsichtbar«, so lautet ein bekannter Satz von Saint-Exupéry. Dem Wesentlichen, so lehrt uns Sokrates, kann man sich nicht allein mit den Sinnesorganen nähern, sondern durch philosophische Gespräche und Gedanken. Konkrete sinnliche Erfahrungen (wie der Anblick einer schönen Rose) geben zwar den Anlass für die Suche nach dem Wesen der Dinge (z. B. nach dem Schönen an sich), aber dieses kann selbst nicht durch die Sinne erfasst werden.

Das Wesentliche, das Wahre ist nun durchaus nicht nur von theoretischem Interesse. Es geht in der philosophischen Lebensführung nicht um ein weltfremdes, abgehobenes Grübeln ohne Wirklichkeitsbezug. Vielmehr muss auch und gerade das praktische Wissen hinterfragt werden. In ihren Handlungen und Gesprächen setzen Menschen ständig Werturteile voraus, die nicht eigens thematisiert werden, sondern zum großen Teil unreflektiert übernommen und weitergegeben werden. Nicht umsonst fordert daher Sokrates in seinen philosophischen Gesprächen die Menschen dazu auf, sich über ihre Ansichten und Werturteile Rechenschaft zu geben. Er meint sogar, dass »ein Leben ohne Selbsterforschung [es] gar nicht verdient, gelebt zu werden« (Ap. 38a). Für das philosophische Leben ist es unabdingbar, die eigenen Wertmaßstäbe kritisch zu prüfen und die wahren von den nur scheinbaren Tugenden unterscheiden zu lernen. Denn wenn man es genau betrachtet, so Sokrates, erkennt man, dass die Tugenden der meisten Menschen äußerst zweifelhaft sind. Rein äußerlich betrachtet sind die wahren Tugenden von den nur scheinbaren nicht ohne Weiteres zu unterscheiden. Hier wie da sind die entsprechenden Handlungen durch Selbstdisziplinierung charakterisiert. Während aber die wahre Tugend auf vernünftiger Einsicht beruht, ist der Kern der falschen Tugend das Vermeiden von (größerer) Unlust. Die Motivation der Tapferkeit ist dann z. B. die Angst vor Schande. Für Sokrates ist klar, dass »dies gar nicht der rechte Tausch ist, um Tugend zu erhalten, Lust gegen Lust und Unlust gegen Unlust [...]; sondern jenes die einzige rechte Münze ist, gegen die man alles dieses vertauschen muß, die Vernünftigkeit« (Phd. 69a–b). Eine Tugend, die nicht die Vernünftigkeit zum Maßstab hat, sondern im Abwägen und Tauschen von Lust und Unlust besteht, »dürfte dann wohl immer nur ein Schattenbild sein und in der Tat knechtisch, nichts Gesundes und Wahres an sich habend« (Phd. 69b–c). Philosophisch – und mithin wahrhaft tugendhaft – lebt demgegenüber der Mensch, der »im Leben die anderen Lüste, die es mit dem Leibe zu tun haben, und dessen Schmuck und Pflege hat fahren lassen als etwas ihn selbst nichts Angehendes [...] und seine Seele geschmückt hat, nicht mit fremden, sondern mit dem ihr eigentümlichen Schmuck, Besonnenheit, Gerechtigkeit, Tapferkeit, Edelmut und Wahrheit« (Phd. 114e–115a).

Die philosophische Lebensführung ist also auf die Erkenntnis der Wahrheit ausgerichtet, und sich der Wahrheit zu nähern ist, laut Sokrates eine rein geistige Tätigkeit, wohingegen »alle Betrachtung durch die Augen voll Betrug ist, voll Betrug auch die durch Ohren und die übrigen Sinne« (Phd. 83a). Wichtig ist es daher, sich von dem Diktat der Sinne zu befreien und den Geist nicht von oberflächlichen Begierden vereinnahmen zu lassen. Eine Reinigung von den weltlichen Einflüssen tut also Not, wenn es um die Suche nach der Wahrheit geht, und somit ist die asketische Lebensweise die dem Philosophen angemessene. Das ist nun nicht im Sinne einer simplen Leibfeindlichkeit zu verstehen. Die Verachtung des Körperlichen ist bei Sokrates kein Selbstzweck. Wir dürfen uns den ehemaligen Hopliten und gelernten Steinmetz nicht als weltentrückten, abgehobenen Sonderling vorstellen. Auch wird der Philosoph von seinem Schüler Platon keineswegs als enthaltsamer Spaßverderber dargestellt. So erfahren wir im Dialog *Symposion*: »Im Trinken [...] übertraf er alle« (Sym. 220a). Leibliche Genüsse waren Sokrates also nicht fremd, aber, und das ist das Entscheidende, er richtete sein Leben nicht danach aus. Die Annehmlichkeiten und Zerstreuungen dessen, was man landläufig ein »gutes Leben« nennt, übten auf ihn keinen besonderen Reiz aus. Sokrates war »unbekümmert um das, was den meisten wichtig ist, um das Reichwerden und den Hausstand, um Kriegswesen und Volksrednerei und sonst um Ämter« (Ap. 36b). Materieller Besitz interessierte ihn nicht. Ja, er hielt nicht einmal das Tragen von Schuhen für notwendig. Diese Bedürfnislosigkeit bedeutet für die Seele bzw. den Geist, der ja in der philosophischen Lebensführung im Mittelpunkt steht, eine Befreiung. Denn wenn ein Mensch sich ausschließlich von Lust, Begierden, Schmerz und Furcht leiten und vereinnahmen lässt, dann ist »in diesem Zustande [...] am meisten die Seele von dem Leibe gebunden. [...] Weil jegliche Lust und Unlust gleichsam einen Nagel hat und sie an den Leib annagelt und anheftet und sie leibartig macht« (Phd. 83d). Eine solche leibartige Seele ist derart von den Begierden und Lüsten des Körpers eingenommen, dass sie meint, »es sei gar nichts anderes wahr als das Körperliche, was man betastet und sieht, ißt und trinkt und zur Liebe gebraucht, und weil sie das für die Augen Dunkle und Unsichtbare, der Vernunft

hingegen Faßliche und mit der Weisheitsliebe zu Ergreifende«
(Phd. 81b) regelrecht hasst und fürchtet. Wer sich also selbst als
»arrivierten Affen« betrachten will, dem es um nichts anderes als
um die Befriedigung körperlicher Bedürfnisse geht und der meint,
alles Menschliche sei auf das Biologische reduzierbar, der wird in
Sokrates keinen Gewährsmann finden.

Die philosophische Lebensführung wird von Sokrates als
eine Art von *Seelenpflege* beschrieben. Immer wieder ist die Rede
von der Reinigung und Befreiung der Seele, die als das spezifisch
Menschliche zu verstehen ist. Durch seine Seele ist der Mensch
sozusagen zu Höherem berufen, und diese Begabung gilt es zu nutzen. Die Rede von der Unsterblichkeit der Seele und die mythische
Schilderung des Schicksals der Seelen nach dem Tod haben – das
wird jetzt deutlich – nicht zuletzt einen *pädagogischen* Zweck:
»So ist denn dieses, ihr Männer, wohl wert bemerkt zu werden,
daß, wenn die Seele unsterblich ist, sie auch der Sorgfalt bedarf
nicht für diese Zeit allein, welche wir das Leben nennen, sondern
für die ganze Zeit, und das Wagnis zeigt sich nun eben erst recht
furchtbar, wenn jemand sie vernachlässigen wollte« (Phd. 107c).
Auch Atheisten und Agnostiker können und sollten sich fragen:
Wäre meine Seele bzw. mein Geist auf ein jenseitiges Leben, wie
es im Sokratischen Mythos geschildert wird, ausreichend vorbereitet? Verwende ich genügend Sorgfalt auf die Seelenpflege, also
auf mein Inneres, meine Persönlichkeit? Ist meine Seele in einem
guten Zustand? Oder lasse ich sie verwahrlosen und verkümmern,
während sich meine ganze Energie auf materielle und sinnliche
Interessen richtet? Wir sollten uns um unsere Seelen kümmern, *als
ob sie unsterblich wären* – selbst wenn wir von einem Leben nach
dem Tod nicht in demselben Maße überzeugt sind wie Sokrates.

Das philosophische Leben, von dem im *Phaidon* die Rede ist,
hat recht wenig mit dem zu tun, was wir uns heute unter dem
Leben eines Philosophiestudenten oder einer Philosophiedozentin
vorstellen. Mit dem Lesen und Schreiben philosophischer Texte
ist es laut Sokrates, der ja selbst gar nichts Schriftliches hinterlassen hat, keineswegs getan. Andererseits erscheint das Studium
philosophischer Werke nicht als Voraussetzung für ein philo-

sophisches Leben. Entscheidend sind viel eher das Einnehmen einer bestimmten Haltung und die (seelische) Verfassung, die ein Mensch einnehmen bzw. haben muss, damit er sich überhaupt den philosophischen Gegenständen, dem Wahren und Wesentlichen, nähern kann. Entscheidend ist die Abkehr von den (oder zumindest eine Relativierung der) oberflächlichen Zerstreuungen und Begehrlichkeiten des Körpers. Entscheidend ist weiterhin eine kritische Distanz zum fraglos Für-wahr-Gehaltenen und zum Gerede der Menge. Entscheidend ist aber genauso die *Selbst*prüfung, das Infragestellen der eigenen Meinungen und Wertvorstellungen. Theorie und Praxis, Denken und Handeln sind in der philosophischen Lebensführung nicht scharf voneinander zu trennen. Und so nimmt die Philosophie, als Suche nach der Wahrheit, den ganzen Menschen in Anspruch und ist nicht als bloß zeitweise, vom übrigen Leben zu trennende Tätigkeit zu verstehen.

Wenn es Sokrates im *Phaidon* nicht nur um die Frage nach dem Tod, sondern auch um die nach dem rechten Leben geht, und wenn das rechte Leben seiner Ansicht nach ein philosophisches ist, dann ist es nur folgerichtig, dass er seine Freunde zum Abschied zu einem gemeinsamen philosophischen Gespräch einlädt. Sokrates verbringt seinen letzten Tag nicht damit, in Erinnerungen zu schwelgen und sein Leben Revue passieren zu lassen. Auch gibt er den Freunden nicht schlicht seine persönlichen Lebensweisheiten mit auf den Weg, sondern er philosophiert mit ihnen. Zugegeben, der Gesprächsanteil des Sokrates ist überwältigend hoch, und die Beiträge der Freunde beinhalten zwar einige Einwände, beschränken sich aber ansonsten auf Nachfragen und zustimmende Äußerungen. Dennoch geht es Sokrates nicht lediglich darum, die Anwesenden von seinen Ansichten zu überzeugen, sondern sie zum Philosophieren und mithin zu einer philosophischen Lebensweise anzuhalten. Wir können also davon ausgehen, dass es Sokrates nicht (nur) um eine Verteidigung seiner Ansichten über das Leben nach dem Tod geht, sondern dass er auch das Wohl (und Seelenheil) seiner Schüler und Freunde im Sinn hat, wenn er sie statt einer emotionalen Abschiedsszene zum Philosophieren anhält. Daher fordert er sie auch auf: »Ihr aber, wenn ihr mir

folgen wollt, kümmert euch wenig um den Sokrates, sondern weit
mehr um die Wahrheit« (Phd. 91b–c).

Das Vermächtnis des Sokrates

Als müsste die Sorge des Philosophen um die Seelen seiner Schüler
noch einmal ausdrücklich betont werden, lässt Platon den Kriton
fragen, was denn Sokrates› Auftrag und letzter Wunsch an die
Anwesenden sei. Sokrates antwortet darauf: »Was ich immer sage,
[…] nichts Besonderes weiter, daß nämlich, wenn ihr euer selbst
recht wahrnehmt, ihr mir und den meinigen und euch selbst alles
zu Dank machen werdet, […]; wenn ihr aber euch selbst vernachlässigt und nicht gleichsam den Spuren des jetzt und sonst schon
Gesagten nachgehen wollt im Leben, daß ihr dann, wenn ihr auch
jetzt noch so vieles und noch so heilig versprächet, doch nichts
weiter damit ausrichten werdet« (Phd. 115b–c). Die Sorge um die
eigene Lebensführung, das ist es, was Sokrates sich von bzw. für
seine Freunde wünscht. So dass vielleicht auch sie einmal so ruhig
und gelassen dem Tod entgegen sehen können wie ihr Lehrer es tut.

Der Tag neigt sich dem Ende zu, und Sokrates beginnt, sich auf
das Trinken des Schierlingsbechers vorzubereiten. Platon schildert
die letzten Handlungen seines Mentors detailliert, aber relativ
nüchtern, und das macht die Darstellung nur umso bewegender.
Nachdem Sokrates gebadet und seiner Familie Lebewohl gesagt
hat, kommt es zu einer rührenden Abschiedsszene mit dem
Gefängniswärter, der Sokrates› Tod aufrichtig betrauert und sich
regelrecht bedankt für die Gefasstheit und die guten Manieren
des Gefangenen: »O Sokrates, über dich werde ich mich nicht zu
beklagen haben, wie über andere, daß sie mir böse werden und mir
fluchen, wenn ich ansage, das Gift zu trinken« (Phd. 116c). Und
tatsächlich ist Sokrates weit davon entfernt, sich aus Verzweiflung
oder Wut gegen den Wärter aufzulehnen. Er erwidert dessen
Sympathie und erklärt seinen Freunden: »Wie fein der Mensch
ist. So ist er die ganze Zeit mit mir umgegangen, hat sich bisweilen
mit mir unterhalten und war der beste Mensch« (Phd. 116d). Mit

dieser Szene verdeutlicht uns Platon noch einmal, dass die philosophische Lebensführung, die durch Sokrates verkörpert wird, nichts mit einem egozentrischen, weltabgewandten Spinnertum zu hat. Sokrates, der Philosoph par excellence, wird als freundlicher, gerechter und fürsorglicher Mensch dargestellt, der seinen Worten die entsprechenden Taten folgen lässt und auch in der extremsten Situation nichts von seiner Besonnenheit einbüßt.

Schließlich gibt es nichts mehr zu sagen oder zu tun. Ein Hinauszögern des Todes bis zum letzten Augenblick lehnt Sokrates ab: »Denn ich meine nichts zu gewinnen, wenn ich um ein weniges später trinke, als nur, daß ich mir selbst lächerlich vorkommen würde, wenn ich am Leben klebte« (Phd. 116e-117a). Ohne Bitterkeit und Angst also »setzte er an, und ganz frisch und unverdrossen trank er aus« (Phd. 117c). Während die Freunde mehr oder weniger erfolglos um ihre Fassung ringen, folgt Sokrates ruhig den Anweisungen des Wärters, bis schließlich die völlige Lähmung einsetzt und zum Tod des Philosophen führt.

Sokrates stirbt nicht nur in der Hoffnung auf ein Leben (und eine Belohnung) nach dem Tod – eine Vorstellung, aus der postmoderne Leser und Leserinnen nicht unbedingt Trost schöpfen werden –, sondern auch in dem Bewusstsein, seine Lebenszeit gut und richtig genutzt zu haben. Was das Sterben für ihn so leicht macht, ist nicht zuletzt ein tiefes Einverständnis mit sich selbst, das nichts mit Selbstgerechtigkeit oder Arroganz zu tun hat, sondern sich aus der Überzeugung speist, den eigenen, vernunftgemäßen Überzeugungen gefolgt zu sein. Er hat an seiner Lebensführung nichts zu bereuen – selbst die Verurteilung zum Tode durch seine Mitbürger konnte dieser Gewissheit des Sokrates nichts anhaben: »Denn nichts anderes tue ich, als daß ich umhergehe, um Jung und Alt unter euch zu überreden, ja nicht für den Leib und für das Vermögen zuvor noch überall so sehr zu sorgen als für die Seele, daß diese aufs beste gedeihe, zeigend, wie nicht aus dem Reichtum die Tugend entsteht, sondern aus der Tugend der Reichtum und alle andern menschlichen Güter insgesamt, eigentümliche und gemeinschaftliche. [...] Demgemäß nun, würde ich sagen, [...],

daß ich auf keinen Fall anders handeln werde, und müßte ich noch
so oft sterben!« (Ap. 30a–b).

470 v. Chr.	Sokrates wird vermutlich in diesem Jahr als Sohn einer Hebamme und eines Steinmetzes in Athen geboren.
431 v. Chr.	Beginn des Peloponnesischen Krieges. Der attische Seebund kämpft mit Unterbrechungen fast 17 Jahre lang gegen Sparta. Sokrates zieht als Hoplit mehrfach gegen die Spartaner ins Feld.
423 v. Chr.	Uraufführung der Komödie *Die Wolken* von Aristophanes, in der Sokrates als »Obersophist« verspottet wird.
407 v. Chr.	Der 20-jährige Platon wird Sokrates' Schüler.
404 v. Chr.	Mit der Kapitulation Athens endet der Peloponnesische Krieg. Es kommt zum Sturz der demokratischen Regierung und der achtmonatigen »Herrschaft der Dreißig«. Nach einer Revolte kommen die Demokraten wieder an die Macht.
399 v. Chr.	Sokrates wird zum Tod durch den Schierlingsbecher verurteilt.

Nachdenken über den Tod

▷ **57%** *der Deutschen empfinden den Gedanken an den Tod anderer als schrecklich.*

▷ **36%** *der Deutschen glauben, dass Menschen mit einem erfüllten Leben keine Angst vor dem Tod haben.*

▷ **32%** *der Deutschen sind der Meinung, über den Tod sollte man nicht nachdenken.*

▷ **28%** *der Deutschen denken oft über den Tod nach.*

▷ **10%** *der Deutschen können sich nicht mit dem Tod abfinden.*

▷ **30%** *der Deutschen glauben, dass die Seele des Menschen unsterblich ist.*

▷ **6%** *der Deutschen glauben, dass die Seele nach dem Tod weiter wandert.*

▷ **16%** *der Deutschen glauben, dass der Tod nur eine Durchgangsstation ist.*

Quelle: Statista, Statistisches Bundesamt

Zum Nachlesen

Rafaela von Bredow/Annette Bruhns/Manfred Dworschak/ Laura Höflinger/Anna Kistner/Conny Neumann, *Zu Blau der Himmel*, in: Der Spiegel, 22/2012, 110–120 (H).

Platon, *Sämtliche Werke*, Bände I und II, übersetzt von Friedrich Schleiermacher, neu herausgegeben von Ursula Wolf, Reinbek bei Hamburg 2002 (Ap. = Apologie, Phd. = Phaidon, Sym. = Symposion).

Tiziano Terzani, *Das Ende ist mein Anfang. Ein Vater, ein Sohn und die große Reise des Lebens*, München 2007 (EA).

Zum Weiterlesen

Dorothea Frede, *Platons Phaidon: Der Traum von der Unsterblichkeit der Seele*, Darmstadt 1999.

Reimer Gronemeyer, *Sterben in Deutschland. Wie wir dem Tod wieder einen Platz in unserem Leben einräumen können*, Frankfurt am Main 2007.

Romano Guardini, *Der Tod des Sokrates. Eine Interpretation der platonischen Schriften Euthyphron, Apologie, Kriton und Phaidon*, Mainz 2001.

Ekkehard Martens, *Sokrates. Eine Einführung*, Stuttgart 2004.

Jörn Müller (Hrsg.), *Platon: Phaidon*, Berlin 2011.

Bernhard H.F. Taureck, *Philosophieren: Sterben lernen? Versuch einer ikonologischen Modernisierung unserer Kommunikation über Tod und Sterben*, Frankfurt am Main 2004.

BOETHIUS
und die philosophische Selbstsorge

»Ohne die sokratischen Gespräche würde ich elendig verrecken in dieser Verblödungsanstalt« (DG 29), sagt Hauke Burmeister. Burmeister ist seit fast einem Jahrzehnt Insasse der Justizvollzugsanstalt Berlin-Tegel, und die sokratischen Gespräche, von denen er hier spricht, sind Teil eines Pionier-Projektes, das die JVA Tegel in Kooperation mit der Freien Universität Berlin eingeführt hat. Seit der Jahrtausendwende haben die Häftlinge die Möglichkeit, an philosophischen Gesprächen teilzunehmen, die von Studierenden moderiert und begleitet werden. Diskutiert werden dabei Themen wie Werte, Freundschaft, Toleranz und Anerkennung.

Das Philosophie Magazin *veröffentlichte 2012 ein Interview mit dem Initiator der sokratischen Dialoge unter Strafgefangenen, dem philosophischen Trainer Jens Peter Brune. Brune erklärt, die Grundidee des Gesprächsangebots sei »eine auf Vernunft vertrauende, auf Argumente aufbauende und stets auf persönliche Erfahrung bezogene Untersuchung philosophischer Fragen« (PL 31). Der philosophische Dialog eigne sich in besonderem Maße dazu, mit Gefangenen ins Gespräch zu kommen, da in dieser Gesprächsform jede Person ernstgenommen werde, was sich nicht zuletzt darin äußere, dass auch scheinbar abwegige Gedanken als bedenkenswert betrachtet würden. »Das spüren die Teilnehmer und zeigen alsbald eine Offenheit, um die uns mancher Therapeut beneidet« (PL 31). Auf der Grundlage einer solchen Offenheit könne zwischen den Gefangenen jenseits von Misstrauen und Ressentiments ein guter Austausch stattfinden. In der Tat, so Brune, sei es auch möglich, dass Gefangene durch die sokratischen Gespräche zu unerwarteten Erkenntnissen und Einsichten gelangten. So habe ein wegen Beihilfe zum Mord Verurteilter seine Einstellung zum Thema Menschenrechte nach einigen Monaten des Philosophierens grundlegend geändert.*

Die Situation im Gefängnis, erklärt Brune, sei zwar in vielerlei Hinsicht einschränkend und belastend, aber mit Blick auf die sokratischen Dialoge könne doch zuweilen eine konstruktive Umdeutung stattfinden: »Hier kann man, wenn auch ohne Komfort, so doch entlastet von den vielen täglichen Orientierungs- und Entscheidungsproblemen, gut nachdenken. Auch Sokrates hat ja, als er im Gefängnis saß, nicht etwa an seiner Flucht gearbeitet, sondern mit seinen Getreuen über prägende Grundwerte der Menschen nachgedacht« (PL 31). Sokrates ist allerdings nicht der einzige philosophierende Gefängnisinsasse, der den Teilnehmern an den philosophischen Gesprächen in der JVA Tegel als Beispiel dienen kann. Ein (unfreiwilliger) Anlass zum Nachdenken war die Gefangenschaft auch für einen anderen berühmten Häftling, nämlich den spätantiken Politiker und Gelehrten Boethius. Im Unterschied zu Sokrates und Burmeister aber führte Boethius in der Haft keine Gespräche mit Freunden bzw. philosophischen Trainern, sondern rang in Selbstgesprächen um innere Fassung und um eine neue Perspektive auf sein Leben.

 (Vermutlich) im Jahr 525 wird der hochrangige römische Staatsmann Anicius Manlius Severinus Boethius auf Geheiß Theoderichs, des Königs der Ostgoten, verhaftet. Die Anklage lautet: Hochverrat. Boethius steht im Verdacht, eine Verschwörung von Anhängern des oströmischen Kaisers gegen die Ostgotenherrschaft zu unterstützen. Tatsächlich ist ihm wohl die Verteidigung eines gewissen Albinus zum Verhängnis geworden, dem man Geheimverbindungen zu byzantinischen Kreisen vorwirft. Boethius hat den Beschuldigten in Schutz genommen, mit dem Resultat, dass die Anklage nun auf ihn selbst ausgedehnt und mit falschen Zeugen gestützt wird. Bei seiner Gefangennahme ist Boethius 45 Jahre alt. Er ist zu dieser Zeit nicht nur politisch aktiv, sondern auch als Philosoph und als Philosophiehistoriker tätig. Als solcher versucht er das Erbe der antiken Schriften durch Übersetzung ins Lateinische und Kommentierung zu bewahren – ein äußerst ambitioniertes Bildungsprojekt. Zudem hat er sich als Autor betätigt und einige kleinere Abhandlungen über die Musik, die Mathematik sowie zu theologischen Themen – Boethius war Christ – verfasst.

Die Inhaftierung wird für Boethius, der sich als *magister officiorum* eben noch auf dem Höhepunkt seiner Karriere befunden hat, unerwartet zur letzten Station seines Lebensweges. Es wird das Todesurteil verhängt. Im Gefängnis verfasst der vom Glück Verlassene die *Consolatio philosophiae*, den *Trost der Philosophie*, eines der letzten philosophischen Bücher der Antike und eines der beliebtesten des Mittelalters.

Philosophische Therapeutika

Der inhaftierte Gelehrte ist außer sich vor Wut und Verzweiflung. Aufgelöst beklagt er sein Schicksal, als er plötzlich bemerkt, dass er Gesellschaft bekommen hat: »Da zeigte sich, daß mir zu Häupten eine Frau getreten war von sehr ehrwürdigem Aussehen, mit feurigen und über die gemeine Kraft des Menschen hinaus durchdringenden Augen, von lebhafter Farbe und unerschöpflicher Frische, mochte sie auch so hoch in Jahren sein, daß man sie keineswegs für eine Zeitgenossin gehalten hätte –, von einer Größe, die man nicht klar erkennen konnte« (TdP 41 f.). Eine sonderbare, fast überirdisch wirkende Frau tritt zu dem gefangenen Boethius. Ihr Alter ebenso wie ihre Größe entzieht sich menschlichen Maßstäben. Sie trägt ein Gewand aus zartem und gleichzeitig unzerstörbarem Gewebe. In einer Hand hält sie ein Zepter, in der anderen Hand Bücher. Es handelt sich um keine Geringere als die Philosophie höchstpersönlich, die gekommen ist, um ihrem Freund und Schüler Boethius in seiner Verzweiflung beizustehen. Was nun folgt, ist ein langes und heilsames Gespräch der Philosophie mit dem Eingeschlossenen.

Der *Trost der Philosophie* hat die Form eines Dialogs zwischen Boethius und der personifizierten Philosophie. Genau genommen handelt es sich aber um einen dialogischen Monolog: Boethius, der verzweifelte, mutlose Gefangene, tritt in einen Dialog mit Boethius, dem Philosophen und Philosophiegelehrten.

Die personifizierte Philosophie tritt also in der geschilderten Szenerie zu ihrem eingekerkerten Schützling, betrachtet sein Gesicht, »wie es von Trauer schwer und in Trübsal zu Boden gesenkt war« (TdP 43), und erkennt, dass Boethius ihres Beistands bedarf. »Hätte ich dich etwa, sagte sie, mein Kind, verlassen und nicht […] das Leid mit dir gemeinsam tragen sollen?« (TdP 45), fragt sie rhetorisch. Die Philosophie ist gekommen, um ihrem »Kind« in seiner dunkelsten Stunde mit den ihr eigentümlichen Mitteln zu helfen. Beherzt lenkt sie daher Boethius' Aufmerksamkeit weg vom Beklagen seines Schicksals, hin zu einer philosophischen Betrachtung seiner Situation. Etwas »philosophisch zu betrachten«, darunter verstehen wir im Alltag den meist nicht ganz ernstgemeinten Ratschlag, einem Missgeschick oder einem Ärgernis durch geistige Akrobatik etwas Positives abzugewinnen. Tröstlich ist in solchen Fällen nicht die (vermeintlich) philosophische Betrachtungsweise, sondern eher das gemeinsame Lachen über dieselbe. Im Falle von Boethius und der personifizierten Philosophie aber sieht die Sache anders aus, denn letztere ist ganz ernsthaft der Meinung, dass es philosophische Überlegungen sind, die Boethius in seiner Situation am dringendsten braucht. Und so kann sie aus voller Überzeugung über das Philosophieren mit dem Gefangenen sagen: »Jetzt ist eher Zeit für Arznei als für das Klagelied« (TdP 44).

Die Philosophie als Überbringerin der nötigen Arznei, als Therapeutin – das ist der Leitgedanke der *Consolatio*, den Boethius mit dem Auftauchen der Philosophie neben seinem Haupt verdeutlichen will. Und wie es sich für eine Ärztin gehört, stellt die Philosophie zunächst eine vorläufige Diagnose – »ich sehe, dich hat eine Lähmung befallen« –, beruhigt den Patienten – »es besteht keine Gefahr: er leidet an Lethargie, der gewöhnlichen Krankheit eines genarrten Geistes« –, und sagt ihm, was als nächstes zu tun ist, nämlich »seine Augen abwischen, die von einer Wolke sterblicher Dinge beschattet sind« (TdP 44). Aber anders als bei einer medizinischen Behandlung kann der Patient sich hier nicht nach dem Benennen seiner Beschwerden passiv den Heilkünsten seiner Ärztin überlassen – und z.B. brav die verschriebenen Medikamente schlucken –, vielmehr ist sein aktives Mitwirken am weiteren Verlauf der Behandlung gefordert. Und so muss Boethius sich zunächst einmal die Frage gefallen lassen: »Was weinst du, was schwimmst du in Tränen? [...] Wenn du die Hilfe des Arztes erwartest, mußt du die Wunde aufdecken!« (TdP 47). Boethius ist verständlicherweise irritiert, denn es ist doch wohl mehr als offensichtlich, dass er allen Grund zum Weinen hat: »Liegt die Härte des Schicksals, wie es gegen mich wütet, nicht offen zutage?« (TdP 47). Da es nun aber nötig zu sein scheint, zählt er seiner Therapeutin, »in beständigem Schmerze herausgestöhnt« (TdP 54), die Gründe für seine Trauer auf. Insbesondere die ihm widerfahrene Ungerechtigkeit macht Boethius zu schaffen, denn »anstatt Belohnung wahrer Tugend treten wir Strafe an für ein erlogenes Verbrechen« (TdP 51), während »jeder Verbrecher unter den Augen Gottes gegen die Unschuld vermag, was er plant« (TdP 50). Wieso kommen böse Menschen, wenn es solche schon geben muss, mit ihren Schandtaten auch noch ungeschoren davon? Und wie konnte andererseits ein redlicher, um Gerechtigkeit bemühter Bürger wie er, Boethius, in eine solch ausweglose Situation geraten? Diese Fragen lassen ihn geradezu verzweifeln.

Die Philosophie nimmt die Klagen ihres Schützlings ungerührt zur Kenntnis. Sie tröstet Boethius an dieser Stelle nicht, sondern zieht aus seiner Gemütsverfassung ganz nüchtern Konsequenzen für den weiteren Verlauf der Therapie: »Da aber stärkster Aufruhr der Leidenschaften dich befallen hat und Schmerz, Zorn und Trauer dich nach verschiedenen Seiten ziehen, so berühren dich kräftigere Heilmittel noch nicht bei dem Geisteszustand, in dem du jetzt bist. Deshalb werde ich eine Weile lindere anwenden« (TdP 55). Dem aufgebrachten Boethius können und müssen demnach zunächst einmal leichte »Heilmittel« verabreicht werden, um ihn zu stabilisieren und gewissermaßen zur Vernunft zu bringen. Erst wenn er auf diese Weise etwas aufgebaut wurde, können die starken Arzneien zum Einsatz kommen. Zu den leichten »Heilmitteln« gehört eine weitere Befragung des Patienten durch die Philosophie. Ob die Welt nach Boethius‹ Meinung vernünftig geordnet oder eine Anhäufung von Zufällen sei, will die Therapeutin wissen. Des Weiteren fragt sie ihn, was wohl der Ursprung aller Dinge sei. Schließlich geht es der Philosophie darum, »was ein Mensch ist« (TdP 57). Mit dieser letzten Frage scheint sie nun einen wunden Punkt getroffen zu haben, denn ihr Patient gerät nach einer ziemlich allgemeinen Antwort – »ein vernunftbegabtes und sterbliches Lebewesen« (TdP 57) – ins Stocken. Die Philosophie erklärt daraufhin: »Ich weiß nun […] die wichtigste Ursache deiner Krankheit: du hast aufgehört zu wissen was du selbst bist« (TdP 58). Selbstvergessenheit, so lautet also die definitive Diagnose der Ärztin Philosophie.

Das Vergessen des Selbst

Selbstvergessen zu sein, das bezeichnet im alltäglichen Sprachgebrauch keinen negativen Zustand. Es wird damit zum Ausdruck gebracht, dass jemand so konzentriert auf seine Gedanken oder seine Tätigkeit ist, dass derjenige nicht merkt, was um ihn herum vorgeht. Selbstvergessenheit nennen wir dieses Versunkensein in eine bestimmte Beschäftigung, weil der Mensch gedanklich ganz bei der Sache und damit gewissermaßen nicht bei sich selbst ist. Wenn aber die Philosophie bei Boethius ein Selbstvergessen diagnostiziert, geht es ihr um etwas anderes. »Du hast aufgehört zu wissen, was du selbst bist«, erklärt sie ihrem Schützling, und das kann zunächst einmal in dem Sinne verstanden werden, dass die Philosophie Boethius auffordert, sich auf *sie* zu besinnen. So gesehen würde die Diagnose besagen: »Du hast in deinem Kummer offenbar vergessen, dass du ein Philosoph bzw. philosophisch geschult bist. Also erinnere dich daran und setze an die Stelle des kopflosen Klagens und Weinens geistige Disziplin und vernünftige Überlegungen!«. Das so verstandene Selbstvergessen ist ja der Grund, warum die Philosophie dem Gefangenen zuallererst erschienen ist.

Als die Philosophie in ihren Erläuterungen zur Selbstvergessenheit fortfährt, wird allerdings klar, dass das Übel noch tiefer sitzt und weitreichende Konsequenzen hat. »Denn da du ja an Selbstvergessen leidest, mußtest du dich als verbannt und deiner eigensten Güter beraubt betrauern« (TdP 58). Das Selbstvergessen soll demnach die Ursache dafür sein, dass Boethius den Verlust seines Besitzes betrauert und sich verloren und ausgeschlossen fühlt. Die Gefühle von Verlust und Verbannung sind also scheinbar nicht objektiv gerechtfertigt, sondern hängen (zumindest teilweise) von Boethius‹ Gemütszustand ab. Das kann aber nur bedeuten, dass er nicht nur vergessen hat, was bzw. wer er ist, sondern auch, was wirkliche Güter sind und was wahres Aufgehoben-Sein bedeutet. Boethius hat (nachvollziehbarerweise) das Gefühl, ihm sei schlechterdings alles genommen worden und er sei vollkommen verloren. Die Philosophie deutet hingegen an, dass diese völlige Verzweiflung mit dem Selbstvergessen zusammenhängt. Folglich muss die benötigte Arznei eine Art von Selbst-Erinnerung oder Selbstfindung sein.

Oh, Fortuna!

Nachdem sich die Philosophie ein Bild über die Verfassung ihres Schützlings gemacht hat, beginnt sie damit, die diagnostizierte Verwirrung seines Geistes zu behandeln. Die philosophische Kur besteht an dieser Stelle in Reflexionen über Boethius‹ Gefühl des Verlustes, die als »ein Linderungsmittel für den Schmerz« (TdP 64) wirken sollen. Der Gefangene vergeht, wie die Philosophie feststellt, »vor Verlangen und Sehnsucht nach dem früheren Glück« (TdP 60). Das Glück, von dem hier die Rede ist, ist das *äußere* Glück, der günstige Zufall. Da wir im Deutschen nur einen Begriff für zwei sehr unterschiedliche Glücksarten verwenden – nämlich für das Glück, das man *hat*, und für das Glück, das man *empfindet* –, kann es beim Reden über das Thema Glück zu Missverständnissen kommen. Im Englischen unterscheidet man demgegenüber zwischen *luck* und *happiness*, im Französischen zwischen *chance* und *bonheur* und in der Sprache des Boethius, dem Lateinischen, zwischen *fortuna* und *beatitudo*. Das Wort *fortuna* bezeichnet nun wiederum nicht nur das *günstige* Geschick bzw. den *glücklichen* Zufall, sondern auch das Schicksal im Allgemeinen – sowie die dafür zuständige Göttin –, und mit eben diesem hadert Boethius.

Viele Jahre lang hatte Boethius das Gefühl, ein Günstling Fortunas zu sein. Umso härter trifft ihn jetzt die Wende des Schicksals. Die Philosophie aber macht ihrem Schützling klar, dass hier ein Missverständnis vorliegt: »Du glaubst, das Schicksal habe sich dir gegenüber gewandelt? Du irrst! Das ist immer seine Gepflogenheit, dies ist seine Art. Bewahrt hat es vielmehr bei dir seine ihm eigene Beständigkeit gerade in der Veränderlichkeit« (TdP 60). Das Schicksal ist seinem Wesen nach kapriziös. Man kann ihm nicht sinnvollerweise vorwerfen, dass es sich wandelt, denn genau das Zufällige, Veränderliche und Flüchtige definiert es ja – »wenn es zu stehen beginnt, hört es auf, Geschick zu sein!« (TdP 62). Könnte Fortuna sich selbst gegenüber Boethius verteidigen, so würde sie vielleicht sagen: »Dies beständige Spiel spiele ich: ich drehe das Rad mit schnellrollender Felge; das Unterste gegen das Höchste, das Höchste gegen das Unterste zu tauschen, ist meine Freude. Steige empor, wenn du willst, aber unter der Bedingung, daß du es nicht für Unrecht hältst, herabzusteigen, wie es der Gang meines Spieles fordert« (TdP 63). Wer sich also dem Glück des Zufälligen unterstellt, der darf nicht die entsprechenden Spielregeln und das Gesetz des Glücksrades aus den Augen verlieren: What goes up, must come down – um es mit *Blood, Sweat & Tears* zu sagen.

Die Philosophie weist Boethius darauf hin, dass die entscheidende Frage vor diesem Hintergrund doch lauten muss: »Hältst du etwa ein Glück, das davongehen wird, für wertvoll? Ist dir ein günstiges Geschick, wenn es bei dir ist, teuer, obwohl es keine Stete im Bleiben hat und, wenn es weicht, Betrübnis bringen wird?« (TdP 61). Die Frage ist offensichtlich rhetorisch gemeint. Man sollte, das will die Philosophie dem Leidenden klarmachen, ein Glück, von dem man weiß, dass es vergänglich ist, nicht allzu hoch schätzen. Überhaupt kann ein solch unstetes, nicht festzuhaltendes Glück, das von einem blinden Schicksal abhängt, nicht das Wahre sein. Wer sein Glück im Besitz von äußeren Gütern, von Geld, Macht oder Ruhm sucht, der setzt aber genau auf ein unbeständiges, unsicheres Glück, das mit dem, was wirklich gut ist, also mit der wahren Glückseligkeit (beatitudo) nichts zu tun haben kann. Denn: »Wenn das Glück das höchste Gut eines Wesen ist, das mit Vernunft lebt, und nicht höchstes Gut ist, was irgendwie entrissen werden kann, da ja das, was sich nicht rauben läßt, es übertrifft, so liegt auf der Hand, daß die Unbeständigkeit des Zufalls nicht den Anspruch machen kann, das Glück zu erfassen« (TdP 69). Das, was wirklich und unübertreffbar gut ist, – die Philosophie spricht auch vom »höchsten Gut« – kann nicht unbeständig sein, sonst wäre es ja durch etwas Beständiges zu übertreffen.

Aber nicht nur die Unsicherheit und Flüchtigkeit des Zufallsglücks, dem Boethius nachtrauert, lässt dieses als Kandidaten für das wahre Glück ausscheiden. Auch die Tatsache, dass es dabei um *äußere* Güter geht, wird von der Philosophie scharf kritisiert. Sie findet, dass es für vernunftbegabte Wesen wie uns Menschen geradezu unwürdig ist, das Glück an Äußerlichkeiten wie Reichtum und materiellen Schätzen festzumachen und dabei die spezifisch menschlichen Talente aus dem Blick zu verlieren. »Anderes ist mit dem Seinen zufrieden, ihr aber, Gott an Geist ähnlich, erhascht von den niedrigsten Dingen den Schmuck für euer überragendes Wesen und merkt nicht, wie sehr ihr damit eurem Schöpfer Unrecht tut« (TdP 73). Es geht der Philosophie nun wieder um die bereits diagnostizierte Selbstvergessenheit: Wer wie Boethius sein Glück ausschließlich an äußeren Gütern wie Geld oder Ruhm festmacht, der hat in gewisser Weise vergessen, wer er ist. Und das ist, wie die Philosophie ausführt, fatal, denn das Eigentümliche an der »Menschennatur« ist, dass sie »nur dann unter den übrigen hervorragt, wenn sie sich selbst erkennt, zugleich jedoch tiefer als die Tiere hinabsinkt, wenn sie aufhört, sich zu kennen; denn bei den übrigen Tieren ist, sich nicht zu kennen, Natur, beim Menschen wird es zum Vergehen« (TdP 73).

Das wahre Glück

Die Philosophie hat Boethius‹ Klagen über die Härte des Schicksals zum Anlass genommen, um die herkömmlichen Glücksvorstellungen einer harschen Kritik zu unterziehen. Sie geht sogar so weit zu behaupten, »den Menschen nütze ein widriges Geschick mehr als ein günstiges: dies trügt immer unter dem Anschein des Glückes dadurch, daß es hold scheint, das erste ist immer wahr dadurch, daß es sich unbeständig im Wechsel zeigt. Jenes täuscht, dies belehrt« (TdP 81).

Und der so belehrte Boethius? Der spürt, wie die philosophischen Schmerzmittel allmählich zu wirken beginnen: »Wie hast du mich durch das Gewicht der Gedanken oder auch durch den angenehmen Gesang wieder erwärmt! So daß ich nicht zweifle, hiernach den Schlägen des Schicksals gewachsen zu sein! So schaudere ich nicht nur nicht vor der Arznei, von der du sagtest, sie sei etwas schärfer, sondern, voll Begier zu hören, fordere ich sie heftig« (TdP 83). Die Philosophie erwidert erfreut: »Wie würdest du erst vor Begier erglühn, wenn du erkenntest, wohin ich dich zu führen beginne! [...] Zum wahren Glück, das auch dein Geist erträumt« (TdP 83). Jetzt soll es also um das echte Glück gehen, das Boethius in seiner Selbstvergessenheit offenbar aus den Augen verloren hat. Die Philosophie kann ihren Schützling zunächst beruhigen, denn er ist nicht der einzige, der bei der Beschäftigung mit äußeren Gütern vom Pfad zum wahren Glück abgekommen ist. Vielmehr suchen die meisten Menschen das Glück an der falschen Stelle, nämlich im Erlangen von Macht, Ruhm, Reichtum, Schönheit, von Dingen also, die weder jemals vollkommen noch von Dauer sind. Was die Menschen demgegenüber anstreben *sollten*, ist ein Gut, das nichts zu wünschen übrig lässt, das also vollständig und vollkommen ist. Das wahre Glück, das diesem höchsten Gut entspricht, macht »selbstgenügsam, mächtig, ehrwürdig, berühmt und froh« (TdP 100). Langsam dämmert es Boethius, an welcher Stelle das vollkommene Gute und mithin das von der Philosophie beschriebene wahre Glück zu suchen sein muss: »Wir müssen den Vater aller Dinge anrufen« (TdP 100). Das Streben nach Glück, bestätigt die Philosophie, ist ein Streben nach dem höchsten, vollkommenen Guten, und dieses ist identisch mit Gott. Also kann das wahre Glück nur von Gott her bestimmt werden. Das Streben der Menschen nach dem wahren Glück muss anders gesagt in der Pflege der Tugenden, der Bekämpfung der Laster und dem Streben nach Gott bestehen.

Boethius hat keine Einwände gegen den erläuterten Zusammenhang von Glück, vollkommenem Gut und Gott. Auch lässt er sich

von der Philosophie gerne daran erinnern, dass Gott als das höchste Gut die Welt »stark lenkt und sanft ordnet« (TdP 114). Aber das
Reden über Gott, die wahre Glückseligkeit und die gute Lenkung
der Welt erinnert den Gefangenen an ein Thema, das ihn seit
seiner Inhaftierung intensiv beschäftigt und betrübt hat: »Das ist
ja gerade der tiefste Grund meiner Trauer, daß Schlechtes, obwohl
es einen guten Lenker der Welt gibt, erstens überhaupt existieren
kann und zweitens ungestraft ausgeht. […] Dazu kommt aber noch
etwas anderes, Schwereres: während nämlich die Schlechtigkeit
herrscht und in Ansehen steht, entbehrt die Tugend nicht nur
ihres Lohnes, sondern unter den Füßen der Schurken wird sie
sogar zertreten und büßt an Stelle der Verbrechen Strafe. Daß dies
geschehen kann im Reich eines allwissenden, alles vermögenden,
aber nur Gutes wollenden Gottes, darüber kann sich niemand
genug wundern, niemand genug klagen« (TdP 118). Wie kann es
sein, dass in einer von Gott geordneten und gelenkten Welt böse
Menschen mit ihren Schandtaten ungestraft davon kommen oder
sogar von ihrer Bosheit profitieren, während die Guten das Nachsehen haben? Das wäre in der Tat schlimm, gibt die Philosophie
zu, »aber es ist nicht so« (TdP 118). Die menschliche Wertung
von Glück und Unglück ist voreilig und unzureichend, erklärt sie
ihrem Schützling. In Wahrheit ist der Böse der Unglückliche, weil
er an dem wahren Gut, also an Gott, keinen Anteil hat. »Da eben
das Gute das Glück ist, so ist klar, daß alle Guten gerade dadurch,
daß sie gut sind, glücklich werden« (TdP 126). Und so wie »den
Rechtschaffenen gerade ihre Rechtschaffenheit zum Lohn wird,
so ist den Ruchlosen ihre Frevelhaftigkeit selbst höchste Strafe«
(TdP 126). Während die Tugendhaften durch ihre Teilhabe am
vollkommenen Guten, also an Gott, in gewisser Weise göttlich
werden, »geschieht es, daß wer die Rechtschaffenheit verläßt und
damit aufhört, Mensch zu sein, sich in ein Tier verwandelt, da er
in göttliche Stellung nicht übergehen kann« (TdP 127). Außerdem
ist die Bosheit ein Zeichen von Schwäche, erklärt die Philosophie
Boethius: »Warum lassen [die Bösen] denn die Tugend im Stich
und folgen den Lastern? Aus Unkenntnis der Güter? Aber was gibt
es Kraftloseres als die Blindheit der Unkenntnis? Oder kennen
sie das, dem man folgen muß, die Begierde aber wirft sie aus der

Bahn? Auch dann sind sie in ihrer Unbeherrschtheit schwach, weil sie gegen die Laster nicht ankämpfen können« (TdP 123).

Es *scheint* also nur so als hätten die guten Menschen das Nachsehen und seien den bösen unterlegen. Wir müssen nämlich bedenken, dass die Bösen sich selbst bestrafen, und zwar umso mehr, je erfolgreicher sie bei ihren boshaften Unternehmungen sind. Somit ist klar, dass, entgegen allem äußeren Anschein, »die unglücklicher sind, die Unrecht tun, als die, die es leiden« (TdP 133). Man sollte eigentlich Mitleid mit ihnen haben und ihnen wie Kranken begegnen. »Daher rührt es, daß bei den Weisen überhaupt kein Platz für Haß bleibt. Denn wer – außer ganz großen Dummköpfen – haßt wohl die Guten? Die Schlechten aber zu hassen ist sinnlos. Denn wenn, wie Mattigkeit eine Krankheit des Körpers, so Lasterhaftigkeit eine des Geistes ist, und da wir die körperlich Kranken keineswegs für hassenswürdig, sondern vielmehr für bemitleidenswert halten, sind auch die […] zu bemitleiden, auf deren Sinn gräßlicher als jedes Siechtum die Ruchlosigkeit lastet« (TdP 134).

An dieser Stelle wird es Boethius nun doch ein wenig zu viel mit der weisen und großmütigen Erhabenheit über augenscheinliche Ungerechtigkeiten. Er wirft ein, dass an dem »volkstümlichen Glück etwas Gutes oder Schlechtes sein müsse; denn auch keiner der Weisen will verbannt, arm, in Schande sein, anstatt reich an Schätzen, ob seiner Stellung ehrwürdig, stark durch Macht in seiner Heimat zu bleiben und dort zu gedeihen« (TdP 135). Die herkömmlichen Glücksgüter mögen von der Philosophie als unwichtig und trügerisch enttarnt worden sein, sie sind für die Menschen dennoch von Bedeutung. Und wenn man dazu bedenkt, dass die Philosophie von einem göttlichen Ordnungsprinzip gesprochen hat, dann stellt sich doch nach wie vor die Frage, wie Gott »häufig den Guten Angenehmes, den Schlimmen Widriges und dann wieder den Guten Hartes zuteilt, den Schlimmen Erwünschtes gewährt« (TdP 135). Worin, so fragt sich Boethius, unterscheidet sich unter diesen Umständen die gute göttliche Ordnung eigentlich von blindem Zufall?

Alles in Ordnung?

Die Philosophie zeigt sich verständnisvoll. Ihr ist klar, dass man den Lauf der Dinge zuweilen für völlig planlos halten kann. Das kann aber ihrer Überzeugung nach nur daran liegen, dass »man den Sinn der Ordnung nicht versteht; aber magst du auch den Grund einer so gewaltigen Ordnung nicht kennen, so zweifle doch nicht, daß alles richtig geschieht, da ein guter Lenker die Welt beherrscht« (TdP 135). Alles ist in bester Ordnung, auch wenn es nicht immer so scheint – das versichert die Philosophie ihrem Schützling. Da aber Boethius, wie seine Lehrmeisterin es von ihm verlangt hat, den Philosophen in sich reaktiviert hat, gibt er sich mit dem bloßen Vertrauen in eine gute Weltordnung nicht zufrieden, sondern verlangt nach weitergehenden Erklärungen: »So lege bitte dar, was du hier für Entscheidungen triffst, da mich ja dieses Wunder am meisten verwirrt« (TdP 136). Der Eifer ihres Patienten entlockt der Philosophie ein Lächeln. Sie erklärt zwar, dass genauere Ausführungen äußerst komplex seien, beginnt dann aber – da sie Boethius jetzt offenbar die stärksten Medikamente zumuten kann – mit einer Erläuterung des Verhältnisses von Schicksal und göttlicher Vorsehung.

Um zu verstehen, wie der augenscheinlichen Unordnung des Schicksals doch eine höhere Ordnung innewohnen kann, muss man den Unterschied zwischen zeitlicher (menschlicher) und überzeitlicher (göttlicher) Perspektive berücksichtigen. Die Philosophie versucht das durch einen Vergleich zu verdeutlichen: Die göttliche Vorsehung ist wie die Idee des Künstlers zu einem Gemälde, und das Schicksal entspricht dem diffizilen und zeitraubenden Auftragen der Farben auf die Leinwand. Wir als Normalsterbliche sehen gewissermaßen nur einzelne Pinselstriche, können aber nicht das Gesamtkunstwerk erkennen. Das Klagen über die Launenhaftigkeit und Blindheit des Schicksals entspricht dann der schlimmsten Form des Banausentums, nämlich dem Niedermachen eines Kunstwerks, das man gar nicht verstehen kann, weil es noch nicht fertiggestellt ist. Jedenfalls, so versichert die Philosophie erneut, können wir davon ausgehen, dass Gott alles gut ordnet. Für den Einzelnen und sein Schicksal bedeutet das: »Indem [Gott] von der hohen Warte der Vorsehung blickt, erkennt er, was einem jeden zuträglich ist, und läßt ihm zukommen, was er für passend erkannt hat« (TdP 140). Wenn daher guten Menschen Schlimmes passiert, dann vielleicht deswegen, weil sie als gutes Beispiel dienen sollen oder damit sie »die Tugenden des Geistes durch Pflege und Übung der Geduld stärken« (TdP 141). Andere Menschen werden möglicherweise auf weniger harte Proben gestellt, weil ihre Tugendhaftigkeit dafür zu instabil ist. Bei den Bösen verhält es sich ebenso. Manchmal bekommen sie ihre gerechte Strafe, manchmal aber auch nicht. So oder so wird es gute Gründe dafür geben. Vielleicht würde ein ungünstiges Schicksal sie in ihrer Bosheit nur noch mehr aufstacheln. Vielleicht muss mancher auch zunächst ungestraft Böses tun, um dann durch sein eigenes schlechtes Gewissen auf den rechten Weg zu kommen. Für die Philosophie steht jedenfalls fest: »Weil jedes Geschick, sei es angenehm oder hart, verhängt wird, um die Guten zu belohnen oder zu üben und um die Ruchlosen zu strafen und zu bessern, ist jedes gut, da feststeht, daß es gerecht oder nützlich ist« (TdP 144). Boethius, der an der unverdienten Härte seines Schicksals leidet, sollte daher Folgendes bedenken: »Ihr, die ihr im Fortschritt zur Tugend seid, seid nicht gekommen, vor Wonne zu zerfließen und im Genuß zu erschlaffen. Kampf führt ihr heftig im Geiste mit jedem Geschick, auf das euch ein trübes nicht überwältige oder ein angenehmes nicht verderbe. [...] In eurer Hand ist es nämlich gelegen, wie ihr euch euer Geschick zu gestalten wünscht; denn ein jedes, das hart scheint, straft, wenn es nicht übt oder bessert« (TdP 146).

Die Ausführungen der Philosophie zur Ordnung des Weltlaufes haben in Boethius zwar keinen grundsätzlichen Widerspruch geweckt, ihn aber auf eine neue wichtige Frage gebracht. Wenn nämlich alles so gut geordnet ist und die göttliche Vorsehung sämtliche Ereignisse umfasst, gibt es dann überhaupt so etwas wie Zufälle? Die Philosophie erklärt ihrem Schüler, dass es zwar Ereignisse gibt, die wir als Zufälle bezeichnen – »z.B. wenn jemand den Boden umgräbt, um einen Acker zu bestellen, und dabei eine Last verborgenen Goldes findet« (TdP 149) –, dass es aber keine ursachenlose Ereignisse gibt. Wenn also jemand »in einer Definition behauptet, ein Ereignis, das durch planlose Bewegung und ohne Verknüpfung von Ursachen entstehe, sei Zufall« (TdP 148), dann muss man ihm entgegnen, dass es in diesem Sinne keine Zufälle gibt. »Denn welcher Raum kann irgend übrig sein für Planlosigkeit, da Gott doch alles in Ordnung zwingt? Denn daß nichts aus nichts entstehe, ist ein wahrer Satz« (TdP 148). Diese Erklärungen der Philosophie bringen Boethius zum eigentlichen Kern seiner Frage: »Aber gibt es in dieser Kette in sich zusammenhängender Ursachen eine Freiheit unserer Entscheidung oder fesselt die Kette des Verhängnisses auch die Bewegungen der menschlichen Seele?« (TdP 150). Ja, es gibt Freiheit, antwortet die Philosophie, »denn es dürfte kein vernunftbegabtes Wesen geben, ohne daß es Willensfreiheit besäße« (TdP 150). Weil Menschen Vernunft haben, müssen sie auch frei sein, argumentiert die Philosophie. Denn mithilfe der Vernunft können wir unterscheiden zwischen Dingen, die zu erstreben sind, und solchen, die zu meiden sind. Diese Fähigkeit wäre aber überflüssig, nutz- und sinnlos, wenn wir nicht auch die Freiheit hätten, um zwischen diesen Dingen zu *wählen*. »Deshalb wohnt in den Dingen, in denen Vernunft ist, auch die Freiheit des Wollens und Nichtwollens« (TdP 151).

Boethius ist verwirrt, denn die Philosophie spricht wie selbstverständlich von menschlicher Freiheit, obwohl sie doch vorher betont hat, dass die göttliche Weltordnung und Vorsehung allumfassend seien und es keine Ausbrüche aus den Ketten der Kausalität gebe. Menschliche Freiheit und göttliche Vorsehung scheinen ihm nicht vereinbar zu sein, und wenn es keine Freiheit gibt, dann hat das fatale Konsequenzen: »Umsonst nämlich setzt man für Gute und Böse Belohnungen oder Strafen aus, die kein freier und willentlicher Entschluß der Seelen verdient hat« (TdP 154). Wenn es keine Freiheit gibt, kann man letztlich niemandem etwas vorwerfen oder allgemeiner: zurechnen. Lob und Strafe verlieren bei unfreien Wesen jeglichen Sinn. Wie lässt sich also das von Boethius formulierte Problem lösen? Die Philosophie erinnert daran, dass der Mensch nicht den Fehler begehen darf, die eigenen beschränkten Geistesfähigkeiten auf Gott zu projizieren. Das wurde ja schon beim Klagen über die (vermeintliche) Unordnung des Weltlaufes als ein zentrales Missverständnis identifiziert.

Boethius argumentiert so: Wenn ein Ereignis keinen notwendigen, festgelegten Ausgang hat – so wie es bei einer freien Handlung der Fall sein muss –, dann kann der Ausgang des Ereignisses auch nicht im Voraus gewusst werden. Ausgehend von der menschlichen Erkenntnisfähigkeit, die an Raum und Zeit gebunden ist, ist das durchaus zutreffend. Aber weil Gott sozusagen außerhalb der Zeit steht und daher »immer in einem zeitlosen und gegenwärtigen Zustand ist, […], erwägt er alles in seiner einfachen Erkenntnis, als wenn es nun geschehe« (TdP 165). Dem Blick Gottes ist also alles gegenwärtig gegeben, so dass es für ihn, wenn man so will, keine Überraschungen gibt. Gleichzeitig »ändert die göttliche Vorkenntnis nicht die Natur der Dinge« (TdP 166), wie Boethius befürchtet hatte. Das bedeutet, dass Gottes Allwissenheit die Freiheit unserer Entscheidungen und Handlungen nicht bedroht. Ereignisse, die aus der allumfassenden göttlichen Perspektive betrachtet notwendig sind, sind es nicht zwangsläufig auch an sich.

Mit den Überlegungen zur menschlichen Freiheit nähert sich der Dialog zwischen Boethius und der Philosophie seinem Ende. Zuletzt nimmt die Philosophie noch die Verteidigung der Willensfreiheit zum Anlass, um ihren Schützling an die »gewaltige Notwendigkeit zur Rechtschaffenheit« (TdP 169) zu erinnern, also an die Verantwortung, die mit der Freiheit verbunden ist. Dann ist das Trostgespräch und mithin die philosophische Behandlung beendet. Die Therapie ist vorbei – und wie geht es dem Patienten?

Tröstende Philosophie?

Der Trost der Philosophie war jahrhundertelang eine der populärsten philosophischen Schriften und wird bis heute zu den Klassikern der Philosophiegeschichte gezählt. Aber kann dieses Buch tatsächlich halten, was sein Titel verspricht? Kann die Trostschrift des Boethius wirklich Trost spenden, hat sie also das Potenzial, einem Menschen, der sich in einer krisenhaften Phase seines Lebens befindet, Halt oder Hilfe zu bieten? Man kann daran seine begründeten Zweifel haben. So könnte man zunächst einmal monieren, dass der philosophische Trost mit rationalen Argumenten arbeitet und dem Schmerz keine Berechtigung zugesteht, sondern ihn als unbegründet abtut. Als die personifizierte Philosophie die Szene betritt, erklärt sie die Zeit des Weinens und Jammerns kurzerhand für beendet. Der verzweifelte Boethius wird im Grunde dazu aufgefordert, sich zusammenzureißen und zur Vernunft zu kommen. Von der Wärme eines empathischen Verstehens ist hier wenig zu spüren. Das wirkt einigermaßen unsensibel, und es ist nicht sehr wahrscheinlich, dass solche Aufforderungen – gelesen oder von einem Philosophen vorgetragen – einem verzweifelten Menschen wirklich Trost spenden würden. Zudem dürften die Passagen der Trostschrift, die sich mit der kosmologischen Ordnung und mit dem Verhältnis von göttlicher Vorsehung und Willensfreiheit beschäftigen, zu abstrakt und abgehoben sein, um in schwierigen, belastenden Situationen tatsächlich eine unmittelbar tröstende Wirkung zu entfalten.

Man darf aber bei diesen Zweifeln an der Wirksamkeit der Trostschrift einen entscheidenden Aspekt nicht aus den Augen verlieren: Es ist in der *Consolatio* Boethius *selbst*, der sich philosophischen Trost zuspricht. Der Gefangene wird nicht von einer Außenstehenden belehrt und mit klugen Ratschlägen versorgt, sondern hier tritt sich ein Mensch in der Stunde größter Trauer selbst gegenüber, in dem Versuch, die Situation des Verlustes ertragen zu können und in dem Bemühen, sich im Leiden und in der Verzweiflung nicht selbst zu verlieren. Es ist deswegen sinnvoll, den Blick eher auf den *methodischen* als auf den inhaltlichen Trost der Trostschrift zu richten. Man sollte sich anders gesagt vor allem fragen, was Boethius *tut*, und sich nicht nur darauf konzentrieren, was er (bzw. die personifizierte Philosophie) sagt.

Boethius stellt in der *Consolatio* Überlegungen zum wahren Glück an, das nichts mit trügerischen Glücksgütern zu tun hat. Auch beschäftigt ihn die Vorstellung, dass die seelische Verfassung eines Menschen wesentlich mit seiner Einstellung bzw. Perspektive zusammenhängt. Des Weiteren geht es ihm um die Fragen nach Gerechtigkeit, nach der Ordnung des Kosmos, nach dem wahren Guten und nach der Freiheit des Menschen. Was zu diesen Themen in der Trostschrift ausgeführt wird, hat Boethius nicht als Erster gedacht. Man erkennt hier vielmehr deutlich die Einflüsse der antiken Philosophen, mit denen er sich so eingehend beschäftigt hat. Bemerkenswert ist aber Folgendes: In der größten Verzweiflung tritt Boethius in einen Dialog mit der Philosophie, die ihm in seiner existenziellen Notlage Trost und Hilfe verspricht. Tatsächlich tritt er in einen Dialog mit sich selbst, und das tut er, indem er sich auf seine philosophische Bildung besinnt. Dabei scheinen aber die ihm vertrauten Lehren und Thesen der antiken Philosophen plötzlich in einem ganz neuen Sinne relevant für Boethius zu werden. All das, was er sich früher in seinem Schreibzimmer in mußevollen Stunden angeeignet hat, erscheint ihm nun, in der Gefangenschaft, in einem gänzlich anderen Licht. Es geht jetzt nicht mehr um wissenschaftliche Ambitionen, um Gelehrsamkeit, um hehre Bildungsideale, um standesgemäße Beschäftigung, um Ruhm oder sonstige Eitelkeiten. Derartige Luxussorgen sind für Boethius Vergangenheit. Es geht jetzt um das nackte (Über-)Leben. Und erst jetzt, so scheint es, versteht Boethius wirklich, was die alten Philosophen ihm zu sagen haben, denn jetzt erlebt und erleidet er es. Dieses erlebende Verstehen findet in den Gedichten einen Ausdruck, die sich durch das ganze Buch hindurch zwischen den theoretischen Abhandlungen finden. Diese Gedichte sind aber vielleicht nicht nur ein Zeichen für den veränderten und sich verändernden Zugang, den Boethius zu den ihm bekannten Theorien findet. Gut möglich ist, dass sie für den Verzweifelten auch ein *Mittel* sind, um das schulmäßig erworbene philosophische Wissen auf neue Art zu verinnerlichen. Die nüchtern angeeigneten Kenntnisse bekommen für Boethius mit einem Mal eine existenzielle Bedeutsamkeit, und diese Bedeutsamkeit ist von ihm erwünscht und wird daher durch den inneren Dialog und die Gedichte aktiv befördert. Die philosophische Bildung wird für Boethius zum »Heilmittel« gegen die Selbstvergessenheit, d.h. gegen den Verlust von Sinn und Orientierung.

Wie man den Verstand behält

In ihrem Buch *Wie man den Verstand behält* (*How to stay sane*) erklärt die britische Psychotherapeutin Philippa Perry, was ihres Erachtens die wichtigste Bedingung für psychische Gesundheit ist: Man muss zwischen den beiden Extremen des Chaos und der starren Routine einen »Trampelpfad« finden und lernen, »wie man stabil und doch flexibel bleibt, kohärent und doch bereit, Komplexität zuzulassen« (VB 13). Das leuchtet unmittelbar ein, denn innere Stabilität ist zweifellos notwendig, um mit den kleinen und größeren Katastrophen des Lebens fertigwerden zu können. Ebenso wichtig ist es aber, zu den eigenen Gewohnheiten, Meinungen und Überzeugungen in Distanz treten zu können und sie gegebenenfalls zu modifizieren. Äußere Veränderungen erfordern innere Flexibilität und Offenheit für Neues. Wo die Flexibilität fehlt, kommt es sehr leicht zu Konflikten und Anpassungsproblemen, bis hin zur völligen Unfähigkeit, mit einer Situation klarzukommen. Perry ist nun der Meinung, dass wir einiges dafür tun können, um ein gesundes Gleichgewicht zwischen Stabilität und Veränderlichkeit zu entwickeln. In ihrem Lebenshilfebuch bietet sie dazu einige Überlegungen und praktische Ratschläge an, wobei sie die Arbeit an der psychischen Gesundheit in vier Schlüsselbereiche und daher ihr Buch in vier Kapitel unterteilt: 1. Selbstbeobachtung, 2. Beziehungspflege, 3. Stress und 4. Geschichten, nach denen wir leben. Während die ersten drei Kapitelthemen auf den ersten Blick einsichtig erscheinen, wirkt das vierte doch einigermaßen merkwürdig. Was meint Perry, wenn sie davon spricht, dass wir nach Geschichten leben?

»Unsere üblichen emotionalen, kognitiven und körperlichen Reaktionen auf die Welt – also unser typisches Muster für den Umgang mit sich wiederholenden Situationen – ergeben sich aus unserer eigenen Geschichte« (VB 121), führt Perry aus. Die eigene Geschichte ist eine Art Filter, durch den wir die Welt betrachten, und sie beeinflusst daher maßgeblich die Art, wie wir uns in der Welt verhalten. Persönliche Geschichten entstehen in der Auseinandersetzung mit den Erzählungen, die wir hören, lesen, in Filmen und in den Nachrichten sehen. Auch Familienlegenden haben wichtigen Einfluss auf die eigene Geschichte ebenso wie Märchen, Mythen oder religiöse Schriften. Geschichten sind schon in der frühen Kindheit unverzichtbar für uns, »um unsere Erfahrungen in kohärente Deutungen zu integrieren« (VB 122). Geschichten schaffen Zusammenhänge zwischen den flüchtigen, beziehungslosen Eindrücken des Alltags und stiften damit Sinn und Orientierung. Durch Geschichten werden außerdem Werte vermittelt und wird Zusammengehörigkeit erzeugt. Es gibt allerdings auch eine Schattenseite: Die persönliche Geschichte kann den Blick auf die Welt mitunter zu sehr einschränken und das Verhalten unbewusst in destruktiver Weise bestimmen. Gehören zur eigenen Geschichte z.B. die Meinungen, man sei ein Pechvogel und Erfolg hätten zudem nur Menschen, die einer anderen Bevölkerungsgruppe angehören, dann kann diese Sichtweise zu einer selbsterfüllenden Prophezeiung werden. Perry ist allerdings überzeugt:»Das großartige an einer Geschichte ist, dass sie flexibel bleibt. […] Wenn das Drehbuch, nach dem wir in der Vergangenheit gelebt haben, für uns nicht mehr funktioniert, müssen wir es nicht als Drehbuch für die Zukunft akzeptieren« (VB 126). Die Geschichten, die Menschen sich selbst erzählen, können verändert werden, und manchmal müssen sie das auch, wenn man nicht den Verstand verlieren will. Aber »eine konsistente Selbsterzählung zu schaffen, die sinnvoll ist und sich wahr anfühlt, ist in jeder Lebensphase eine echte Herausforderung« (VB 126).

Zu sagen, Boethius befände sich an der Schwelle zu einer neuen Lebensphase, wäre maßlos untertrieben. Er wurde aus seinen bisherigen Lebensumständen und aus seiner persönlichen Geschichte brutal herauskatapultiert. Er erlebt einen totalen Absturz und steht unversehens vor der Herausforderung, sich in dieser Situation selbst vor dem mentalen und psychischen Zusammenbruch zu bewahren. In der radikalen Unordnung muss er eine neue Ordnung finden und in der Erfahrung der Ungerechtigkeit einen neuen Sinn. Abgetrennt von den Beziehungen, Rollen und Dingen, die bisher seine Identität definierten, muss Boethius zudem versuchen, sich nicht selbst zu verlieren. Mit Perry könnte man sagen: Im Dienste der Selbstsorge muss hier dringend eine neue Geschichte her! Und tatsächlich erarbeitet sich Boethius im Laufe der Trostschrift eine veränderte Lebensgeschichte, d.h. einen neuen Filter, durch den er sein Schicksal betrachten kann. So erscheint beispielsweise das vermeintliche Glück der Bösen nach dem (inneren) Dialog mit der personifizierten Philosophie in einem ganz anderen Licht. Die Philosophie dient Boethius dabei als eine Quelle für alternative Deutungen und Sichtweisen. Seine philosophische Bildung ist für den Verzweifelten eine innere Ressource von unschätzbarem Wert. Denn, wie Wilhelm Schmid feststellt: »Sehr viel hängt davon ab, in schwierigen Lebenssituationen aus einem rechtzeitig erworbenen Potenzial an Deutungsmöglichkeiten schöpfen zu können, um sich nicht in vermeintlich endgültigen Wahrheiten einzuschließen, sondern Dinge noch anders zu sehen, andere Wege zu gehen und so aus Engpässen des Lebens und Denkens wieder herauszufinden« (US 82).

Ganz so einfach ist das Verändern der Geschichte freilich nicht – auch dann nicht, wenn man wie Boethius auf einen reichen Schatz an philosophischen Erzählungen zurückgreifen kann. Schließlich ist es nicht damit getan, sich bei Bedarf eine alternative, passende Deutung auszusuchen und sie zu der eigenen zu erklären. Eine persönliche Geschichte muss man sich erarbeiten und aneignen, und dabei kommt es vor allem darauf an, dass sie einen überzeugt. Für den Philosophen Boethius heißt das, dass die veränderte Erzählung einer eingehenden argumentativen Prüfung standhalten muss. Das erklärt die zahlreichen kritischen Nachfragen und Einwände, mit denen er die Philosophie konfrontiert. Das Ringen um eine neue Geschichte vollzieht sich hier also im philosophischen Nachdenken und Argumentieren. In der chaotischen, beängstigenden Situation, in die sich Boethius geworfen findet, bleibt ihm das Besinnen auf und das Vertrauen in die eigene Vernunft als rettenden Anker. Mit ihrer Hilfe sucht und findet er eine Orientierung in der Erfahrung größter Sinnlosigkeit. Die vernunftgeleitete Reflexion ist für ihn somit das ultimative Mittel der Selbstsorge.

Man könnte also sagen, dass die Selbsttherapie des Boethius darin besteht, nach einer neuen Perspektive zu suchen und sich diese anzueignen. Der bisherige Blick auf die Welt erweist sich als nicht mehr tragfähig. So ist Boethius in seinem alten Leben z.B.

der Meinung gewesen, Glück lasse sich an Äußerlichkeiten festmachen, an Ämtern, Ansehen, Wohlstand und Beliebtheit. Sich selbst
betrachtete er unter diesem Blickwinkel als einen ausgesprochenen
Glückspilz. Zudem war er der Ansicht, Redlichkeit und Aufrich-
tigkeit würden sich letzten Endes auszahlen (oder zumindest nicht
bestraft werden). Die Anklage wegen Hochverrats und die Inhaftierung haben ihn unsanft aus dieser Geschichte herausgeworfen.
Plötzlich erscheinen ihm seine früheren Überzeugungen als naive
Illusionen. Die Tugend wird sehr wohl bestraft, die Bösen tun, was
sie wollen, und das Glück erweist sich als kapriziös und flüchtig.
Die Erfahrung der Nichtigkeit und Zufälligkeit des menschlichen
Lebens und Handelns ist niederschmetternd, und Boethius fühlt
sich am Boden zerstört. Aber er besinnt sich: Es gibt doch auch
andere als die üblichen Vorstellungen von Glück und Gerechtigkeit. Diese könnten sein Schicksal in einem neuen Licht erscheinen
lassen. Also prüft er diese alternativen Sichtweisen. Er probiert,
ob sie für ihn passend sind, ob sie ihn überzeugen können. Ist es
möglich, dass das wahre Glück ganz anders beschaffen ist als bisher
gedacht? Boethius aktiviert seine philosophischen Kenntnisse zu
diesem Thema und unterzieht sie einer kritischen Prüfung. Wie
steht es mit der Strafe für böses Handeln und dem Lohn für gute
Taten? Was sagte Platon noch dazu? Boethius spielt nach und nach
die alternativen Deutungen durch, und wenn er überzeugt ist, beginnt er – fast könnte man sagen systematisch – mit der verinner-
lichenden Aneignung der philosophischen Argumente. Auf diese
Weise erarbeitet er sich sukzessive eine veränderte persönliche
Geschichte, die es ihm erlaubt, unter extremen Bedingungen den
Verstand zu behalten.

Ein so dramatisches Ende des gewohnten Lebens, wie es Boethius
mit seiner Inhaftierung erfährt, ist glücklicherweise der Ausnahmefall. Aber es genügen schon viel geringere Veränderungen, um
unser Selbstverständnis und unsere bisherige Sicht auf die Welt zu
erschüttern. So wird z.B. eine misslungene Prüfung denjenigen aus
der Bahn werfen, der sich selbst ausschließlich über Leistungen
definiert und das Leben in erster Linie als einen Konkurrenzkampf
begreift. Solche Erschütterungen der persönlichen Geschichte kön-

nen sehr schmerzhaft sein, in jedem Fall sind sie irritierend. Sie bedrohen den Sinn und die Orientierung in unserem Dasein und stellen die psychische Stabilität auf eine harte Probe. Tatsächlich stürzt das Bröckeln der eigenen Lebensgeschichte viele Menschen in tiefste Verzweiflung. In solchen Situationen der Orientierungs-losigkeit ist es hilfreich, sich neue Perspektiven, neue Lebenser-zählungen zu erarbeiten. Wir sollten (und können) dann unsere Geschichten überarbeiten, »um uns wieder neu auszurichten, wenn wir vom Kurs abkommen und entweder in die Starre oder ins Chaos steuern« (VB 164). Die Philosophie kann dabei, wie man am Beispiel des Boethius sieht, eine wichtige Hilfe darstellen – und eine ganz spezielle Art des Trostes bieten: »Der Trost der Philoso-phie ist nicht in vorgegebenen Lösungen zu finden, sondern in der Rückbesinnung auf die eigene Vernunft, den Trost unseres eigenen, wachen Geistes« (DV 21).

um 480   Anicius Manlius Severinus Boethius wird (vermutlich) in Rom geboren. Er entstammt einer angesehenen römischen Familie.

487   Boethius' Vater Manlius wird Konsul. Er stirbt vermutlich bald darauf, denn Boethius wird als Kind von seinem zukünftigen Schwiegervater Quintus Aurelius Symmachus aufgenommen.

493–526   Theoderich der Große regiert das Ostgotenreich in Italien.

510   Boethius wird zum römischen Konsul ernannt. Er ist verheiratet mit Symmachus' Tochter Rusticiana und Vater von zwei Söhnen.

522   Theoderich ernennt Boethius zum *magister officiorum*. Damit erreicht dieser den Höhepunkt seiner politischen Macht.

um 524   Boethius wird wegen Hochverrats angeklagt und verhaftet. Er wird zum Tode verurteilt. Die Hinrichtung wird (wahrscheinlich) in Pavia mit dem Schwert vollzogen. Sein Grab befindet sich in der Kirche San Pietro in Ciel d'Oro in Pavia.

Reaktionen auf schwere Belastungen und Anpassungs-störungen

»Unter Reaktionen auf schwere Belastungen versteht man die Reaktionen eines Individuums auf belastende Lebensereignisse, die nach Art und Ausmaß deutlich über das nach allgemeiner Lebenserfahrung zu Erwartende hinausgehen. Hierbei werden in der Regel das Gefühls- und Gemütsleben (Affektivität), die Leistungsfähigkeit und die sozialen Beziehungen beeinträchtigt. Anpassungsstörungen umfassen diverse körperliche und seelische Symptome, wie z. B. Angst, Depression, Verzweiflung, Erregung, Schlafstörungen etc. 5–20% der Patienten in psychiatrischen Kliniken leiden an Anpassungsstörungen.«

Quelle: www.aok.de

Zum Nachlesen

Boethius, *Trost der Philosophie*, übersetzt und herausgegeben von Karl Büchner, mit einer Einführung von Friedrich Klingner, Stuttgart 2002 (TdP).

Jens Peter Brune, *Eine neue Perspektive auf das eigene Leben*, Gespräch mit Svenja Flaßpöhler, in: Philosophie Magazin, 03/2012, S. 31 (PL).

Svenja Flaßpöhler, *Denken hinter Gittern*, in: Philosophie Magazin, 03/2012, S. 29–30 (DG).

Philippa Perry, *Wie man den Verstand behält. Kleine Philosophie der Lebenskunst*, herausgegeben von Alain de Botton und der School of Life, München 2012 (VB).

Wilhelm Schmid, *Unglücklich sein: Eine Ermutigung*, Berlin 2012 (US).

Eduard Zwierlein, *Dank und Verwandlung. Vom Trost der Philosophie*, in: Leidfaden. Fachmagazin für Krisen, Leid, Trauer, 0/2011, S. 18–23 (DV).

 Zum Weiterlesen

Joachim Gruber, *Boethius. Eine Einführung*, Stuttgart 2011.

Maria Moog-Grünewald (Hrsg.), *Autobiographisches Schreiben und philosophische Selbstsorge*, Heidelberg 2004.

JOHN LOCKE
und die Korrektur des Gaumens

Im Jahr 1985 machte sich ein britischer Wirtschaftsprüfer daran, ein Buch zu verfassen, das leidgeplagten Nikotinsüchtigen dabei helfen sollte, das Rauchen aufzugeben. Innerhalb kurzer Zeit avancierte dieses Buch zum internationalen Bestseller und gehört heute fraglos zu den Klassikern der Ratgeberliteratur: Allan Carr's Easy Way to Stop Smoking *(auf Deutsch:* Endlich Nichtraucher!*). Carr war selbst viele Jahre lang Kettenraucher gewesen und kannte sich daher bestens mit Lust und Leid des Nikotinkonsums aus. Insbesondere eines wusste er aus eigener schmerzlicher Erfahrung: Der Versuch, »einfach so« mit dem Rauchen aufzuhören, ist ein qualvolles und in vielen Fällen äußerst kurzlebiges Unterfangen. Carr wurde nach zahllosen solcher misslungenen Versuche klar, dass ein bloßes Abgewöhnen des Rauchens für eine wirkliche und dauerhafte Befreiung von der Sucht nicht ausreicht. Und ihm wurde klar, dass die körperliche Abhängigkeit bei der ganzen Angelegenheit eine untergeordnete, ja eine zu vernachlässigende Rolle spielt. Entscheidend ist der Zustand des Geistes. Im Selbstversuch entwickelte Carr daher eine neue, eine »easy« Methode, um das Rauchen ein für alle Mal aufzugeben. Die zentrale Idee war für ihn die eines »positive brainwashing«, mit dem Ziel, nicht nur das Rauchen, sondern die* Lust *am Rauchen zu überwinden und an deren Stelle die* Lust *am Nichtrauchen zu setzen. Ist dies einmal geschehen, hat also die positive Gehirnwäsche* *gefruchtet, dann ist das Nicht(mehr)rauchen bloß noch die unvermeidliche Konsequenz einer veränderten Geisteshaltung: Wer keine Lust am Rauchen hat, der raucht auch nicht.*

Wir können davon ausgehen, dass Carr sich bei der Entwicklung seiner »Easy-way«-Methode nicht mit der Philosophie seines Landsmannes John Locke beschäftigt hat. Umso bemerkenswerter ist, dass das, was Carr intuitiv als den Kern einer erfolgreichen Suchttherapie erkannte, drei Jahrhunderte zuvor von Locke philosophisch herausgearbeitet wurde: Für ein erfolgreiches und dauerhaftes Aufgeben unserer schlechten und schädlichen Angewohnheiten bedarf es einer Veränderung unseres Begehrens – und diese Veränderung ist möglich.

Dem britischen Philosophen John Locke wird ein Hang zur Geheimniskrämerei nachgesagt. Selbst guten Freunden gegenüber soll er äußerst vorsichtig und misstrauisch gewesen sein. Sieht man sich Lockes Biographie an, so kann man feststellen, dass diese Vorsicht zumindest zeitweise durchaus begründet war. Lockes Heimatland war in der Mitte des 17. Jahrhunderts durch politische Machtverschiebungen und religiöse Konflikte geprägt. Nach zwei Bürgerkriegen waren 1649 die Monarchie und die anglikanische Staatskirche abgeschafft worden, und England war zu einer Republik geworden. Aber schon elf Jahre später änderten sich die Verhältnisse wieder und die Restauration der Monarchie begann. Locke hatte sich aus den politischen Wirren der Zeit herausgehalten – bis er 1666 die Bekanntschaft des Baron Anthony Ashley Cooper, des späteren Earl of Shaftesbury, machte. Dieser bezog in politischen Fragen eine deutliche (antikatholische) Stellung, was im Jahr 1681 zu einer Anklage wegen Hochverrats führte. Shaftesbury floh ins Exil nach Holland, und Locke, der sich als sein Vertrauter und Freund ebenfalls in Gefahr sah, folgte ihm. Erst als 1689 der protestantische Wilhelm III. von Oranien König von England wurde, kehrte Locke nach London zurück.

Unter dem Eindruck der politischen und religiösen Krisen seiner Zeit waren es zwei Themenbereiche, die den Philosophen Locke besonders beschäftigten: die Erkenntnistheorie – also die Fragen nach dem Ursprung, den Grundlagen und den Grenzen unseres Wissens – und die politische Philosophie. Auf beiden

Gebieten erlangten Lockes Überlegungen große Bedeutung. Seine erkenntnistheoretische Schrift *An Essay Concerning Human Understanding* ist ein Schlüsselwerk der empiristischen Philosophie, und als Politologe gilt Locke als eine maßgebliche Inspirationsquelle für die amerikanische Unabhängigkeitserklärung sowie für die Französische Revolution. Vergleichsweise in den Hintergrund getreten ist angesichts dieser denkerischen Leistungen Lockes Beitrag zu einer der wichtigsten philosophischen Grundfragen, die gerade in den letzten Jahren in den Mittelpunkt des öffentlichen Interesses gerückt ist, nämlich zu der Frage, ob der Mensch über einen freien Willen verfügt oder nicht. Lockes Antwort auf diese Frage ist von besonderer Bedeutung für das Thema dieses Buches, denn im Verlauf seiner Überlegungen zum Freiheitsproblem entwickelt er eine Methode, um die eigenen Neigungen gemäß eines vernünftigen Strebens nach Glück umzuformen. Wenn wir uns mit unserem eigenen Wünschen und Wollen unglücklich machen, dann haben wir uns den Geschmack verdorben – so Lockes Diagnose. Die Therapie muss dementsprechend darin bestehen, unseren Geschmack zu korrigieren.

Die »therapeutischen« Überlegungen Lockes stehen also im Zusammenhang mit der Frage nach der Freiheit, und diese Frage wird von ihm zunächst wie folgt beantwortet: »Die Idee der Freiheit [ist] die Idee einer Kraft, die ein handelndes Wesen hat, irgendeine Handlung zu vollziehen oder zu unterlassen, gemäß der Entscheidung oder dem Gedanken des Geistes« (VV 283). Frei sind wir demnach dann, wenn es in unserer Macht liegt, etwas, das wir tun wollen, zu tun oder nicht zu tun. Wenn ich den Wunsch habe, in meinem Zimmer zu sitzen und zu lesen, dann bin ich frei, wenn ich dies tun kann, aber zugleich auch die Möglichkeit habe, etwas anderes zu tun. Sollte mich jemand in meinem Zimmer einschließen, so wird mir in diesem Moment meine Freiheit genommen, selbst wenn sich an meinem Wunsch, im Zimmer zu bleiben, nichts geändert hat. Die Freiheit, von der Locke hier spricht, bezeichnet man zuweilen als *Handlungsfreiheit*. Sie hängt – vorausgesetzt, dass ein bestimmtes Wollen vorhanden ist – von dem Zustand der Welt ab: Sind die äußeren Umstände derart, dass ich eine gewollte Handlung ausführen oder unterlassen kann, dann bin ich frei, andernfalls bin ich es nicht.

Was den Willen bestimmt

An diese (bis hierhin eher unaufregenden) Ausführungen schließt sich nun eine wichtige Frage an, nämlich »was es eigentlich ist, das den Willen hinsichtlich unserer Handlungen bestimmt« (VV 300). Etwas zu wollen, so definiert es Locke, bedeutet, eine Handlungsmöglichkeit einer anderen vorzuziehen. Was aber gibt den Ausschlag, wenn ich eine vorgestellte mögliche Handlung ihrer Unterlassung oder einer anderen Handlung vorziehe, wenn mir also eine Handlungsoption besser gefällt als eine andere? Locke hat bezüglich dieser Frage in der ersten Auflage des *Essay* eine andere Auffassung vertreten als in der späteren, mit der ich mich hier beschäftige. Er war zunächst der Meinung, es sei der Gedanke an das größte Gut, das unseren Willen bestimmt, hat diese Theorie aber dann korrigiert: »Nach wiederholtem Nachdenken neige ich zu der Annahme, daß es nicht, wie man gewöhnlich annimmt, das in Aussicht stehende größere Gut ist, sondern irgendein (und zwar meist das drückendste) *Unbehagen*, das man gegenwärtig empfindet« (VV 300). Was uns demnach eine bestimmte Handlung einer anderen vorziehen lässt ist eine Unzufriedenheit, die wir empfinden, ein Unbehagen (*uneasiness*), wie Locke es nennt. Dieses Unbehagen ist zugleich ein *Begehren*, das durch den Mangel eines bestimmten Gegenstandes ausgelöst wird. Unbehagen und Begehren verweisen gegenseitig aufeinander: »In dem Maße [...], in dem irgendwo Begehren herrscht, in demselben Maße ist Unbehagen vorhanden« (VV 301). Das Begehren lenkt unseren Willen in eine bestimmte Richtung, führt somit dazu, dass wir bestimmte Handlungsmöglichkeiten anderen vorziehen und lässt uns schließlich – sofern wir in diesem Moment frei dazu sind – willentliche Handlungen ausführen. So bestimmt beispielsweise das Begehren nach einem erfrischenden Getränk, das nichts anderes ist als das empfundene Unbehagen des Durstigseins, meinen Willen, so dass ich die mögliche Handlung des Wassertrinkens anderen Handlungsmöglichkeiten vorziehe und diese vorgezogene Handlung zu guter Letzt auch ausführe.

Dass, wie Locke nach eingehender Überlegung feststellt, nicht der bloße Gedanke an das größte *Gut* den Willen bestimmt, sondern das drängendste *Unbehagen*, hat eine entscheidende Konsequenz, nämlich diejenige, »daß ein Gut, ein größeres Gut, auch wenn es als solches aufgefaßt und anerkannt wird, den Willen nicht eher bestimmt, als bis unser Begehren […] in uns ein Unbehagen erzeugt, weil wir es entbehren müssen« (VV 303). Dem entspricht die Erfahrung, dass sich unser Wille oft geradezu konträr zu unseren rationalen Überlegungen verhalten kann. Wir können durchaus etwas für wertvoll und wichtig erachten, wie z. B. unsere Gesundheit, und nichtsdestoweniger immer wieder Handlungen vor- und vollziehen, die uns von dem Gut, das uns als solches vor Augen liegt, entfernen. Wenn ein empfundenes Unbehagen, wie etwa das Begehren nach einer Zigarette, sich in uns bemerkbar macht, dann rücken die vernünftigen Einsichten über das größere Gut der Gesundheit nur zu leicht in den Hintergrund, und das aktuelle Unbehagen bestimmt uns zur gesundheitsschädlichen Handlung des Rauchens. So wird nicht selten ein anerkanntermaßen größeres Gut von uns vernachlässigt, »um die aufeinanderfolgenden Unbehaglichkeiten zu befriedigen, die aus unserem auf Nichtigkeiten gerichteten Begehren entspringen« (VV 307). Wir können noch so sehr beteuern, ein entferntes Gut sei wertvoll und erstrebenswert – wenn uns ein aktuelles Unbehagen dazwischenkommt, werden wir dessen Beseitigung in der Regel den Vorrang einräumen.

Alle Menschen begehren das Glück

Was also nach Locke unseren Willen bestimmt und mithin dazu führt, dass uns bestimmte Handlungsmöglichkeiten besser gefallen als andere, ist das gegenwärtig empfundene Unbehagen über den Mangel von etwas bzw. das Begehren dieses mangelnden Etwas. Nun will Locke der Sache noch weiter auf den Grund gehen und fährt fort: »Fragt man weiter, was das Begehren hervorrufe, so

antworte ich: das Glück, und zwar nur dieses« (VV 309). Wenn wir
bestimmte Dinge oder Zustände begehren, dann zielen wir damit
also letztendlich auf das Glück ab oder anders gesagt auf »die
größte Freude, derer wir fähig sind« (VV 310). Dementsprechend
bezeichnen wir dasjenige als *Gut*, was Freude in uns hervorruft,
was uns also glücklich macht – auch wenn es dabei in aller Regel
nicht um die größtmögliche Freude geht, sondern um Abstufungen
dieses vollendeten, uns in seinem ganzen Ausmaß unbekannten
Glücks. Das ist allerdings ein sehr allgemeines Urteil; für mich
persönlich gilt, dass ich immer nur dasjenige begehre, was ich als
notwendigen Bestandteil *meines* Glückes betrachte. Aus diesem
Grund begehren nicht alle Menschen dieselben Dinge. »Nehmen
wir nun an, daß der eine Mensch seine Befriedigung in sinnlicher
Lust, der andere in der Freude an der Wissenschaft findet; dann
muß zwar jeder von beiden zugeben, daß das, wonach der andere
strebt, viel Freude bringt; jedoch wird ihr Verlangen nicht erregt,
da keiner von beiden das, was dem anderen Freude bereitet, zum
Bestandteil *seines* Glückes macht; darum wird sein Wille nicht zum
Streben danach bestimmt«(VV 311). Die Menschen versuchen
offenbar auf unterschiedlichen Wegen dasselbe Ziel zu erreichen.
Für Locke ist klar, dass, obwohl alle danach streben, glücklich zu
sein, »nicht jeder sein Glück in demselben Gegenstand sucht oder
denselben Weg dazu einschlägt« (VV 324).

Wenn nun aber, wie Locke glaubt, alle Menschen danach streben, glücklich zu sein, und wenn dieses Streben ihr Wollen und
Handeln leitet, wie kommt es dann, dass viele Menschen »nach
ihrem eigenen Geständnis« (VV 325) Handlungsmöglichkeiten
vorziehen, die ihnen schaden, ja die sie letztendlich unglücklich
machen? Locke nimmt diese Frage sehr ernst, bleibt aber nichtsdestoweniger bei seiner Behauptung, dass jeder Mensch das Glück
begehrt und sich daher nicht *absichtlich* unglücklich machen
würde. Es muss also, wenn Menschen ihrem eigenen Unglück
zuarbeiten, eine Art von Irrtum vorliegen: »Wenn jemand seinen
Hauptlebenszweck, das Glück, verfehlt, so wird er zugeben, daß er
falsch geurteilt hat« (VV 336). Wie ist das zu erklären?

Bei gegenwärtigen Schmerzen oder Freuden sind Irrtümer
ausgeschlossen: Freude und Schmerz, die wir in diesem Moment

empfinden, sind tatsächlich das, als was sie uns erscheinen. Aus diesem Grund kann es keine Fehler bei der Rangordnung bzw. Abstufung gegenwärtiger Lust- oder Unlustempfindungen geben. Wenn von zwei gegenwärtigen Freuden die eine als größer empfunden wird, so *ist* sie tatsächlich die größere. Wenn wir sie daher der geringeren Freude vorziehen, können wir als Glückssuchende gar nicht falsch liegen – zumindest was den aktuellen Moment betrifft. Wenn ich zum Nachtisch lieber einen Schokoladenpudding esse als einen Apfel, dann besteht kein Zweifel daran, dass die Wahl des Puddings meinem *momentanen* Glück zuträglich ist. Demgegenüber fällen wir oft schlechte Urteile, wenn es darum geht, *gegenwärtige* Freuden und Schmerzen mit *zukünftigen* zu vergleichen. Das liegt daran, dass »die Entfernungen, aus denen wir sie bemessen, verschieden sind« (VV 330). So wie es für uns viel schwieriger ist, weit entfernte Gegenstände zu beurteilen, als solche, die sich direkt vor unseren Augen befinden, so fällt es uns auch sehr viel schwerer, das Zukünftige richtig einzuschätzen als das Gegenwärtige. »Gegenstände, die unserem Auge nahe sind, halten wir leicht für größer als entferntere, die größere Ausmaße haben. So ist es auch bei Freuden und Schmerzen« (VV 330). Beim Vergleich zwischen gegenwärtigen und entfernten Freuden oder Leiden schneiden daher die entfernten tendenziell schlechter ab, was zu folgenschweren Fehlurteilen über den Weg zum persönlichen Glück führt. »So denken die meisten Menschen wie verschwenderische Erben, daß ein Weniges in der Hand besser sei als ein Viel in der Zukunft« (VV 330).

Dieser Irrtum rächt sich freilich irgendwann, denn früher oder später wird aus dem Zukünftigen ein Gegenwärtiges, und dann zeigt sich dieses in seinem wahren Ausmaß – etwa, wenn sich der unvermeidliche Kater bemerkbar macht, den man beim Trinken mit Freunden aus seinen Gedanken verdrängt oder zumindest gedanklich verkleinert hatte. »Wäre das Vergnügen des Trinkens schon in dem Augenblick, wo man das Glas absetzt, von jener Magenverstimmung und jenem Kopfschmerz begleitet, die bei manchen Menschen innerhalb weniger Stunden folgen, so würde wohl niemand, wie viel Freude er auch am Trinken fände, unter diesen Bedingungen jemals einen Tropfen Wein über seine Lippen bringen. So aber schüttet er ihn Tag für Tag hinunter, indem er sich, durch einen kleinen Zeitunterschied getäuscht, für die üble Seite entscheidet« (VV 330 f.). Es ist also die »Zeitverschiebung«, die unsere Urteilskraft beim Vergleich von Freuden und Schmerzen trübt und uns bisweilen anlässlich einer gegenwärtigen Freude den zukünftigen Schmerz vergessen lässt. Und so kann es geschehen, dass uns unser eigener Wille langfristig unglücklich macht, obwohl er durchaus auf Glück ausgerichtet ist – aber eben auf ein flüchtiges Glück mit schmerzvollen Nachwirkungen.

Wenn aber, wie in Lockes Beispiel, bereits ein Zeitunterschied von wenigen Stunden eine derart schlechte Einschätzung der zukünftigen Freuden und Leiden bewirkt, wie groß muss dann die Gefahr von Fehlurteilen über den Zeitraum von Monaten und Jahren hinweg sein? Wen der Gedanke an den Kater am nächsten Morgen nicht vom übermäßigen Trinken abhält, der wird sich von der Aussicht auf eine langfristig zu erwartende Leberschädigung erst recht nicht abschrecken lassen – zumindest solange er »die Dinge nicht zu sich heranrückt, sie nicht als gegenwärtig betrachtet und dann ihre wahre Größe feststellt« (VV 331). Genau in diesem imaginären Heranrücken und Betrachten von zeitlich entfernten Empfindungen sieht nun Locke den Schlüssel für eine Veränderung von Verhaltensweisen, die uns auf lange Sicht unglücklich machen. Wir müssen die Folgen unseres aktuellen Wollens nicht nur nüchtern bedenken, sondern sie uns mit Hilfe unserer Vorstellungskraft direkt vor Augen führen. Auf diese Weise verschaffen wir uns selbst einen Vorgeschmack auf die Lust oder Unlust, die uns voraussichtlich erwartet und können so zu einem realistischeren Vergleich gegenwärtiger und zukünftiger Freuden oder Schmerzen gelangen. Das Gegenwärtige erscheint uns dann nicht mehr zwingend als das Größere, Wichtigere. Wir müssen, so erklärt Locke, dem Impuls widerstehen, der bei einem gegenwärtig empfundenen Begehren »das Künftige in unseren Gedanken verkleinert und uns gleichsam blindlings jener Freude in die Arme treibt« (VV 332). Wenn uns das gelingt, können wir schließlich sogar akzeptieren, dass man sich hin und wieder »um des Glückes willen unglücklich machen sollte« (VV 336).

Dass wir dazu in der Lage sind, uns auf die Folgen unseres Handelns zu besinnen und so übereilte Entscheidungen zu vermeiden, liegt für den Philosophen auf der Hand, denn: »Wenn jemand erkennen würde, was ihm nützt oder schadet, was ihn glücklich oder unglücklich macht, ohne daß er imstande wäre, in dieser oder jener Richtung etwas zu unternehmen, was hülfe ihm dann seine Erkenntnis?« (VV 335). Wozu wohl, so Lockes rhetorische Frage, sollte uns Gott (oder die Natur) mit der Fähigkeit ausgestattet haben, uns unserer Vernunft zu bedienen und zu erkennen, was das Beste für uns ist, wenn uns nicht auch die Freiheit gegeben wäre, entsprechend unserer Einsicht zu handeln?

Eine Korrektur des Gaumens

Bei der Untersuchung des Freiheitsproblems war Locke zunächst zu dem Schluss gekommen, dass Freiheit darin besteht, eine gewollte Handlung ausführen oder unterlassen zu können. An diese Feststellung hatte sich die Frage angeschlossen, was denn nun das Wollen bestimmt, das einer solchen freien Handlung zugrunde liegt. Können wir wollen, was wir wollen, also was immer uns beliebt? Das können wir nicht, wie Locke darlegte. Es ist vielmehr das Begehren, das unser Wollen bestimmt oder anders gesagt das Unbehagen, das wir empfinden, wenn uns etwas zu unserem Glück fehlt. Von Freiheit, so scheint es, kann an dieser Stelle keine Rede mehr sein, denn was in uns Begehren und mithin Unbehagen auslöst und damit letztlich unseren Willen und unser Handeln lenkt, liegt doch wohl kaum in unserem Einflussbereich. Wenn das Begehren den Willen bestimmt, kann ja der Wille nicht seinerseits das Begehren bestimmen. Gerade das ist ja in vielen Fällen die Wurzel des Übels: dass wir uns nämlich wünschen, unsere Begierden und Neigungen würden sich in anderen Bahnen bewegen. So wünschen wir uns etwa, das Rauchen würde keinen Reiz auf uns ausüben; wir wünschen uns, wir würden uns nicht immer wieder in den oder die Falsche/n verlieben; wir wünschen uns, wir hätten einen größeren Drang zu sportlicher Betätigung; wir wünschen uns, im Beruf mehr Ehrgeiz zu entwickeln usw. Kann man denn nun an seinem Begehren etwas ändern? Können wir irgendwie beeinflussen, was in uns Lust oder Unlust hervorruft und dadurch unser Wollen und Handeln bestimmt? Können wir bewirken, dass uns etwas besser oder schlechter gefällt? Locke ist überzeugt davon, dass dies tatsächlich möglich ist – zumindest in den meisten Fällen, wie er hinzufügt: »Der Mensch kann und soll seinen Gaumen korrigieren« (VV 336). Wenn wir Dinge begehren, obwohl sie vernünftig betrachtet schlecht oder schädlich für uns sind, dann kann das nur bedeuten, dass wir uns den Gaumen, also den Geschmack verdorben haben. Wir haben einen schlechten Geschmack, was unsere Handlungen betrifft. Wie unser Geschmack verdorben wurde, ob durch Erziehung, Gewohnheit, Mode, schlechte Vorbilder, ist im Grunde gleichgültig. Entscheidend ist: Die Lage ist nicht aussichtslos!

Wenn Locke davon spricht, wir könnten unseren Gaumen korrigieren, so geht es ihm dabei nicht um oberflächliche Verhaltensänderungen, also etwa um ein bloßes Abgewöhnen oder Angewöhnen von bestimmten Handlungsweisen. Dies ist zwar durchaus möglich, aber jeder, der einmal versucht hat, auf seine Leibspeisen zu verzichten, um ein paar Pfunde loszuwerden, weiß, dass sich das Begehren durch diese Selbstbeschränkung zwar im Zaum halten, aber nicht wirklich *verändern* lässt. Locke hat etwas anderes im Sinn, nämlich eine Umformung der eigenen Begierden mithilfe der Vernunft. Die Korrektur, die hier anvisiert wird, geht tiefer als eine Umgewöhnung des Verhaltens; sie ändert das *Empfinden* des Menschen. »Es ist also ein Irrtum zu meinen, jemand könne, wenn er alles tue, was in seinen Kräften steht, doch das Unangenehme und Gleichgültige, das manchen Handlungen anhaftet, nicht in Angenehmes und Erwünschtes verwandeln« (VV 336f.). Nehmen wir an, ich hätte mich aufgrund vernünftiger Überlegungen, z. B. anlässlich eines ärztlichen Ratschlages, dazu entschlossen, meine ungesunden Gewohnheiten aufzugeben. Ich mache mir einen Diätplan, zwinge mich zu täglicher Bewegung und schränke meinen Alkoholkonsum drastisch ein. Schön und gut. Aber die Lust bzw. Unlust, die ich bei den alten bzw. den neuen Gewohnheiten empfinde, bleibt doch dadurch unverändert, wie es scheint. Nach wie vor finde ich es angenehmer, faul auf dem

Sofa zu sitzen als zu joggen, und nach wie vor empfinde ich es als eine Einschränkung meiner Lebenslust, auf Fastfood zu verzichten. Wenn ich es dennoch tue, so aus rein vernunftmäßigen Erwägungen und nicht weil es mir Spaß macht. Locke hält diese Einschätzung für voreilig. Seiner Meinung nach können wir sehr wohl unser Empfinden von Lust und Unlust gegenüber bestimmten Dingen beeinflussen.

Unangenehmes und Gleichgültiges soll in Angenehmes verwandelt werden – wie ist das möglich? »In manchen Fällen läßt sich dies schon durch richtige Überlegung erreichen, in den meisten durch Übung, Anstrengung und Gewöhnung« (VV 337).

Die eigentliche Quelle unserer Freiheit

Am Beginn einer »Locke`schen Kur« steht das Innehalten im Verfolgen von Wünschen, die nüchterne Betrachtung des eigenen Begehrens sowie das bereits beschriebene vernünftige Abwägen von gegenwärtiger und zukünftiger Lust bzw. Unlust. Wir müssen also zunächst sozusagen mental einen Schritt zurücktreten, um eine kritische Distanz zu unserem eigenen Wollen und Tun einzunehmen. In der Fähigkeit, uns von unseren eigenen Wünschen, Begierden und Neigungen zu distanzieren, besteht für Locke die eigentliche Quelle unserer Freiheit. Unsere Wünsche und Neigungen führen also nicht unmittelbar, gleichsam automatisch zu den entsprechenden Handlungen, sondern wir haben grundsätzlich die Möglichkeit innezuhalten, sie zu prüfen und sie unter Umständen abzulehnen. Diese Möglichkeit kann »jeder täglich bei sich selbst erproben« (VV 315f.). Tatsächlich gehören das Unterbrechen unseres Begehrens und das rationale Erwägen vor dem Ausführen einer Handlung zu unseren alltäglichen Erfahrungen, auch wenn wir uns das nur selten explizit vor Augen führen. Der von Locke beschriebene »Angelpunkt, um den sich die Freiheit vernunftbegabter Wesen« (VV 319) dreht, ist der tiefere Sinn von Aussagen wie: »Ich wollte eigentlich Torte bestellen, aber dann habe ich nur einen Kaffee genommen«; »Ich wäre am liebsten einfach weggelaufen, aber dann habe ich mich gezwungen dazubleiben und dem

Verletzten zu helfen«; »Ich hatte große Lust, ihm eine Ohrfeige zu gegeben, aber ich habe mich zurückgehalten«; »Ich wäre fast in die Luft gegangen, aber dann dachte ich daran, dass das alles noch schlimmer machen würde«. Wie oft verspüren wir einen bestimmten Impuls in uns, den wir dann, aufgrund rationaler Überlegungen, unterdrücken oder beiseite schieben? Wir geben nicht in jedem Fall unseren ersten Regungen nach, sondern zügeln diese, wenn die Vernunft es uns gebietet. Dass wir dazu in der Lage sind, beweist in Lockes Augen eindrucksvoll und für jeden nachvollziehbar unsere Freiheit.

Wir Menschen setzen aktuell vorhandene Wünsche nicht *notwendigerweise* in die Tat um, so als hätten wir es hier mit einer Art von Naturgesetzlichkeit zu tun, die Taten zwingend auf entsprechende Wünsche folgen lässt. Wir bleiben, wie Locke betont, trotz unseres Begehrens stets vernünftigen Gründen zugänglich und haben die Fähigkeit, uns aufgrund unserer Überlegungen umzuentscheiden. Was man irrtümlicherweise als »freien *Willen*« bezeichnet, ist Locke zufolge genau diese Kraft, die Verfolgung eines Wunsches zu unterbrechen, um den Wunsch selbst zu bewerten. Dabei ist es eben nicht unser *Wille*, der frei ist, in dem Sinne, dass er unbestimmt wäre und daher auf jeden beliebigen Gegenstand gerichtet werden könnte, sondern *wir* sind es, die über die Freiheit verfügen, uns von unseren Impulsen zu distanzieren. Wir können nicht wählen, welche Antriebe oder Wünsche wir unmittelbar in uns vorfinden, aber wir können durchaus wählen, ob diese Wünsche in einer bestimmten Situation handlungswirksam werden oder nicht. »Da der Geist, wie die Erfahrung zeigt, in den meisten Fällen die Kraft besitzt, bei der Verwirklichung und Befriedigung irgendeines Wunsches *innezuhalten* und mit allen anderen Wünschen der Reihe nach ebenso zu verfahren, so hat er auch die Freiheit, ihre Objekte zu betrachten, sie von allen Seiten zu prüfen und gegen andere abzuwägen« (VV 315). Diese Freiheit setzen wir tatsächlich implizit immer voraus, wenn wir einen anderen Menschen als zurechnungsfähig und verantwortlich betrachten. Ob die betreffende Person in jedem Fall Gebrauch von ihrer Freiheit macht, ist dabei nicht entscheidend. Wenn ein einigermaßen gesunder Erwachsener in einem konkreten Fall *nicht* überlegt entschieden hat, sondern ganz unmittelbar seinen augenblicklichen Impulsen gefolgt ist, so würden wir dennoch sagen, dass er anders hätte entscheiden *können* (und sollen). Die Fähigkeit, sich von seinen Neigungen zu distanzieren, geht nicht dadurch verloren, dass man nicht jederzeit von ihr Gebrauch macht. Ob und wie ein zurechnungsfähiger Mensch im Einzelfall von seinem Vermögen, sich von seinen ersten Regungen zu distanzieren, Gebrauch macht, liegt letztlich in seiner Verantwortung.

Auch wenn wir bisweilen an uns selbst einige Schwierigkeiten bei der Ausübung unserer Freiheit bemerken, so sollten wir nicht zu voreilig annehmen, wir *könnten* unsere Impulse nicht zurückhalten. Locke verdeutlicht dies durch ein kleines Gedankenexperiment: »Man sage nicht, wir könnten unsere Leidenschaften nicht beherrschen und sie nicht daran hindern, auszubrechen und auf unser Handeln Einfluß zu gewinnen; denn was man vor einem Fürsten oder einer hochgestellten Person vermag, kann man, wenn man will, auch tun, wenn man für sich allein oder in Gegenwart Gottes ist« (VV 321 f.). Wir werden uns in aller Regel in Gegenwart unserer Vorgesetzten zusammenreißen und uns z.B. nicht von unserem Ärger zu unverschämtem Verhalten hinreißen lassen. Wenn wir es aber in dieser Situation schaffen, unsere Impulse durch vernünftiges Abwägen im Zaum zu halten, dann können wir es auch in anderen Situationen. Dabei ist sich Locke durchaus bewusst, dass Selbstbeherrschung bisweilen eine schwierige Aufgabe sein kann, die uns einiges abverlangt und bei allem aufrichtigen Bemühen doch hin und wieder misslingen wird, z.B. wenn »ein stürmisches Unbehagen, etwa von der Liebe, oder dem Zorn [...] herrührend, uns mit fortreißt und uns die Freiheit des Denkens raubt« (VV 321). Weil aber die Unterbrechung des Begehrens und somit die Zügelung und Mäßigung unserer Leidenschaften allererst den Raum für ein vernünftiges Überlegen und Entscheiden schafft, »sollten wir hierauf in erster Linie unsere Sorge und unser Bemühen richten« (VV 321). Dieses Bemühen ist als ein längerfristiges Projekt aufzufassen, das nicht nur die konkreten Situationen betrifft, in denen unsere Neigungen zu mäßigen sind. Es verlangt vielmehr auch eine rückblickende Bewertung unseres Verhaltens, also eine Nachbereitung, die wiederum die

Vorbereitung auf künftige Entscheidungssituationen ist. Wenn es mir also in einem konkreten Fall z. B. nicht gelungen ist, meine Wut unter Kontrolle zu bringen, dann ist es meine Aufgabe, mein eigenes Verhalten zumindest nachträglich kritisch zu beurteilen und mich gedanklich auf zukünftige Situationen vorzubereiten, um so langfristig meine Leidenschaften im Zaum halten zu können und nicht kopflos immer wieder in dieselben Handlungsabläufe zu stolpern. Indem ich auf diese Weise übe und lerne, meine Impulse zu kontrollieren, vergrößere ich stetig den Raum für vernünftiges Abwägen und Entscheiden und mache mir so sukzessive einen Lebenswandel zu eigen, der Locke zufolge »wirklich auf die Erlangung wahren Glücks ausgerichtet ist« (VV 321).

Wie man sein Begehren verändert

Bis hierher ging es darum, das eigene Wünschen und Begehren zu unterbrechen, um es rational zu beurteilen und sich gegebenenfalls anders zu entscheiden. Nun ist aber Locke der Meinung, dass wir uns von unserem vorhandenen Begehren nicht nur kritisch distanzieren können, sondern dass wir das Begehren *selbst* beeinflussen und verändern können, um so unseren »Gaumen« zu korrigieren. Wir müssen uns bemühen, unseren Geschmack dem Wert der Dinge anzupassen. Was wir also durch vernünftige Überlegung zunächst nur *einsehen* – nämlich was über den flüchtigen Genuss hinaus gut und erstrebenswert ist – das müssen wir auch zu *empfinden* lernen. Das rational und mithin sekundär für gut Befunde soll zum Gegenstand unseres unmittelbaren Begehrens werden. »Wir sollten uns nicht gestatten, daß etwas, was zweifellos oder möglicherweise ein großes und bedeutsames Gut ist, unserm Denken entschwinde – ohne in unserm Geist einen Geschmack daran oder ein Begehren nach ihm zu hinterlassen – bevor wir nicht durch gebührende Betrachtung seines wahren Wertes ein ihm entsprechendes Begehren in unserm Geist hervorgerufen haben, so daß uns sein Mangel oder die Furcht seines Verlustes unbehaglich stimmt« (VV 321). Damit also dasjenige, was wir durch vernünftiges Abwägen als ein erstrebenswertes Gut erkannt haben, in Zukunft ein Gegenstand unseres Begehrens werden kann, muss die rationale Einsicht affektiv besetzt werden. Das heißt ganz konkret: Das Fehlen des für gut Befundenen muss in uns ein Unbehagen, einen Schmerz auslösen. Dieses Unbehagen über den Mangel eines abwesenden Gutes ist, wie schon gesagt, nichts anderes als das Begehren desselben. Wir müssen verstehen, »daß ein Gut, ein größeres Gut, auch wenn es als solches aufgefaßt und anerkannt wird, den Willen nicht eher bestimmt, als bis unser Begehren [...] in uns ein Unbehagen erzeugt, weil wir es entbehren müssen. Man kann einen Menschen noch so sehr davon überzeugen, daß der Reichtum gegenüber der Armut seine Vorteile hat, man kann ihn veranlassen zu erkennen und zuzugeben, daß die Annehmlichkeiten des Lebens besser sind als drückende Not; er wird sich dennoch nicht regen, solange er mit seiner Armut zufrieden ist und kein Unbehagen dabei empfindet« (VV 303). Um unser Begehren in andere Bahnen zu lenken, müssen wir demnach in uns selbst eine Unzufriedenheit mit unserem gegenwärtigen Zustand hervorrufen. Vollkommene Selbstzufriedenheit erweist sich somit als natürlicher Feind von Selbstveränderung und -verbesserung. Das Begehren eines Gutes und mithin das Unbehagen angesichts seines Mangels können wir, wie Locke meint, durch »reifliche Erwägung und Prüfung eines vorgestellten Gutes« und durch seine »eingehende und wiederholte Betrachtung« (VV 314) in uns hervorrufen.

Was Locke hier von uns verlangt, klingt bis jetzt zugegebenermaßen nicht sehr erbaulich: Wir sollen uns scheinbar, um der Vorstellung eines zukünftigen Glückes willen, im Hier und Jetzt unglücklich machen. Wäre es unter diesen Umständen nicht klüger oder zumindest angenehmer, sich mit gegenwärtigen, wenn auch flüchtigen Genüssen zu beschäftigen, anstatt in sich selbst eine Unzufriedenheit über das Fehlen eines entfernten Gutes zu evozieren, die man bisher gar nicht empfunden hat? Aber Locke hatte ja auch davon gesprochen, Unangenehmes und Gleichgültiges in Angenehmes und Erwünschtes zu verwandeln. Diese Verwandlung betrifft nun die *Mittel* zur Erreichung des angestrebten Gutes. Die Korrektur unseres Gaumens beinhaltet also zweierlei: Einerseits soll der Gedanke an ein erstrebenswertes Gut in uns ein Unbehagen, einen Schmerz erzeugen, andererseits sollen wir lernen, diejenigen Handlungen, die das zu erreichende Gut befördern, als angenehm zu empfinden. Mit anderen Worten: Gleichgültigkeit gegenüber einem bestimmten Ziel soll in eine Unzufriedenheit über sein Fehlen verwandelt werden; Gleichgültigkeit oder Unlust angesichts von Handlungen, die dem neu gewählten Ziel dienlich sind, sollen in Lust verwandelt werden.

Dinge können *an sich* angenehm sein und uns Genuss verschaffen, wie etwa ein leckeres Essen. Dinge können aber auch *als Mittel* zu einem größeren Ziel als dem flüchtigen Moment des Genießens dienen. Wenn wir nun etwas als Mittel zu einem erstrebenswerten Ziel erkannt haben, dann kann bereits diese Einsicht eine neue Art von Genuss in uns erzeugen, selbst wenn das Mittel für sich betrachtet eher als unangenehm empfunden wird. »Der Gedanke an die Freude, die sich aus Gesundheit und Kraft ergibt, kann einen neuen *Genuß* hinzufügen, der uns zu bestimmen vermag, einen unschmackhaften Trank hinunterzuschlucken« (VV 337). Eine Handlung kann also schon dadurch angenehmer werden, dass wir uns das Ziel vor Augen führen, das wir durch sie zu erreichen hoffen. Auch hier geht es wieder um das richtige Abwägen zwischen gegenwärtigen und zukünftigen Freuden oder Schmerzen. Das imaginäre Heranrücken und Betrachten eines zukünftigen Genusses hilft uns dabei nicht nur, die richtige Entscheidung zu treffen, sondern versüßt uns zudem die sprichwörtliche »bittere Medizin«, die wir zuweilen um eines größeren Zieles willen schlucken müssen.

Es ist aber Locke zufolge noch eine Steigerung bei der Umformung des Gaumens möglich: Die neuen Verhaltensweisen, die wir einem vernünftigen Entschluss über unser zukünftiges Glück folgen lassen, werden uns dann nicht mehr nur als *weniger unangenehm* erscheinen – indem wir sie in Beziehung zu unserem zukünftigen Wohlbefinden setzen –, wir können uns sogar dazu bringen, die neuen Gewohnheiten selbst als *angenehm* zu empfinden. Wenn uns dies gelingt, so wird es schließlich nicht mehr nötig sein, dass die Vorstellung eines zukünftigen Wohles uns mit der gegenwärtigen Einschränkung unseres Vergnügens versöhnt; wir werden das vernünftige, auf ein erstrebenswertes Ziel gerichtete

Handeln *selbst* als ein Vergnügen empfinden. »Die Freude an der Handlung selbst aber wird am besten durch Gewohnheit und Übung erworben« (VV 337). Zunächst einmal wird die vernünftige Überlegung uns dazu veranlassen, bestimmte Handlungen, die wir bisher vermieden haben oder an die wir schlicht nicht gedacht haben, auszuprobieren. Wir lassen uns auf Neues ein, weil wir erkannt haben, dass es einem größeren Ziel dient. Um unserer Gesundheit willen probieren wir z. B. eine Sportart aus oder versuchen gesünderes Essen. »Die Erprobung söhnt uns oft mit etwas aus, was wir aus der Ferne mit Abneigung betrachtet haben; sie bringt uns durch mehrmalige Wiederholung dahin, daß wir etwas angenehm finden, was uns beim ersten Versuch vielleicht mißfiel« (VV 337). Man kann demnach lernen, etwas zu mögen, selbst wenn der erste Versuch nicht gleich ein Wohlbehagen auslöst. »Gewohnheiten üben einen starken Reiz aus und verleihen den Dingen, die uns vertraut sind, eine solche Anziehungskraft des Behagens und der Annehmlichkeit, daß wir solche Handlungen nicht unterlassen oder wenigstens nicht leichten Herzens unterlassen können, die uns durch stete Übung geläufig geworden sind und uns daher immer wieder nahelegen« (VV 337 f.). Der Mensch ist ein Gewohnheitstier – diesen Umstand können wir uns zu Nutze machen. So wie wir an unseren alten, unhinterfragten Gewohnheiten hängen, so können wir auch lernen, an neuen, vernünftigen Gewohnheiten zu hängen. Dabei geht es wie gesagt nicht darum, permanent gegen die eigenen Neigungen zu handeln, sondern darum, durch neue Gewohnheiten andere Neigungen zu entwickeln und auf diese Weise das Begehren entsprechend der Einsicht umzuformen. »Man sollte sich bemühen, [seinen Geschmack] zu verbessern; entgegengesetzte Gewohnheiten sollten unsere Freuden umgestalten und uns das schmackhaft machen, was für unser Glück notwendig oder förderlich ist. Jeder muß zugeben, daß er dazu imstande ist« (VV 338).

Eines steht für Locke fest: Wir sind nicht die Sklaven unseres Willens, so als stünde ein für alle Mal fest, zu welchen Handlungen unser Wille uns in zukünftigen Situationen bestimmen wird. Wir haben durchaus einen Einfluss auf unser Wollen, allerdings nicht *unmittelbar*. Die Erfahrung bestätigt die Feststellung Lockes, dass wir unseren Willen nicht *direkt* und *ohne Weiteres* modifizieren bzw. hierhin oder dorthin lenken können. Es wäre jedoch voreilig und letzten Endes falsch, aufgrund dieser Erfahrung anzunehmen, wir könnten unseren Willen *gar nicht* lenken. Wir können dies sehr wohl tun, müssen uns dazu aber auf ein längerfristiges Unternehmen einstellen, das mit einiger Mühe, Selbstdisziplin und Übung verbunden ist. Doch die Mühe lohnt sich, denn auf der Basis der »Quelle aller Freiheit« (VV 316), d.h. der Fähigkeit, unser aktuelles Begehren zu unterbrechen, zu bewerten und zu »bearbeiten«, können wir sukzessive unsere Autonomie vergrößern. Wir können anders gesagt die Neigungen und Wünsche, die wir in uns vorfinden, ohne zu wissen, woher sie eigentlich kommen, zu solchen machen oder auch durch solche *ersetzen*, die wir einer vernünftigen Prüfung unterzogen und für gut befunden haben. Unser Begehren wird vernünftig – was auf den ersten Blick wie ein Widerspruch wirkt und unseren Alltagsüberzeugungen von der Verfasstheit der menschlichen Psyche völlig zuwiderläuft kann Locke zufolge tatsächlich realisiert werden. Und darunter ist gerade keine Einschränkung unserer Wünsche, keine gewaltsame Unterdrückung unserer Neigungen und mithin keine permanente Selbstbeschneidung zu verstehen, sondern ganz im Gegenteil eine Veränderung, die uns, wie Locke glaubt, erst wirklich glücklich machen wird.

»Du musst es nur *wollen*!« Dieser (oft nur mäßig motivierende) Satz, mit dem Menschen dazu veranlasst werden sollen, ihre gewohnten Einstellungen und Verhaltensweisen zu verändern, ist gleichzeitig falsch und richtig. Er ist falsch, wenn damit behauptet werden soll, wir seien in der Lage unser Wünschen und Wollen ohne Weiteres, gleichsam per Knopfdruck ein- oder auszuschalten. Er ist jedoch richtig, wenn damit zum Ausdruck gebracht werden soll, dass eine Veränderung unserer Lebensgewohnheiten einen veränderten Willen verlangt und dass diese Veränderung prinzipiell *möglich* ist. Entscheidend ist es, den Punkt zu finden, an dem wir für eine Veränderung des Willens ansetzen müssen, und dieser Punkt ist, wie Locke uns gezeigt hat, das Begehren. Wenn wir mit unserem Wollen und Handeln nicht einverstanden sind, dann müssen wir eine Umformung unseres Begehrens in Angriff nehmen. Auf diesem Umweg können wir schließlich einen formenden (und nicht nur einen unterbindenden) Einfluss auf unseren Willen nehmen und eine »Korrektur des Gaumens« vollziehen.

1632   John Locke wird als Sohn strenggläubiger Purita-
ner in Wringston, Somerset geboren.

1652   Locke beginnt sein Studium in Oxford. Er
studiert Philosophie, das bedeutet zu seiner Zeit:
Schulphilosophie, aber auch »Experimentalwis-
senschaft«. Außerdem beschäftigt er sich mit
Medizin. Nach dem Studium ist er als Dozent
tätig.

1667   Locke zieht nach London, ins Palais des Politi-
kers Anthony Ashley Cooper, als dessen Sekretär,
Berater und Leibarzt er arbeitet.

1683–89   Locke lebt im Exil in den Niederlanden.

1688/89   *Glorious Revolution*. Mit der Durchsetzung der
Bill of Rights wird die Grundlage für das parla-
mentarische Regierungssystem im Vereinigten
Königreich geschaffen.

1690   *An Essay Concerning Human Understanding*
erscheint.

1704   Locke stirbt in seinem Arbeitszimmer in Oates,
Essex.

Gute Vorsätze und schlechte Angewohnheiten

▷ **51%** *der Deutschen nahmen sich für das Jahr 2013 mehr Bewegung vor.*

▷ **44%** *der Deutschen nahmen sich vor, sich gesünder zu ernähren.*

▷ **34%** *der Deutschen nahmen sich vor, abzunehmen.*

▷ **12%** *der Deutschen nahmen sich vor, mit dem Rauchen aufzuhören.*

▷ **11%** *der Deutschen nahmen sich vor, weniger Alkohol zu trinken.*

▷ **20%** *der Deutsche halten das Rauchen für ihre schlechteste Angewohnheit.*

▷ **21%** *der Deutschen halten es für ihre schlechteste Angewohnheit, zu wenig Sport zu treiben.*

▷ **9%** *der Deutschen haben in den letzten zwölf Monaten zwei- bis fünfmal versucht, das Rauchen aufzugeben.*

Quellen: Statista, Statistisches Bundesamt; DAK PresseServer

 ## Zum Nachlesen

Allan Carr, *Endlich Nichtraucher! Der einfache Weg, mit dem Rauchen Schluss zu machen*, aktualisierte und überarbeitete Ausgabe, München 2012.

John Locke, *Versuch über den menschlichen Verstand*, 5., durchgesehene Auflage, Hamburg 2000, Buch II (VV).

 ## Zum Weiterlesen

Allan Carr, *Endlich ohne Alkohol! Der einfache Weg mit Allan Carrs Erfolgsmethode*, München 2002.

Allan Carr, *Endlich Wunschgewicht! Der einfache Weg, mit Gewichtsproblemen Schluß zu machen*, München 1998.

Rainer Specht, *John Locke*, München 2007.

IMMANUEL KANT
und die vernünftige Hoffnung

Am frühen Nachmittag des 11. März 2011 ereignete sich ca. 80 km vor der Ostküste Japans ein Erdbeben mit furchtbaren Folgen für die Bevölkerung. Das Beben löste nicht nur eine gewaltige Flutwelle aus, die große Teile des Landes verwüstete, sondern führte auch zu Unfällen in mehreren Atomkraftwerken Ostjapans. Über 15.000 Menschen verloren infolge dieser Katastrophe ihr Leben. Hunderttausende verloren ihr Zuhause. Von einem Tag auf den anderen bestimmten Verlust, Trauer und Angst das Leben in Japan.

Es war eine Naturkatastrophe wie diese, die im 18. Jahrhundert die Zeitgenossen schockierte. Am 1. November 1755, am Morgen des Allerheiligenfestes, bebte in Lissabon, einer der bedeutendsten Handelsstädte Europas, die Erde. Mehrere schwere Brände brachen infolge des Erdbebens aus, und kurz darauf wurde die Stadt von einer Flutwelle überrollt. Zehntausende von Menschen ertranken oder starben in den Trümmern. Das Erdbeben von Lissabon wurde zum Anlass für eine heftige philosophische Diskussion, warf es doch eine Reihe von alten, aber (bis heute) unvermindert aktuellen Fragen auf: Womit haben die Opfer der Katastrophe ein solches Unglück verdient? Warum passieren guten oder zumindest unschuldigen Menschen derart schlimme Dinge? Warum wurden so viele Kirchen zerstört, während ausgerechnet das Rotlichtviertel von Lissabon relativ unversehrt blieb? Wie soll man so eine himmelschreiende Un-

gerechtigkeit verstehen oder auch nur ertragen können? Das Who-is-Who der geistigen Szene dieser Tage beteiligte sich an den Debatten um die (Un-)Vollkommenheit der Welt, um den Optimismus und um die Frage nach der Vereinbarkeit der Güte Gottes mit dem Schlechten und Bösen in der Welt. Auch der preußische Professor Immanuel Kant machte sich seine Gedanken zu diesen Themen. Ihn beschäftigte insbesondere die Frage, ob wir vernünftigerweise davon ausgehen können, dass moralisch gutes Handeln in irgendeiner Weise belohnt wird, wo die Erfahrung uns doch immer wieder lehrt, dass guten Menschen ebenso viel Schlechtes widerfährt wie bösen. Gibt es so etwas wie eine ausgleichende Gerechtigkeit oder müssen wir uns als rationale Menschen von derartigen Vorstellungen verabschieden? Kant kam zu dem Ergebnis: Es gibt durchaus Grund zur Hoffnung – auch und gerade für aufgeklärte Geister.

Es besteht ein eigentümlicher Kontrast zwischen der Lebensweise Immanuel Kants und seiner Philosophie, auf den immer wieder hingewiesen worden ist: Während der äußerlich unscheinbare Professor aus Königsberg seinen arbeitsreichen Alltag mit einer ans Zwanghafte grenzenden Pedanterie organisierte und schon kleinste Abweichungen von der gewohnten Routine aufs Tiefste verabscheute, war er in seinem Denken radikal, innovativ und unerschrocken. So langweilig daher Kants Leben anmutet, in dem es tatsächlich keine erwähnenswerten Ereignisse gegeben zu haben scheint, so aufregend ist demgegenüber sein Gedankensystem.

Das Denken Kants steht im Zeichen der europäischen Aufklärungsbewegung. Deren Prinzip lautet für den preußischen Philosophen:»Sapere aude! Habe Muth dich deines *eigenen* Verstandes zu bedienen!« (AA VIII 35). Beseelt von diesem Mut zu selbständigem und kritischem Denken und mithin zum Aufheben von unhinterfragten Meinungen, Irrtümern und Vorurteilen machte sich Kant in seinen Hauptschriften an die Untersuchung dessen, was er als die Grundprobleme der Menschen erkannte: *Was kann ich wissen? Was soll ich tun? Was darf ich hoffen?* Seine Antworten auf diese Hauptanliegen des menschlichen Nachsinnens hatten und haben bis heute einen kaum zu überschätzenden Einfluss auf das abendländische Philosophieren.

Betrachtet man Kants philosophisches System im Hinblick auf das Thema dieses Buches, so stößt man auf einen Gedankengang, der sämtliche für den Menschen zentralen Fragestellungen berührt: die Frage nach den Grenzen unserer Erkenntnis, die Frage nach dem guten Handeln und die Frage nach der berechtigten Hoffnung. Dieser Gedankengang dreht sich um die Themen Glück, Tugend, Gerechtigkeit und Glaube – oder allgemeiner: um die Sinnhaftigkeit menschlichen Handelns.

Der Alleszermalmer

In der Vorrede zur ersten Auflage seines epochemachenden Werkes *Kritik der reinen Vernunft* beschreibt Kant die Situation des abendländischen Denkens, die ihn zu einer umfassenden Untersuchung unserer Vernunftfähigkeit motiviert hat: In der »Ersten Philosophie«, die traditionell als *Metaphysik* bezeichnet wird, herrscht ein hartnäckiger, nicht enden wollender Streit um die Fragen nach Gott, Freiheit und der Unsterblichkeit der Seele. Die Verfahrenheit der Situation legt Kant bereits im ersten Satz der Vorrede dar und bietet zugleich eine Erklärung für das Problem: »Die menschliche Vernunft hat das besondere Schicksal in einer Gattung ihrer Erkenntnisse: daß sie durch Fragen belästigt wird, die sie nicht abweisen kann, [...], die sie aber auch nicht beantworten kann, denn sie übersteigen alles Vermögen der menschlichen Vernunft« (KrV A VII). Besagte Fragen, durch die unsere Vernunft belästigt wird, sind die Fragen nach dem Unbedingten zu allem Bedingten. Worin hat die Welt ihren Ursprung? Ist es möglich, dass eine Kausalkette eine letzte, ihrerseits unverursachte Ursache hat oder lässt sich das Warum-Fragen endlos weitertreiben? Was stiftet die Einheit meiner Erlebnisse und Zustände? Kurz, es sind die klassischen Fragen der Metaphysik, mit denen sich die menschliche Vernunft ohne ihre Schuld herumschlagen muss: Gibt es einen Gott? Sind wir frei? Haben wir eine unsterbliche Seele? Versucht man nun aber, diese unabweisbaren Fragen zu beantworten, so stürzt man, wie Kant fortfährt »in Dunkelheit und Widersprüche« (KrV A VIII), weil man dabei notwendigerweise den Bereich der möglichen Erfahrung überschreitet, wodurch sich die metaphysischen Spekulationen jeglicher empirischer Überprüfung entziehen. Die Philosophen haben sich nichtsdestoweniger immer wieder mit den Fragen nach dem Unbedingten beschäftigt und haben Antworten formuliert, die aller Erfahrungsunabhängigkeit zum Trotz den Anspruch auf Wahrheit erheben. Die Antworten sind freilich recht unterschiedlich ausgefallen, so dass Kant bezüglich der langen Tradition des Nachsinnens über die Frage nach dem Unbedingten feststellen kann: »Der Kampfplatz dieser endlosen Streitigkeiten heißt nun Metaphysik« (KrV A VIII).

Die Metaphysik, die Königsdisziplin der Philosophie, als ein Kampfplatz endloser Streitigkeiten – diesen unwürdigen, unerträglichen Zustand gilt es für Kant zu beenden. Dabei geht es ihm um nicht weniger als »die Entscheidung der Möglichkeit oder Unmöglichkeit einer Metaphysik überhaupt und die Bestimmung so wohl der Quellen, als des Umfanges und der Grenzen derselben« (KrV A XII). Kant will also nicht als weiterer Kämpfer den Platz betreten, sondern die Rolle eines Richters einnehmen, der zu entscheiden hat, ob die Kämpfe überhaupt weitergeführt werden sollen, oder ob das Schlachtfeld vernünftigerweise zu räumen ist, weil niemals über Sieg oder Niederlage entschieden werden kann. Um über Sinn oder Unsinn der metaphysischen Kampfhandlungen entscheiden zu können, untersucht Kant die Leistungsfähigkeit der Vernunft und steckt mithin die prinzipiellen Grenzen des theoretischen Philosophierens ab. Die reine Vernunft wird einer Kritik unterzogen (griech. *krinein* = unterscheiden, urteilen, vor Gericht stellen), d.h. es wird der Frage nachgegangen ob bzw. in welchem Maße Erkenntnisse an die Erfahrung gebunden sind und ob es Erkenntnisse geben kann, die unabhängig von der Erfahrung sind – so wie es die traditionelle Metaphysik (als ihre Möglichkeitsbedingung) voraussetzt.

Bevor Kant an der Berechtigung metaphysischer Aussagen zu zweifeln begonnen hatte, war er ein Anhänger des in seiner Heimat damals vorherrschenden philosophischen Systems gewesen, des Leibniz-Wolffschen Rationalismus. Die Grundannahme des rationalistischen Denkens besteht darin, dass die Erfahrung weder die Grundlage noch die Grenze unseres Wissens ist. Der Vernunft wird vielmehr die Fähigkeit zugesprochen, aus sich selbst heraus und ohne Zuhilfenahme der Erfahrung zu wahren Erkenntnissen über die Welt zu gelangen. Unter dieser Voraussetzung wäre die Metaphysik, verstanden als eine Wissenschaft vom Übersinnlichen, zweifellos möglich. Die Rationalisten haben daher auch metaphysische Systeme aufgestellt, wobei sie *dogmatisch* verfuhren, d.h. ohne eine vorherige kritische Prüfung, ob die Vernunft tatsächlich imstande sei, Erkenntnisse zu liefern, die erfahrungsunabhängig und dennoch von zweifelsfreier Gewissheit sind. Kant gibt zu, selbst die ersten Jahre seiner philosophischen Tätigkeit in einem solchen »dogmatischen Schlummer« verbracht zu haben, aus dem ihn schließlich die Beschäftigung mit dem britischen Empirismus erweckt habe. Die Philosophen des Empirismus, insbesondere sind hier John Locke und David Hume zu nennen, gehen von einer dem Rationalismus strikt entgegengesetzten Grundannahme aus: Es ist nichts im Verstand, was nicht vorher in den Sinnen war. Demnach ist die Erfahrung die einzige Quelle und damit auch die Grenze unserer Erkenntnis. Eine Wissenschaft vom Über-Sinnlichen wäre unter dieser Voraussetzung ausgeschlossen.

Rationalisten versus Empiristen – wer hat Recht? Kant kommt zu dem Ergebnis: In gewisser Hinsicht haben beide Denksysteme Recht, in anderer Hinsicht irren aber auch beide. Mit den Rationalisten ist Kant der Meinung, dass es erfahrungsfreie Grundlagen unserer Erkenntnisse gibt; mit den Empiristen betont er, dass unsere Erkenntnisse auf den Bereich möglicher Erfahrung beschränkt sind. Alle Erkenntnis *beginnt* mit Erfahrung, entspringt aber nicht *ausschließlich* der Erfahrung, vielmehr wird der »Rohstoff« der Sinneseindrücke durch unseren Verstand bearbeitet, geordnet und verknüpft. Erkenntnisse entstehen also nicht aus reiner Erfahrung, sondern aus sinnlichen Daten und der Tätigkeit unseres Verstandes. Andererseits ist eine *reine* Verstandestätigkeit, ist bloßes Denken ohne jede innere oder äußere Anschauung zu keiner Erkenntnis fähig. »Gedanken ohne Inhalte sind leer, Anschauungen ohne Begriffe sind blind« (KrV B 75), so lautet Kants berühmte Formel für die Besonderheit unseres Erkennens. Was bedeutet das nun für den Kampfplatz der Metaphysik? Wir sind erkenntnismäßig auf unseren Erfahrungsbereich beschränkt, und das heißt, dass der

Bereich des Über- bzw. Außersinnlichen einer wissenschaftlichen Erkenntnis entzogen ist.

Obwohl mit der Untersuchung der Verstandestätigkeit bereits die Unmöglichkeit wissenschaftlicher Aussagen über ein höchstes Wesen aufgewiesen wurde, lässt Kant es sich nicht nehmen, die klassischen Versuche, die Existenz Gottes zu beweisen, im Einzelnen auseinanderzunehmen. Seiner Ansicht nach »sind nur drei Beweisarten vom Dasein Gottes aus spekulativer Vernunft möglich« (KrV B 618). Entweder wir gelangen durch das Fragen nach den Ursachen von Dingen oder Ereignissen in der Welt zu der Annahme einer »höchsten Ursache außer der Welt« (KrV B 618) oder wir schließen von der »Mannigfaltigkeit, Ordnung, Zweckmäßigkeit und Schönheit« (KrV B 650) in der Welt auf einen intelligenten Schöpfer derselben oder aber wir versuchen die Existenz Gottes aus dem Begriff, den wir von ihm haben, herzuleiten. Kant spielt alle diese Versuche, sich der Existenz Gottes zu versichern, durch und weist ihre jeweiligen Widersprüchlichkeiten und Unzulänglichkeiten auf. Keiner der Gottesbeweise, auf die sich namhafte Denker wie Anselm von Canterbury, Thomas von Aquin, Leibniz und Descartes berufen haben, vermag der Kantischen Kritik standzuhalten. »Das höchste Wesen«, so schließt Kant seine kritischen Überlegungen ab, »bleibt also für den bloß spekulativen Gebrauch der Vernunft ein bloßes, aber doch fehlerfreies Ideal, ein Begriff, […] dessen objektive Realität auf diesem Wege zwar nicht bewiesen, aber auch nicht widerlegt werden kann« (KrV B 669).

Was den modernen Leser vermutlich nicht aus der Fassung bringen wird, ist für viele Zeitgenossen ein regelrecht skandalöser Gedanke: Die Existenz Gottes, behauptet Kant, ist nicht beweisbar. Dasjenige, was in der metaphysischen Tradition den Schlussstein und die Krönung der Erkenntnis darstellte – das höchste Wesen – ist unserem möglichen Wissen grundsätzlich entzogen. Dabei redet Kant keinem spekulativen Atheismus das Wort, denn schließlich unterstreicht er, dass die Existenz Gottes auch nicht *widerlegt* werden kann. Seine Schlussfolgerung lautet nicht: Es gibt keinen Gott. Es ist vielmehr so, dass sich über das Dasein und das Wesen Gottes *theoretisch* nichts sagen lässt. (Was sich *praktisch* darüber sagen lässt, wird uns noch zu interessieren haben.) Die

Vertreter einer rationalistischen Aufklärung wollten diese kritische Destruktion der althergebrachten Metaphysik nicht ohne Weiteres akzeptieren. Der Philosoph Moses Mendelssohn etwa sprach vom »alles zermalmenden Kant« und wurde damit zum Urheber eines berühmt gewordenen Spitznamens für den preußischen Philosophen: Immanuel Kant, der Alleszermalmer.

Der kategorische Imperativ

Das Ziel von Kants erster Kritik war es, die Vernunft in ihren theoretischen Bemühungen auf einen sicheren und seriösen Weg zu bringen und die Frage zu beantworten, was wir wissen können. In der zweiten kritischen Schrift, der *Kritik der praktischen Vernunft*, geht es ihm um eine Neubegründung der Moral. Wenn es jetzt also um die Frage geht, wie wir handeln sollen, so steht für Kant zunächst fest, dass die Antwort darauf weder von persönlichen Gefühlen noch von der kulturellen Herkunft oder von unhinterfragten Konventionen abhängen darf. Moralität muss auf einer allgemeingültigen und rationalen Grundlage beruhen. Vor diesem Hintergrund soll nun mit der praktischen Vernunft nicht etwa eine *andere* Vernunft der Kritik unterzogen werden, sondern die Vernunft insofern sie praktisch tätig ist, sich also auf das Handeln bezieht. Oder anders gesagt: Es geht um eine kritische Untersuchung des Willens.

In einer berühmten Passage seiner Schrift *Grundlegung zur Metaphysik der Sitten* stellt Kant fest: »Es ist überall nichts in der Welt, ja überhaupt auch außer derselben zu denken möglich, was ohne Einschränkung für gut könnte gehalten werden, als allein ein guter Wille« (AA IV 393). Zwei wesentliche Aspekte von Kants Neubegründung der Moral stecken in diesem Zitat: Erstens bedeutet *sittlich gut* für Kant »ohne Einschränkung«, also absolut und schlechthin gut, d.h. in keiner Weise relativ, also nur gut im Hinblick auf eine bestimmte, vorgegebene Absicht. Zweitens ist »allein ein guter Wille« absolut und ohne Einschränkung gut. Was macht nun aber einen Willen zu einem *guten* Willen, und wie gelangen wir zu einem Prinzip guten Wollens, das immer und für alle Menschen gleichermaßen Geltung beanspruchen kann? Kants Antwort lautet: Absolut und uneingeschränkt gut ist ein Wille, wenn er sich nach dem kategorischen Imperativ bestimmt. Der kategorische Imperativ ist also das gesuchte objektive und allgemeingültige Prinzip guten Handelns.

»Handle so, daß die Maxime deines Willens jederzeit zugleich als Princip einer allgemeinen Gesetzgebung gelten könne« (KpV, AA V 30), so lautet der kategorische Imperativ. Um zu verstehen, was das bedeutet, muss man sich klarmachen, was Kant unter Maximen, unter Imperativen und speziell unter einem kategorischen Imperativ versteht. *Maximen* sind handlungsleitende Regeln, die der einzelne Mensch sich selbst setzt und die einen bestimmten Lebensbereich bzw. eine bestimmte Art von Situation betreffen. Als Beispiel für eine Maxime nennt Kant den (nicht besonders tugendhaften) subjektiven Handlungsgrundsatz, keine Beleidigung ungerächt zu erdulden. *Imperative* sind Vorschriften der Vernunft, die das Handeln betreffen. Ein Imperativ fordert uns auf, in einer bestimmten Weise zu handeln. Kant unterscheidet zwischen zwei Arten von Imperativen, hypothetischen und kategorischen (wobei es genau genommen nur *einen* kategorischen Imperativ gibt). *Hypothetische Imperative* sind bedingt, d.h. sie bestimmen den Willen »nur in Ansehung einer begehrten Wirkung« (KpV, AA V 20). Ein hypothetischer Imperativ drückt eine Vorschrift der Vernunft aus, die von einer bestimmten Bedingung, nämlich einem angestrebten Resultat abhängt. Das lässt sich sprachlich dadurch verdeutlichen, dass sich hypothetische Imperative in eine »Wenn … dann«-Form bringen lassen: *Wenn* du gesund bleiben willst, *dann* iss viel Gemüse und bewege dich ausreichend; *wenn* du gut Klavier spielen willst, *dann* übe mehrere Stunden in der Woche; *wenn* du im Alter nicht darben willst, *dann* arbeite und spare in deiner Jugend! Diese Vorschriften sind zwingend, unter der Voraussetzung, dass man den jeweiligen Zweck – gesund zu bleiben, gut Klavier zu spielen, im Alter nicht darben zu müssen – akzeptiert und zu seinem macht. Ob aber jemand einen bestimmten Zweck verfolgt, das hängt von der jeweiligen Person selbst ab. Hypothetische Imperative unterliegen somit einer subjektiven Bedingung und können daher nicht unbedingt allgemeingültig sein: Zwar muss jeder, der gut Klavier spielen will, üben, aber das bedeutet nicht, dass jeder Klavier üben soll. Da die hypothetischen Imperative Handlungsaufforderungen beinhalten, die nicht bedingungslos, ohne Einschränkung gut, sondern immer gut *für etwas* sind, können sie dem Kantischen Kriterium für das sittlich Gute nicht genügen. Ein Wille, der sich nach einem hypothetischen Imperativ bestimmt, ist also nicht der gesuchte gute Wille.

Was nach wie vor gesucht wird, ist ein praktischer Grundsatz, der »als objectiv, d.i. für den Willen jedes vernünftigen Wesens gültig, erkannt wird« (KpV, A V 19), der also ausnahmslos den Willen eines jeden bestimmen soll. Nach dem, was er über die hypothetischen Imperative gesagt hat, kann Kant nun zunächst eine *negative* Bestimmung des gesuchten praktischen Gesetzes vornehmen: »Alle praktische Principien, die ein Object (Materie) des Begehrungsvermögens als Bestimmungsgrund des Willens voraussetzen, sind insgesammt empirisch und können keine praktische Gesetze abgeben« (KpV, AA V 21). Das bedeutet: Wenn es von meinen persönlichen Vorlieben, Neigungen, von meinen Lust- und Unlustempfindungen und meinen Vorstellungen eines glücklichen, gelungenen Lebens abhängt, ob ich mir einen Handlungsgrundsatz aneigne, ist dieser Handlungsgrundsatz nicht dazu geeignet, als unbedingt allgemeingültiges praktisches Gesetz zu fungieren. Wann immer es aber in meinen Handlungsgrundsätzen um eine »Materie des Begehrungsvermögen« geht, wie etwa um meine Wünsche nach Reichtum, Ruhm oder Gesundheit, hängen diese Grundsätze eben von meinen (zufälligen) Vorlieben, Neigungen etc. ab. Daraus folgt ganz logisch: Wir müssen uns der *Materie* entledigen, um unbedingte Allgemeingültigkeit zu erreichen. Zur sprachlichen Verdeutlichung könnte man sagen: Wir müssen über die »Wenn … dann«-Vorschriften hinauskommen, um zu einer *unbedingten* (d.h. *kategorischen*) Handlungsvorschrift zu gelangen.

Die Materie, der Gegenstand des Wollens, wurde als dasjenige identifiziert, das einen Imperativ unter eine subjektive Bedingung stellt und damit seine Allgemeingültigkeit verhindert. »Nun bleibt von einem Gesetze, wenn man alle Materie, d.i. jeden Gegenstand des Willens (als Bestimmungsgrund) davon absondert, nichts übrig, als die bloße Form einer allgemeinen Gesetzgebung«

(KpV, AA V 27). Ein guter Wille zeichnet sich demnach nicht durch seinen Gegenstand, sondern durch seine *Form* aus, d.h. die Basis der Sittlichkeit besteht nicht darin, dieses oder jenes Gute zu wollen, sondern *gut zu wollen*. Mein Wollen ist dann gut, wenn es die Form einer allgemeinen Gesetzgebung hat oder anders gesagt: wenn ich so handle, »als ob die Maxime [m]einer Handlung durch [m]einen Willen zum allgemeinen Naturgesetze werden sollte« (AA IV 421). Der kategorische Imperativ, der im Gegensatz zu hypothetischen Imperativen ein absolutes, unbedingtes Sollen ausdrückt, dient nun als Prüfstein für die Maximen, die meinen Willen bestimmen. Das bedeutet letztlich nichts anderes, als dass die Vernunft, anstelle von zufälligen Neigungen und subjektiven Wünschen, die volle Herrschaft über meinen Willen haben soll. Der sittlich Handelnde hat sein Wollen vollkommen der Vernunft unterstellt. Wie das im konkreten Fall vonstattengeht, lässt sich an einem Beispiel erläutern: Angenommen jemand befindet sich in einer Notsituation und sieht sich gezwungen, sich Geld zu leihen. Er weiß zwar, dass er das Geld voraussichtlich nicht zurückzahlen können wird, aber er weiß auch, dass er die Rückzahlung versprechen muss, wenn er zu dem Geld kommen will. »Er hat Lust, ein solches Versprechen zu thun; noch aber hat er soviel Gewissen, sich zu fragen: ist es nicht unerlaubt und pflichtwidrig, sich auf solche Art aus Noth zu helfen?« (AA IV 422). Die Beantwortung dieser Frage erfolgt in zwei Schritten: »Ich verwandle also die Zumuthung der Selbstliebe in ein allgemeines Gesetz und richte die Frage so ein: wie es dann stehen würde, wenn meine Maxime ein allgemeines Gesetz würde.« (AA IV 422). Das Ergebnis lautet nun nicht etwa: »Wenn jeder ein falsches Versprechen abgeben würde, sähe es in der Welt schlecht aus«. Es geht vielmehr darum: Ein falsches Versprechen als Grundlage eines allgemeinen Gesetzes beinhaltet einen *Widerspruch*, denn es bedeutet, eine Verpflichtung einzugehen, und sie doch nicht einzugehen. Die Maxime hält der Prüfung durch das Vernunftgesetz also nicht stand und taugt damit nicht zu einem sittlichen Wollen.

So folgerichtig Kants Neubegründung der Moral auch sein mag, so hat sie doch etwas Widerspenstiges an sich. Sie fügt sich nicht ohne Weiteres in unsere moralischen Intuitionen und Vormeinungen. Es ist das Absehen vom Gefühlsmäßigen, das viele Leser Kants irritiert oder sogar abgestoßen hat: Ein Mensch handelt nicht dann gut, wenn er besonders mitfühlend oder großzügig ist oder wenn er besonders viel Liebe zu verschenken hat, sondern wenn die Form der Maxime seines Willens derjenigen eines allgemeinen Gesetzes entspricht. Das wirkt auf den ersten Blick zugegebenermaßen etwas unterkühlt, um nicht zu sagen herzlos. Aber Kant argumentiert anders: Die Moral kann nicht auf das launische und unstabile Fundament eines Gefühls gegründet werden. Denn es ist klar, dass gute Handlungen andernfalls eine Frage des Charakters, der Tagesform oder der Sympathie für bestimmte Menschen wären und damit letztlich in den Bereich des Zufälligen fallen würden. Gutes Handeln kann demgegenüber für Kant nur *einen* zuverlässigen Maßstab haben, und das ist die Vernunft.

Tugend und Glückseligkeit – ein ungleiches Paar

Was einen Willen gut macht, ist laut Kant seine *Form*, während die *Materie* sich nicht als Kriterium für die Sittlichkeit eignet. Jegliche materialen Bestimmungsgründe des Willens aber sind »insgesammt von einer und derselben Art und gehören unter das allgemeine Princip der Selbstliebe oder eigenen Glückseligkeit« (KpV, AA V 22). Mein Streben nach Reichtum, nach Bildung oder nach Gesundheit und die entsprechenden Bestimmungen meines Wollens und Handelns lassen sich alle einem übergeordneten Ziel zuordnen, nämlich dem Glücklichsein oder der »Glückseligkeit«, wie Kant es nennt. »Glücklich zu sein, ist nothwendig das Verlangen jedes vernünftigen, aber endlichen Wesens« (KpV, AA V 25), und das ist genau, was wir Menschen sind: vernünftige, aber endliche, d.h. in unserem Wollen nicht ausschließlich durch die Vernunft, sondern auch durch mehr oder weniger profane Bedürfnisse bestimmte Wesen. Glückseligkeit strebt also jeder Mensch notwendigerweise an, auch wenn die Vorstellungen darüber, was einen glücklich macht bzw. was einem zum Glück fehlt, weit auseinandergehen. Gerade weil aber die Meinungen über das Streben nach Glück inhaltlich sehr verschieden sind, eignet sich das Glücksstreben nicht als allgemeingültiger Maßstab des Handelns. Kurz: Das Verlangen nach Glückseligkeit, von dem wir uns als Menschen nicht verabschieden können, ist im Namen der Moralität dem Vernunftgesetz (also dem kategorischen Imperativ) unterzuordnen.

Kants Neubegründung der Moral führt auf diese Weise zum Bruch mit einem Denken, das »zwischen äußerst ungleichartigen Begriffen, dem der Glückseligkeit und dem der Tugend Identität zu ergrübeln« (KpV, AA V 111) versuchte. Kant spielt hier auf zwei antike Positionen an, die davon ausgehen, dass derjenige, der gerecht und tugendhaft lebt, eben dadurch auch zu wahrer Glückseligkeit gelange. Er fasst diese Positionen folgendermaßen zusammen: »Der Epikureer sagte: sich seiner auf Glückseligkeit führenden Maxime bewußt sein, das ist Tugend; der Stoiker: sich seiner Tugend bewußt sein, ist Glückseligkeit« (KpV, AA V 111). Kant hingegen durchtrennt mit seinen Überlegungen das auf die eine oder andere Art geknüpfte Band zwischen Tugend und Glückseligkeit rigoros, denn für ihn besteht weder das sittlich gute Handeln im Suchen nach Glück, noch bedeutet Glück, sich seines sittlich guten Handelns bewusst zu sein. Tugendhaftigkeit ist, wie wir gesehen haben, durch einen Abgrund vom Handeln aus Eigeninteresse – und nichts anderes ist ja die Glückssuche – getrennt, und Glück hängt laut Kant von äußeren Chancen und inneren Neigungen ab, aber nicht von der Reinheit unserer Maximen. Sittliche Vollkommenheit und vollendete persönliche Glückseligkeit sind somit zwei Ideale, die uns in unserem Wollen leiten, ohne dass auf den ersten Blick klar wäre, wie beides unter einen Hut gebracht werden kann. Wir streben diese beiden Ideale als die »Bürger zweier Welten« an, die wir als Menschen wesenhaft sind: Die Sittlichkeit als Vernunftwesen, die Glückseligkeit als sinnliche Wesen. Dabei müssen wir mit Kant davon ausgehen, dass beide Komponenten unserer Lebenswirklichkeit – das Sittengesetz als unbedingt geltende Handlungsvorschrift ebenso wie das Verlangen nach Glückseligkeit – mit permanentem Druck auf unser Entscheidungsvermögen einwirken.

Wenn nun aber keine innere Verbindung zwischen Tugend und Glückseligkeit besteht, wie können sie dann miteinander

koordiniert werden – oder müssen wir uns etwa für eines von
beiden entscheiden und uns von dem anderen verabschieden?
Und wie sollte das überhaupt möglich sein, wo doch beide als anthropologische Konstanten aufzufassen sind? Tatsächlich besteht
die *Möglichkeit* einer Verknüpfung, wie Kant fortfährt, denn »daß
die Tugendgesinnung nothwendig Glückseligkeit hervorbringe,
ist nicht schlechterdings, sondern nur so fern sie als Form der
Causalität in der Sinnenwelt betrachtet wird, und mithin, wenn
ich das Dasein in derselben für die einzige Art der Existenz des
vernünftigen Wesens annehme, also nur in bedingter Weise falsch«
(KpV, AA V 114). Von den beiden Möglichkeiten einer Verbindung
zwischen Glück und Tugend können wir also laut Kant *eine* mit
Sicherheit ausschließen, dass nämlich das Suchen nach Glück
uns tugendhaft macht. Was nun die andere Möglichkeit betrifft,
dass also die Tugend uns das Glück hold sein lässt, so machen
wir zwar faktisch die Erfahrung, dass dem nicht so ist, aber es
wäre doch immerhin *denkbar*. Es wäre möglich, dass Tugend zu
Glückseligkeit führt, unter der Bedingung, dass die Sinnenwelt mit
ihren materiellen Bedingtheiten und ihren Naturgesetzen nicht die
einzige Welt ist. In der Welt, so wie ich sie als Sinnenwesen erfahre,
werden Tugendhafte nicht von Krankheiten, Naturkatastrophen
oder Unglücksfällen verschont, auch wenn sie es zweifellos verdient hätten. Die Natur ist blind für die Glückswürdigkeit eines
Menschen. Wenn es aber eine übersinnliche Welt und einen
moralischen Weltschöpfer geben sollte, dann könnte es dennoch
eine ausgleichende Gerechtigkeit geben. Wie genau wir uns diesen
Ausgleich vorzustellen haben, lässt Kant konsequenterweise offen.
Ob es sich um ein jenseitiges Gericht handelt, um ein Eingreifen
Gottes in das diesseitige Leben oder um eine andere Art von
gerechtem Lohn, das fällt in den Bereich der Spekulation, die
uns theoretisch ins Dunkle führt und die für das Handeln keine
Bedeutung hat. Dass wir hierüber nichts wissen können, hat laut
Kant sogar einen Vorteil, denn wenn wir beispielsweise perma-
nent in der Gewissheit eines bevorstehenden Jüngsten Gerichts
leben würden, so wäre, wie man sich leicht vorstellen kann, unser
Handeln durch nichts anderes als durch diese drohende oder
verheißungsvolle Aussicht motiviert. Wie sollten wir unter diesen

Umständen überhaupt noch in der Lage sein, rationale und sittlich gute Entscheidungen zu treffen?

Das absurdum practicum

Betrachten wir die Situation, in die die Überlegungen Kants uns als endliche Vernunftwesen manövriert haben: Das Sittengesetz fordert von uns, nach allgemeingültigen Maximen zu handeln. Das bedeutet, dass wir uns als sittlich Handelnde von jeglichem Eigennutzdenken loslösen und unsere persönlichen Neigungen der Vernunft unterordnen müssen. Als endliche Wesen sind wir aber zugleich glücksbedürftig und wünschen uns – vollkommen eigennützig – Zufriedenheit mit unserem Dasein. Nach Glück zu streben macht uns jedoch nicht tugendhaft, und umgekehrt vermag erfahrungsgemäß das tugendhafte Handeln nicht unser Glück zu befördern, da in der Natur keine Gerechtigkeit herrscht. Aus diesem existenziellen Dilemma scheint es nur einen Ausweg zu geben, nämlich das Dasein einer höchsten Macht und einer übernatürlichen Welt, in der für den gerechten Ausgleich gesorgt wird. Aber erinnern wir uns an Kants Kritik der traditionellen Metaphysik: Ein Wissen vom Übersinnlichen kann es für uns nicht geben, weil dies die Grenzen unserer Erkenntnisfähigkeit übersteigt. Wenn aber über Gott und eine jenseitige Welt nichts ausgesagt werden kann, und wenn somit ebenso viel *für* wie *gegen* die Existenz Gottes spricht, dann scheint doch die Aussicht auf eine jenseitige Verbindung von Glück und Tugend als äußerst fragwürdig.

Was geschieht mit mir, wenn ich unter diesen Umständen nicht an eine göttliche Gerechtigkeit zu glauben vermag? Kant erklärt es kurz und prägnant: »So müßte ich denn *ohne Gott*, entweder ein Phantast oder ein Bösewicht sein« (AA XXVIII 1072). Wenn es keinen moralischen Weltherrscher gibt und somit auch keine Hoffnung auf eine Versöhnung der Ansprüche des Vernunftgesetztes einerseits und unseres Glücksbedürfnisses andererseits, dann müssen wir uns, wie es scheint, entscheiden: Entweder bestimmen wir unseren Willen gemäß dem kategorischen Imperativ und verbannen damit die Glückseligkeit, nach der es uns verlangt und die wir durch unser gutes Handeln auch verdient hätten, ins Reich des Phantastischen oder wir bestimmen unseren Willen nach Lust und Laune, d.h. entsprechend unseres Glücksbedürfnisses und handeln damit unmoralisch.

Wer Kant vorwerfen wollte, seine Moralphilosophie sei in ihrem rigorosen Anspruch irgendwie weltfremd und erwarte vom Menschen schier Übermenschliches, wird hier eines Besseren belehrt, denn der Philosoph macht sich keine Illusionen über die Bedeutung, die die Selbstliebe bzw. der Wunsch nach Glückseligkeit für die Menschen als Sinnenwesen hat. Deswegen ist ihm auch klar, in welches Dilemma derjenige stürzt, der keine Hoffnung darauf hat, dass Rechtschaffenheit und Glück in irgendeiner Verbindung miteinander stehen: »Wenn kein Gott und eine andere Welt ist, so muß ich […] sehr standhaft die Tugendregeln befolgen, aber alsdann bin ich ein tugendhafter Phantast, denn ich ginge der Glückseligkeit nach ohne zu hoffen, ihrer teilhaftig zu werden« (AA XXVIII 385f.). Und an anderer Stelle: »Nimmst du die moralischen Gesetze an und handelst rechtschaffen; so hängst du einer Vorschrift nach, die dir keine Glückseligkeit erwerben kann, und die Tugend ist nur eine Chimäre; also verfällst du in ein absurdum practicum und handelst als ein Tor« (AA XXVIII 320). Wer tugendhaft, aber ohne Hoffnung ist, ist also nicht etwa besonders bewundernswert, sondern ein Narr, denn er handelt in der Überzeugung, dass seine Tugendhaftigkeit und d.h. auch seine Versuche, die Welt zu einem besseren Ort zu machen, letzten Endes sinnlos sind, weil die Welt ohne göttliche Hilfe niemals zu einem guten Ort für glücksbedürftige Wesen werden wird. Der hoffnungslose Tugendhafte verfällt in ein *absurdum practicum*: Sein tugendhaftes Handeln erhält den Charakter grundlegender Sinnlosigkeit.

Ohne göttliche Beihilfe scheint es nur die Alternative zwischen dem Dasein eines Bösewichts und dem eines tugendhaften Narren zu geben. Aber die Absurdität geht für Kant noch tiefer, denn es stellt sich hier nicht nur die Frage, wie ich meine *persönliche* Glücksbedürftigkeit mit meiner Tugendhaftigkeit koordinieren soll. »Glückseligkeit, ganz genau in Proportion der Sittlichkeit (als Werth der Person und deren Würdigkeit, glücklich zu sein) ausgetheilt«, diesen idealen Zustand einer völligen Angemessenheit des Glückes an die Tugend nennt Kant »das höchste Gut einer möglichen Welt« (KpV, AA V 110). Und diesen Zustand nach allen Kräften zu befördern, ist ein Gebot, das die praktische Vernunft uns auferlegt. Wenn wir aber nicht glauben, dass ein höheres Wesen uns bei der Verwirklichung dieser Aufgabe hilft, die das Menschenvermögen ganz offensichtlich übersteigt, dann sehen wir uns absurderweise mit einem Gebot konfrontiert, das Unmögliches von uns verlangt – zumal wir davon ausgehen müssen, dass längst nicht alle, ja nicht einmal die meisten unserer Mitmenschen uns bei der Beförderung des höchsten Guts helfen werden.

Ein tugendhafter Atheist ist ein zu bemitleidender Mensch, wie Kant findet, denn »Betrug, Gewalttätigkeit und Neid werden immer um ihn im Schwange gehen, ob er gleich selbst redlich, friedfertig und wohlwollend ist; und die Rechtschaffenen, die er außer sich noch antrifft, werden, unangesehen aller ihrer Würdigkeit glücklich zu sein, dennoch durch die Natur, die darauf nicht achtet, allen Übeln des Mangels, der Krankheiten und des unzeitigen Todes, gleich den übrigen Tieren der Erde, unterworfen sein und es auch immer bleiben, bis ein weites Grab sie insgesamt (redlich oder unredlich, das gilt hier gleichviel) verschlingt, und sie, […], in den Schlund des zwecklosen Chaos der Materie zurück wirft, aus dem sie gezogen waren« (KU § 87).

Was Kant hier beschreibt ist ganz zweifellos ein Leiden. Das Leiden, um das es ihm geht, ist dasjenige des rechtschaffenen Menschen in einer Gesellschaft, in der die Rechtschaffenheit eher die Ausnahme als die Regel ist, in der moralisch gutes Handeln nicht nur nicht belohnt wird, sondern einem allzu oft zum Nachteil gereicht. Es ist das Leiden an der Ungerechtigkeit, dass unmoralische Menschen von der Schlechtigkeit ihres Wollens und Tuns profitieren, während der Ehrliche meist zugleich der Dumme ist. Es ist das Leiden, das derjenige empfindet, dem klar wird, dass in einer Welt, in der die Klügeren, d.h. die vernunftmäßig Wollenden immer nachgeben, die Irrationalität zum faktisch vorherrschenden Prinzip wird und die Unklugen immer ihren Willen bekommen. Es ist das Leiden, das aus der Einsicht resultiert, dass alle meine –

den Launen der Natur ausgesetzte – Versuche, die Welt zu einem besseren Ort zu machen, nicht mehr sein können als ein winziger Tropfen auf den sprichwörtlichen heißen Stein und dass, während ich mich uneigennützig bemühe, Gutes zu bewirken, die Mehrheit der Menschen sich lediglich für ihren eigenen persönlichen Vorteil interessiert. Es ist das Leiden an der Erkenntnis, dass Fortuna offenbar blind ist für die Glücks*würdigkeit* eines Menschen und gute, glückswürdige Menschen ebenso von Schicksalsschlägen und Unglücksfällen getroffen werden wie glücks*un*würdige. Es ist das Leiden desjenigen, dem es bei alldem an der Hoffnung auf eine übernatürliche Gerechtigkeit fehlt, die in der Hand eines höheren Wesens, eines moralischen Weltschöpfers liegen müsste. Es ist das Leiden desjenigen, der nicht glauben kann, dass alles einmal gut wird.

Das Leiden, mit dem wir es hier zu tun haben, unterscheidet sich in einem wesentlichen Punkt von dem, was in der schulmedizinischen Seelenheil- bzw. -krankheitskunde unter einem seelischen Leiden verstanden wird, denn das Leiden, dem wir mit Kant nachspüren, hat seine Wurzel nicht in einem Defekt, einem Mangel oder einer Fehlfunktion auf Seiten des Leidenden, sondern in einer Mangelhaftigkeit der natürlichen wie der gesellschaftlichen Welt.

Die vernünftige Hoffnung

Die Frage, die sich nun stellt, ist die nach einem »Heilmittel« gegen das Leiden derjenigen, »die in sich eine Stimme wahrn[e]hmen, es müsse anders zugehen« (KU § 88, Anm.). Was also antwortet Kant dem rechtschaffenen Atheisten in seiner Verzweiflung oder Resignation? Er hält ihm entgegen: Was du dir aufgrund deines Unglaubens ausmalst, dass nämlich die Tugendhaften niemals belohnt werden, dass sie also »der Glückseligkeit bedürftig, ihrer auch würdig, dennoch aber derselben nicht theilhaftig« (KpV, AA V 110) werden, ist ein schlicht *unvernünftiger* Gedanke. Demgegenüber besteht laut Kant die vernünftig begründete Hoffnung – mehr noch: die *Nötigung der Vernunft* zu der Annahme –, dass ein allwissendes, allmächtiges und heiliges Wesen eine gerechte Verteilung der Glückseligkeit vornimmt, die ohne übernatürliche Mitwirkung nicht geleistet werden kann.

Kant, der die traditionellen Versuche, Gottes Existenz zu beweisen, samt und sonders verwirft, entwickelt hier eine ganz eigentümliche, von der *Moral* ausgehende Theologie, eine Moraltheologie also. Das moralische Gesetz, so seine Überzeugung, führt zwangsläufig zur Annahme eines höchsten Wesens, und das wie folgt:»Wenn nun aber die strengste Beobachtung der moralischen Gesetze als Ursache der Herbeiführung des höchsten Guts (als Zweck) gedacht werden soll: so muß, weil das Menschenvermögen dazu nicht hinreicht, die Glückseligkeit in der Welt einstimmig mit der Würdigkeit glücklich zu sein, zu bewirken, ein allvermögendes moralisches Wesen als Weltherrscher angenommen werden, unter dessen Vorsorge dieses geschieht, d.i. die Moral führt unausbleiblich zur Religion« (AA VI 7f.). Es ist also gerade die Einsicht, dass wir dem Gebot, das höchste Gut zu befördern und es zu verwirklichen, nicht ohne übermenschliche Hilfe nachkommen können, die uns nötigt, eben diese Hilfe als gegeben anzunehmen. Die Irrationalität einer Welt, in der es keinerlei gesetzmäßigen Zusammenhang zwischen Glückswürdigkeit und Glückseligkeit gibt, nötigt uns demnach, eine andere Welt oder eine andere Dimension der Welt anzunehmen, die dieser himmelschreienden Unvernunft entgegenwirkt. Bemerkenswerterweise kehrt Kant damit die herkömmliche Vorstellung um, denn die Religion ist für ihn nicht etwa die Grundlage der Moral, sondern deren Folge. Wir müssen nicht an Gott glauben, um moralisch zu handeln bzw. um zu wissen, was moralisch geboten ist, im Gegenteil: Es untergräbt die Moralität der Maximen, aus Angst vor göttlicher Strafe oder mit der Erwartung auf Belohnung zu handeln. Wenn man aber den letzten Zweck moralischen Handelns betrachtet – das höchste Gut –, dann führen einen vernünftige Überlegungen dazu, Gott als dessen notwendige Voraussetzung anzunehmen. Und noch eine Umkehrung herkömmlicher Vorstellungen lässt sich hier feststellen: Der Atheismus erscheint in dem skizzierten Zusammenhang nicht als die aufgeklärtere, sondern im Gegenteil als die unvernünftige, irrationale Alternative, wohingegen rationale Erwägungen laut Kant zu einem aufgeklärten Glauben führen.

Für Kant ist, wie wir gesehen haben, »die Moral nicht eigentlich die Lehre, wie wir uns glücklich *machen*, sondern wie wir der Glückseligkeit *würdig* werden sollen. Nur dann, wenn Religion dazu kommt, tritt auch die Hoffnung ein, der Glückseligkeit dereinst in dem Maße theilhaftig zu werden, als wir darauf bedacht gewesen, ihrer nicht unwürdig zu sein« (KpV, AA V 130). Die hoffnungsspendende Religion, von der in diesem Zitat die Rede ist, d.h. der Glaube an einen allwissenden und gerechten Gott und an eine übersinnliche Welt, ist für Kant keine Frage der persönlichen Weltanschauung oder der kulturellen Herkunft, sondern entspringt der Moral selbst und ist somit jedem endlichen Vernunftwesen ohne Weiteres zugänglich, ja mehr noch: sie drängt sich jedem endlichen Vernunftwesen auf.

Religion, das bedeutet für Kant, den Apologeten der Vernunft: die aufgeklärte, rationale Überzeugung von der Existenz eines gerechten Weltherrschers sowie von einer übersinnlichen Existenz unserer selbst und des Weiteren die Erkenntnis unserer moralischen Pflichten als Gebote Gottes. Denn wenn Gott dasjenige Wesen ist, das Glückswürdigkeit mit Glückseligkeit belohnt, dann müssen Gott und wir Menschen denselben Begriff von Glückswürdigkeit, also von Tugend, haben und das bedeutet wiederum, dass wir denselben Begriff vom sittlich Guten haben.

Kants Verständnis von Religion fällt, wenn man es mit den herkömmlichen Vorstellungen und Assoziationen zu diesem Thema vergleicht, recht karg aus. Es gibt moralische Vorschriften, und es gibt die Aussicht auf Gerechtigkeit, wobei offen bleibt, was genau man sich darunter vorzustellen hat. Keine Rede ist dagegen von Spiritualität, von kultischen Handlungen, von Gottesdiensten oder Heiligenverehrungen. Es gibt keine ausgeschmückten Versprechungen oder Drohungen das Jenseits betreffend, keine Ordensregeln und keine hierarchische institutionelle Organisation. Tatsächlich entwickelt Kant eine ganz spezielle Vorstellung von aufgeklärter Religiosität, die er in seiner Schrift *Die Religion innerhalb der Grenzen der bloßen Vernunft* darlegt. Interessant für unser Thema ist dabei besonders der Gedanke eines »ethischen gemeinen Wesens«, d.h. einer Gemeinschaft von guten Menschen unter dem leitenden Ziel der Selbst- und Weltverbesserung. Um eine solche Gemeinschaft realisieren zu können, hat Kant einen ganz besonderen Plan vor Augen: Die (evangelisch-)christliche Kirche soll sukzessive vom »Blödsinn des Aberglaubens und dem Wahnsinn der Schwärmerei« (AA VI 101) gereinigt werden, um so ihren genuinen, moralischen Kern, der in Jesus Christus personifiziert ist, freizulegen. Die von sämtlichen irreführenden Dogmen und überflüssigen Kulthandlungen gereinigte christliche Kirche soll dann nicht mehr und nicht weniger sein als die freie, nicht hierarisch, sondern eher familiär verfasste Vereinigung moralischer Menschen. Die Kirche als Gemeinschaft gut handelnder, aufgeklärter Menschen – eine Vorstellung, die (und das ist Kant natürlich vollkommen klar) nicht wenige Religiöse beschämen muss. Eine solche Gemeinschaft ist kein Selbstzweck, ebenso wenig wie sie dem Einzelnen zur Identitätsstiftung oder zur Entlastung von der persönlichen Verantwortung dient, und sie hat auch nichts mit schwärmerischer Weltflucht oder frommem Nichtstun zu tun, sondern dient den gutgesinnten Menschen zur gegenseitigen Unterstützung und zur gemeinsamen Beförderung des höchsten Guts. Der moralisch Handelnde findet hier einen weiteren Grund zur Hoffnung: Wir können nicht nur davon ausgehen, dass eine übersinnliche Macht uns Beistand leistet, sondern könnten uns (etwas handfester) in einem ethischen Gemeinwesen – um dessen Etablierung wir uns daher bemühen sollten – auch der *diesseitigen* Unterstützung durch Gleichgesinnte sicher sein. Wir müssten uns nicht mehr alleine um das Gute in der Welt bemühen, sondern könnten dies in einer Gemeinschaft tun. Auf diese Weise würden wir zudem die Unvernünftigkeit der Welt, die wir leidvoll erfahren müssen, vermindern können. Ein ethisches Gemeinwesen, das idealerweise einmal die gesamte Menschheit erfassen würde, würde die Welt (im Rahmen des Menschenmöglichen) zweifellos zu einem besseren und das bedeutet für Kant: zu einem vernünftigeren Ort machen.

1724	Immanuel Kant wird als viertes von neun Kindern im preußischen Königsberg geboren.
1740–46	Kant studiert Philosophie, Mathematik, Naturwissenschaften und Theologie. Nach seinem Studium arbeitet er als Hauslehrer, später als Privatdozent.
1770	Mit 46 Jahren erlangt Kant die von ihm lange ersehnte Professur für Logik und Metaphysik in Königsberg.
1781	Die *Kritik der reinen Vernunft* erscheint, laut Schopenhauer das wichtigste Buch, das jemals in Europa geschrieben wurde.
1789	Französische Revolution.
1795	Kant entwickelt in *Zum ewigen Frieden* die einflussreiche Idee eines Völkerbundes freier Staaten zur Friedenssicherung.
1804	Kant stirbt in Königsberg.

Was dürfen wir hoffen?

▷ **43,3%** *der Deutschen glauben, dass die Welt von Gott erschaffen wurde.*

▷ **38%** *der Deutschen glauben, dass Gott in den Lauf der Welt eingreift.*

▷ **50,4%** *der Befragten sind der Meinung, dass es ein Leben nach dem Tod gibt.*

▷ **26%** *der Deutschen glauben, dass ein Mensch nach seinem Tod Rechenschaft für seine Taten ablegen muss.*

▷ **40,2%** *der Deutschen glauben, dass man Glück bzw. Pech durch sein Verhalten beeinflussen kann.*

▷ **32,2%** *der Deutschen glauben, dass höhere Mächte beeinflusst werden können.*

Quelle: Statista, Statistisches Bundesamt

Zum Nachlesen

Immanuel Kant, *Kants Werke*, Ausgabe der Preußischen
Akademie der Wissenschaften, Berlin 1902 ff. (AA; KrV =
Kritik der reinen Vernunft; KpV = Kritik der praktischen
Vernunft; KU = Kritik der Urteilskraft).

 Zum Weiterlesen

Lewis White Beck, *Kants ›Kritik der praktischen Vernunft‹*,
Stuttgart 1995.

Otfried Höffe, *Immanuel Kant*, München 1983.

Harold S. Kushner, *Wenn guten Menschen Böses widerfährt*,
Gütersloh 2010.

Giovanni B. Sala, *Kant und die Frage nach Gott, Gottesbeweise und Gottesbeweiskritik in den Schriften Kants*, Berlin/
New York 1990.

FRIEDRICH NIETZSCHE
und die philosophische Radikalkur

»Eine Generation brennt aus«, das war im September 2011 im Nachrichtenmagazin Focus *zu lesen. Und weiter: »Burnout ist zur Volkskrankheit geworden. Zunehmend vielen Menschen droht der Seeleninfarkt, weil sie die Anforderungen des Alltags nicht mehr bewältigen« (GB). Von der »Volkskrankheit Burnout« ist allenthalben die Rede. Doch über die Ursachen des grassierenden Erschöpfungszustandes herrscht nach wie vor Uneinigkeit bzw. Unklarheit. An dem Arbeitspensum alleine kann es kaum liegen. Schließlich gibt es durchaus Menschen, die sich trotz massiven Zeit- und Leistungsdrucks ausgeglichen und gesund fühlen. Es stimmt auch nicht, dass das Burnout-Syndrom eine »Manager-Krankheit« ist. Die Erschöpfung zieht sich nämlich durch alle Berufs- und Tätigkeitsfelder. Andererseits ist es wenig plausibel, einen Burnout ausschließlich auf subjektive Faktoren, also auf die Persönlichkeitsstrukturen der Betroffenen zurückführen zu wollen. Vielmehr scheint durchaus ein Zusammenhang zwischen den Bedingungen unserer Gesellschaft und dem seelischen Ausbrennen zu bestehen. Die drängende und verstörende Frage lautet: Was geschieht hier mit uns?*

Psychosomatische Erkrankungen, Depressionen und das Burnout-Syndrom erscheinen als Epidemien der modernen, pluralistischen Gesellschaften, die vor allem durch eines charakterisiert sind: das Bröckeln traditioneller Schablonen des sozialen Lebens. Die

Menschen hatten niemals so viele Möglichkeiten wie wir sie hier und heute haben – aber gleichzeitig auch niemals so wenig Boden unter den Füßen. Althergebrachte Orientierungen, die unser Dasein stabilisieren, die ihm Sinn und Richtung verleihen, sind heute mehr denn je in Auflösung begriffen. Mit Friedrich Nietzsche gesprochen: Gott ist tot – und dem postmodernen Menschen wird seine totale Ungeborgenheit bewusst. Man kann vor diesem Hintergrund Folgendes vermuten: Die alten Werte, Sinnstifter und Orientierungen büßen nach und nach ihre fraglose Gültigkeit ein, und wir leiden unter der daraus resultierenden Unsicherheit, Orientierungslosigkeit, Unbestimmtheit und Selbstverantwortung. Wir leiden individuell, und wir leiden kollektiv. Mit der Emanzipation der Frau (und der des Mannes) drohen nun auch noch die letzten Bastionen des »sicheren Lebens«, *nämlich die klar definierten Geschlechterrollen, einzustürzen. Die geschlechtsspezifische Standardbiographie gibt es nicht mehr. An ihre Stelle tritt der Druck, sich für einen von vielen Lebensentwürfen entscheiden zu müssen. Kein Wunder also, dass viele Menschen so vehement, um nicht zu sagen verzweifelt, an den* »kleinen« *Unterschieden festhalten wollen.* In ihrem Buch Warum Burnout nicht vom Job kommt. Die wahren Ursachen der Volkskrankheit Nr. 1 *ist die Stress-Expertin Helen Heinemann diesem Zusammenhang zwischen der Auflösung der traditionellen Geschlechterrollen und der um sich greifenden psychischen Erschöpfung auf der Spur. Aber zu groß ist auch bei ihr noch die Angst vor dem Verlust der alten Orientierungen und Wertvorstellungen, und zu groß ist mithin ihr Wunsch, zumindest an dem* »natürlichen« *Unterschied zwischen Mann und Frau als letztem sicheren Anker festzuhalten.*

Nietzsche wird gewohnheitsmäßig als der Vorzeige-Sexist der Philosophiegeschichte betrachtet. Wenn allerdings das Insistieren auf den traditionellen Rollenbildern aus Ängstlichkeit und dem Wunsch nach Sicherheit resultiert, hätte er dafür nichts als Geringschätzung übrig. Für ihn hieße es angesichts des Bröckelns der letzten scheinbar allgemeingültigen Sinnkonzeptionen viel eher: Aushalten, Durchhalten, Über-sich-hinaus-Wachsen!

»When life gives you lemons, make lemonade«, so lautet ein englisches Sprichwort. Nietzsche verfährt zeitlebens nach einer völlig anderen Maxime: Er nimmt die Zitronen, die das Leben ihm beschert, beißt hinein und saugt sie aus. Kein Überzuckern, kein Verdünnen und Verwässern, stattdessen intellektuelle Redlichkeit, Wahrhaftigkeit und Härte gegen sich, selbst wenn es noch so bitter ist. »Was mich nicht umbringt, macht mich stärker!«, zu dieser Einsicht gelangt Nietzsche in der »Kriegsschule des Lebens« (KGW VI/3, 54). Und der Pfarrerssohn aus Sachsen hat in seinem Leben reichlich Anlass zum Stärkerwerden. Persönliche Schicksalsschläge, Zerwürfnisse und Einsamkeit, berufliche Rückschläge und vor allem seine immer wiederkehrenden gesundheitlichen Krisen setzen dem Philosophen ein Leben lang zu.

Als Fünfjähriger muss Nietzsche die schwere Erkrankung und den Tod seines Vaters miterleben. Ein Jahr später stirbt auch der jüngere Bruder. Trauer und Verlust bestimmen somit bereits die Kindheit des späteren »Philosophen mit dem Hammer«. Was Nietzsches akademische Karriere betrifft, so beginnt diese außerordentlich vielversprechend, als der erst Vierundzwanzigjährige zum Professor für griechische Sprache und Literatur an die Universität in Basel berufen wird. Aber bereits drei Jahre später löst seine Abhandlung über *Die Geburt der Tragödie aus dem Geiste der Musik* verständnislose bis empörte Reaktionen bei den Fachkollegen aus. Er erntet Verrisse, die wissenschaftliche Reputation leidet, die Philologiestudenten bleiben Nietzsches Lehrveranstaltungen fern, und dem jungen Professor wird sogar der Rücktritt nahegelegt. Als er 1879, mit 35 Jahren, seine Professur tatsächlich niederlegt, geschieht dies allerdings aus gesundheitlichen Gründen. Zu diesem Zeitpunkt leidet Nietzsche bereits seit mehreren Jahren zunehmend an migräneartigen Anfällen, Augenschmerzen und Erbrechen, die ihm das Leben bisweilen als furchtbare Last erscheinen lassen. Die folgenden Jahre bis zu seinem geistigen Verfall verbringt Nietzsche reisend und schreibend, als Heimatloser und gesellschaftlicher Außenseiter, als herumirrender Flüchtling. Sein Wanderleben ist geprägt von tiefer Einsamkeit, die noch verstärkt wird durch die klägliche Resonanz auf seine in rascher Folge erscheinenden Werke. »Leiden und Einsamkeit, – das sind also die beiden grossen Schicksalszüge in Nietzsches Entwicklungsgeschichte, immer stärker ausgeprägt, je näher man dem Ende kommt« (NW 16), so liest man bei Lou Salomé, die Nietzsche seinerzeit heftig, aber aussichtslos als seine Seelengefährtin begehrt. 1889 schließlich, elf Jahre vor seinem Tod, beginnt mit einem Zusammenbruch in Turin Nietzsches Abdriften in die geistige Umnachtung.

Ein Denker der Krise

Betrachtet man die kurz skizzierte Biographie Nietzsches, so wird man sich vielleicht fragen, was eine Beschäftigung mit diesem Denker, dessen Dasein durch Leiden und Einsamkeit geprägt war, zum Thema dieses Buches beitragen kann. Ist Nietzsches Lebensgeschichte nicht der eindrucksvolle Beweis dafür, dass dieser Philosoph über kein »Heilmittel« zur Linderung seiner Leiden verfügte? Ja, mehr noch: Wir haben es hier mit einem Menschen zu tun, der als Wahnsinniger geendet ist, und es gibt Interpreten, die es für wahrscheinlich halten, dass Nietzsches geistiger Verfall nicht, wie häufig vermutet wird, die Spätfolge einer Syphilisinfektion war, sondern dass er an seiner eigenen Philosophie mental zerbrochen ist. Was für diese Hypothese spricht, ist die Tatsache, dass bei kaum einem anderen Denker Leben und Philosophieren, Gedanken- und Seelenleben so innig miteinander verwoben sind wie bei Nietzsche. Er verfasst seine Schriften nicht mit einer intellektuellen Distanz, sondern stets mit ganzem Leib und Leben. Wie dem auch sei, eines kann man zweifellos feststellen: Nietzsche ist jemand, der weiß, wovon er spricht, wenn er über das Leiden redet. Und er ist zudem jemand, der, wenn man so will, zu leiden versteht. Weit davon entfernt, sich »besorgen, bedienen, *beärzteln* zu lassen« nimmt Nietzsche seine physischen und psychischen Qualen »selbst in die Hand« (KGW VI/3, 264). Er ist überzeugt davon, dass für eine starke Persönlichkeit wie ihn, das »Kranksein sogar ein energisches Stimulans zum Leben, zum Mehr-leben sein« kann (KGW VI/3, 264). Und er kann daher seinem Leiden etwas Positives abgewinnen. Dass das, was ihn nicht umbringt, ihn stärker macht, bedeutet für ihn nämlich auch: Zum Stärkerwerden braucht es Grenzerfahrungen und größte Herausforderungen, ja *Über*forderungen. Das Leiden, die Verzweiflung und vor allem die Einsamkeit werden für Nietzsche daher zu Kennzeichen des »höheren Menschen«. Das »erbärmliche Behagen, das ›Glück der meisten‹« ist den »höheren Menschen«, die »heute nicht zu leben wi[ssen]«, verwehrt (KGW VI/1, 354). Das ist der Preis, den sie für ihre Wahrhaftigkeit und ihre intellektuelle Redlichkeit bezahlen, und darin bestärkt Nietzsche, diejenigen, die ihm folgen wollen: »Lieber verzweifelt, als daß ihr euch ergebt«(KGW VI/1, 354). Leiden, Einsamkeit und Verzweiflung sind für Nietzsche also nicht oder nicht ausschließlich als etwas Negatives zu verstehen. Es zieht sich vielmehr, wie Salomé findet, etwas Schmerzheischendes durch Nietzsches Leben und Werk.

Eines zeichnet sich bereits deutlich ab: Eine »philosophische Therapie« mit Nietzsche ist nichts für schwache Nerven oder zarte Gemüter. Seine Philosophie, so schreibt er selbst, ist wie »das freiwillige Leben in Eis und Hochgebirge«: »Das Eis ist nahe, die Einsamkeit ist ungeheuer – aber wie ruhig alle Dinge im Lichte liegen! wie frei man athmet! wie Viel man unter sich fühlt« (KGW VI/3, 256) – wenn man denn für die eisige Höhenluft geschaffen ist. Um Nietzsches Hochgebirgsphilosophie zu ertragen, bedarf es, wie er glaubt, »Muth, […] Härte gegen sich, […] Sauber-keit gegen sich« (KGW VI/3, 257). Worauf der Philosoph hier vor allem anspielt ist der Verlust von tröstenden, Sicherheit und Sinn garantierenden Illusionen – Nietzsche spricht von »Idealen« –, deren Dekonstruktion ein Grundzug seines Denkens ist. Diesem Verlust wahrhaftig zu begegnen, ihn auszuhalten oder ihn gar in etwas Positives umzudeuten, dazu ist Nietzsche zufolge nicht jeder in der Lage. Wer es dennoch versuchen will, der muss sich darauf gefasst machen, es mit ganzem Leib und Leben zu tun. Vor die-sem Hintergrund stellt Nietzsche fest: »Wieviel Wahrheit *erträgt*, wieviel Wahrheit *wagt* ein Geist? das wurde für mich immer mehr der eigentliche Werthmesser« (KGW VI/3, 257).

Nietzsche ist ein Denker der Krise. Er diagnostiziert die Krise, er verschärft die Krise, und in gewisser Weise personifiziert er die

Krise – so sieht er es zumindest selbst: »Es wird einmal an meinen Namen die Erinnerung an etwas Ungeheures anknüpfen, – an eine Krisis, wie es keine auf Erden gab, an die tiefste Gewissens-Collision, an eine Entscheidung heraufbeschworen gegen Alles, was bis dahin geglaubt, gefordert, geheiligt worden war. Ich bin kein Mensch, ich bin Dynamit!« (KGW VI/3, 363). Mit exaltiertem Gestus und nicht ohne Stolz inszeniert sich Nietzsche als gefährlicher Denker, als Zerstörer alles Traditionellen und fraglos für wahr Gehaltenen und als Vorbote einer radikalen Umorientierung. Mehr Sprengstoff als Mensch. Um seine ominösen Andeutungen mit Inhalt zu füllen und um zu verstehen, was das (potenziell) Therapeutische an Nietzsches Philosophie ist, werden wir uns im Folgenden mit einer seiner berühmtesten Textpassagen beschäftigen, nämlich mit dem 125. Aphorismus aus *Die Fröhliche Wissenschaft*, überschrieben mit »Der tolle Mensch«. Dabei wird zugleich deutlich werden, worin ein Gutteil der Faszination liegt, die von Nietzsches Werken ausgeht: Seine Schriften sind keine trockenen, blutleeren Erörterungen, sondern wortgewaltige, emotionsgeladene Texte, berstend vor Pathos und angereichert mit eindringlichen Metaphern.

Der Tod Gottes

»Habt ihr nicht von jenem tollen Menschen gehört, der am hellen Vormittage eine Laterne anzündete, auf den Markt lief und unaufhörlich schrie: ›ich suche Gott! Ich suche Gott!‹ – Da dort gerade Viele von Denen zusammen standen, welche nicht an Gott glaubten, so erregte er ein grosses Gelächter. Ist er denn verloren gegangen? sagte der Eine. Hat er sich verlaufen wie ein Kind? sagte der Andere. Oder hält er sich versteckt? Fürchtet er sich vor uns? Ist er zu Schiff gegangen? ausgewandert? – so schrieen und lachten sie durcheinander« (KGW V/2, 158).

Ein toller Mensch – ein Ver-Rückter, könnte man sagen, einer also, der sich abseits des Gewöhnlichen, Normalen, Zeitgemäßen bewegt – betritt den Marktplatz, um (am helllichten Tag mit einer Laterne) Gott zu suchen. Er sucht Gott nicht etwa in der Abgeschiedenheit eines Klosters, in stiller Kontemplation oder Meditation, sondern lauthals schreiend und inmitten des geschäftigen Treibens auf einem Marktplatz. Dies ist ein deutlicher Hinweis darauf, dass es dem tollen Menschen nicht um seine persönliche Spiritualität oder um sein privates Seelenheil zu tun ist, wenn er sich als Gottsuchender zu erkennen gibt, sondern dass es ihm um etwas geht, das öffentlich verhandelt werden muss, weil es alle Menschen betrifft. Bloß dass die anderen das offenbar nicht so sehen. Sie reagieren mit Unverständnis, ja mit Spott und Gelächter auf den Gottsuchenden. Sie verhöhnen ihn, denn wie irre muss eigentlich einer sein, der auf dem Marktplatz herumläuft und verkündet, dass er Gott suche? Man kann sich leicht vorstellen, dass der tolle Mensch genau die beschriebenen Reaktionen provozieren würde, wenn er uns heute in der Fußgängerzone begegnen würde: Belustigung, Kopfschütteln und das allzu schnell gefällte Urteil, dass man es hier mit einem Geistesgestörten zu tun hat, noch dazu mit einem ziemlich nervtötenden. Der tolle Mensch aber lässt sich vom Spott der Umstehenden nicht aus dem Konzept bringen. Er weiß sich und seiner Sache Aufmerksamkeit zu verschaffen: Er »sprang mitten unter sie und durchbohrte sie mit seinen Blicken. ›Wohin ist Gott?‹, rief er, ›ich will es euch sagen! Wir haben ihn getödtet, – ihr und ich! Wir Alle sind seine Mörder! Aber wie haben wir dies gemacht? Wie vermochten wir das Meer auszutrinken? Wer gab uns den Schwamm, um den ganzen Horizont wegzuwischen? Was thaten wir, als wir diese Erde von ihrer Sonne losketteten? Wohin bewegt sie sich nun? Wohin bewegen wir uns? Fort von allen Sonnen? Stürzen wir nicht fortwährend? Und rückwärts, seitwärts, vorwärts, nach allen Seiten? Giebt es noch ein Oben und ein Unten? Irren wir nicht wie durch ein unendliches Nichts? Haucht uns nicht der leere Raum an? Ist es nicht kälter geworden? Kommt nicht immerfort die Nacht und mehr Nacht? Müssen nicht Laternen am Vormittage angezündet werden?‹« (KGW V/2, 158f.).

Gott ist tot, und wir haben ihn getötet, das ist also die Nachricht, die der tolle Mensch meint überbringen zu müssen. Er sagt nicht etwa: »Es gibt keinen Gott«, vielmehr können wir aus seiner Rede schließen, dass es Gott einmal gegeben hat, bevor die Menschen sich seiner entledigten, ja ihn kaltblütig *ermordeten*. Wie

ist das zu verstehen? Ganz offenbar muss der Begriff »Gott« hier
in einem anderen, viel weiteren Sinne verstanden werden, als wir
es für gewöhnlich tun. Es geht dem tollen Menschen nicht (nur)
um die Existenz bzw. Nicht-mehr-Existenz eines übernatürlichen
Wesens, eines Weltschöpfers- und -lenkers. »Gott« steht hier viel
eher für die Gesamtheit der traditionellen Sinnkonzepte, für den
beruhigenden Glauben an »Hinterwelten« – sei es das Jenseits
im christlichen Sinne, Platons Ideenhimmel oder Kants Sphäre
des Intelligiblen – sowie für jede Sinn und Orientierung stiftende
Metaphysik. »Gott« ist der Platzhalter für jede Art von kollektiver
»Weltkorrektion«, d.h. für Deutungen, die uns die Welt men-
schengerecht und das Leben lebenswert erscheinen lassen. »Gott«
steht für das anthropozentrische Weltbild, in dem wir Menschen
Mittelpunkt und letzter Zweck der Schöpfung sind und mithin
Zugang zur Wahrheit der Welt haben. »Gott« meint zudem eine
gesicherte Moral, objektive Werte, unhinterfragbare Gebote, das
Wissen um Gut und Böse. »Gott« ist schließlich der Garant für
die Sinnhaftigkeit unseres Leidens; »Gott« hilft uns Schmerzen,
Ungerechtigkeiten und Schicksalsschläge zu ertragen. Wenn
daher »Gott« »tot« ist, dann bedeutet das nicht weniger, als dass
die Welt, wie die Menschen sie einst kannten, komplett aus den
Fugen geraten ist. Mit »Gott« haben wir zugleich den Halt und die
Orientierung verloren. Wir taumeln, wir stürzen, wir finden uns
nicht mehr zurecht und irren wie durch ein unendliches Nichts.
Nichts weist uns den Weg; nichts stattet unsere Existenz mit Sinn,
Zweck und Wert aus; nichts sagt uns, was wir tun sollen, was
richtig oder falsch ist; nichts rechtfertigt unseren Aufenthalt auf
der Erde; nichts sichert unsere Erkenntnisse und garantiert uns
einen Zugang zur Wahrheit. An die Stelle des scheinbar sicher
Bestehenden ist das große Nichts, das *nihil* getreten. Der »Tod
Gottes« führt uns auf diese Weise in den Nihilismus.

»Nihilismus«, so schreibt Heidegger, »ist jener geschichtliche
Vorgang, durch den das ›Übersinnliche‹ in seiner Herrschaft hin-
fällig und nichtig wird, so daß das Seiende selbst seinen Wert und
Sinn verliert« (N 25). Es geht hier also um einen Zerfall dessen,
was im menschlichen Leben bisher Sinn stiftete und ihm Wert
verlieh. Dieser Zerfall ist ein historisch rekonstruierbarer Vorgang,

zu dessen wichtigsten Eckdaten die Ablösung des geozentrischen Weltbildes durch das heliozentrische im 16. Jahrhundert, die europäische Aufklärung des 17./18. Jahrhunderts und die Religionskritik des 19. Jahrhunderts gehören. Mit dem Vormarsch von Wissenschaft und Aufklärung verloren die mythischen und religiösen Sinnkonzeptionen an Bedeutung und Glaubhaftigkeit. Nietzsche spricht daher vom Nihilismus als von einer »Entwerthung der bisherigen Werthe« (KGW VIII/1, 129), die für die Menschen eine der größten Krisen bedeutet. Der Nihilismus der Moderne ist für ihn die notwendige Folge des Zusammenbruchs traditioneller metaphysischer Weltdeutungen – eben des »Todes Gottes«. Wo sich ein solcher Zusammenbruch ereignet, greift eine bedrohliche Sinn- und Orientierungslosigkeit um sich. Es entsteht der Eindruck von Beliebigkeit und Bedeutungslosigkeit. Der Nihilismus als eine Reaktion auf den Verlust bisheriger Sinnkonzepte behauptet die Sinnlosigkeit allen Seins, das Fehlen eines Zwecks oder eines Ziels und das Fehlen objektiver Werte. Oder mit den Worten der Nihilisten im Coen-Klassiker *The Big Lebowski*: »Wir glauben an nichts! – Wir glauben an gar nichts, Lebowski … An gar nichts!«.

Die Vollendung des Nihilismus

»,Gott ist todt! Gott bleibt todt! Und wir haben ihn getödtet! Wie trösten wir uns, die Mörder aller Mörder? Das Heiligste und Mächtigste, was die Welt bisher besass, es ist unter unseren Messern verblutet, – wer wischt diess Blut von uns ab? […] Ist nicht die Grösse dieser That zu gross für uns? Müssen wir nicht selber zu Göttern werden, um nur ihrer würdig zu erscheinen? Es gab nie eine grössere That, – und wer nur immer nach uns geboren wird, gehört um dieser That willen in eine höhere Geschichte, als alle Geschichte bisher war!‹ – Hier schwieg der tolle Mensch und sah wieder seine Zuhörer an: auch sie schwiegen und blickten befremdet auf ihn. Endlich warf er seine Laterne auf den Boden, dass sie in Stücke sprang und erlosch« (KGW V/2, 159).

Das Gelächter und der Spott auf dem Marktplatz sind nach den pathetischen Worten über den Gottesmord verstummt, stattdessen machen sich nun Sprachlosigkeit und Befremden unter den Anwesenden breit, und dem tollen Menschen wird klar: »Ich komme zu früh [...] ich bin noch nicht an der Zeit. Dies ungeheure Ereignis ist noch unterwegs und wandert, – es ist noch nicht bis zu den Ohren der Menschen gedrungen. Blitz und Donner brauchen Zeit, das Licht der Gestirne braucht Zeit, Thaten brauchen Zeit, auch nachdem sie gethan sind, um gesehen und gehört zu werden« (KGW V/2, 159). Eine bemerkenswerte Wendung der Geschichte ist damit eingetreten: Während die Leute auf dem Marktplatz den gottsuchenden tollen Menschen zunächst als einen Ewiggestrigen ausgelacht haben und als einen verhöhnt haben, der mit seinen Einsichten rettungslos hinterherhinkt, gibt nun der tolle Mensch zu verstehen, dass er *zu früh* dran ist, was ja nur bedeuten kann, dass er den anderen in irgendeiner Hinsicht vorweg ist. Die Menschen auf dem Marktplatz fühlen sich überlegen in ihrer modernen Abgeklärtheit, tatsächlich aber, das will Nietzsche deutlich machen, ist der tolle Mensch seinen Zeitgenossen einen Schritt voraus, denn nur er hat das ganze Ausmaß des »Todes Gottes« begriffen. Ihm ist das Ungeheuerliche dieses Ereignisses bewusst, und er hat verstanden, dass die Menschen nun vor die gnadenlos überfordernde Aufgabe einer radikalen Neuorientierung gestellt sind. Wohin bewegen wir uns? Wie kann, um in der Metapher Nietzsches zu bleiben, die von der Sonne losgekettete Erde wieder in eine sichere Bahn gebracht werden – wenn dergleichen überhaupt noch möglich ist? Der »Tod Gottes« bedeutet für uns Überlebende eine schier übermenschliche Herausforderung, nämlich »selber zu Göttern werden« (KGW V/2, 159), d.h. zu Schöpfern von Sinn, Werten und Orientierungen. Der Mensch ist vor die Aufgabe gestellt, sich zurechtzufinden in einer »Welt-Unordnung ohne Gott« (KGW VIII/2, 132).

All das ist denen nicht klar, die sich allzu leichtfertig als Atheisten bezeichnen und darunter nicht mehr verstehen als das Nicht-Glauben an einen allwissenden, gütigen Gottvater oder als eine Abgrenzung von ihrer religiösen Erziehung und von althergebrachten Traditionen. Wer auf so oberflächliche Weise

»gottlos« ist, hat noch nicht verstanden, welche weitreichenden Konsequenzen seine Absage an Gott tatsächlich nach sich zieht bzw. welchen Sinn das Wort »Gott« eigentlich hat. Dafür kann es verschiedene Gründe geben. So kann es sein, dass der »Tod Gottes« nicht konsequent zu Ende gedacht bzw. nicht umfassend begriffen worden ist. In diesem Fall wird zwar die Existenz eines gütigen Weltschöpfers, einer jenseitigen Welt, einer unsterblichen Seele usw. wie selbstverständlich geleugnet, aber es wird nichtsdestoweniger an der Geltung objektiver Werte, an der absoluten Verbindlichkeit bestimmter Normen und an dem unzweifelhaften Vorhandensein einer Einheit stiftenden Ordnung festgehalten. In einem solch inkonsequenten Atheismus werden beispielsweise die anthropozentrische Weltordnung, der absolute Wert menschlichen Lebens und die Geltung bestimmter grundlegender Ge- bzw. Verbote nicht in Frage gestellt, obwohl mit dem »Tod Gottes« deren Gültigkeit durchaus fragwürdig geworden ist und nach einer Neubegründung verlangen.

Es kann aber auch sein, dass »Gott« sozusagen nicht gründlich genug »getötet« wurde und daher in vorgeblich atheistischen Weltbildern als eine Art Wiedergänger herumgeistert. Ein zeitgenössisches Beispiel hierfür bietet Richard Dawkins mit seinem neodarwinistischen Welt- und Menschenverständnis und seinem merkwürdig missionarisch daherkommenden Atheismus. Dawkins versteht sich selbst als radikalen Aufklärer, der den (vermeintlich) harten Tatsachen der naturwissenschaftlichen Forschung verpflichtet ist und es sich zur Aufgabe gemacht hat, den »Gotteswahn«, d.h. den Irrationalismus der Religionen zu bekämpfen. Als Mitglied der atheistischen *Brights*-Bewegung erhebt Dawkins den Anspruch, ein strikt naturalistisches Weltbild zu vertreten, das frei ist von mythischen Elementen und dem Glauben an Übersinnliches. Dawkins interpretiert die Welt und vor allem das menschliche Dasein aus einer evolutionsbiologischen Perspektive. Ein zentraler Gedanke ist dabei der des »Gen-Egoismus«, womit die Durchsetzungstendenz bestimmter überlebensförderlicher Erbinformationen gemeint ist. Dawkins geht so weit, die Ausbreitung von Genkopien zum letzten Zweck des Daseins zu stilisieren, was zur Folge hat, dass das Individuum als bloßes Instrument seiner durchsetzungswilligen Gene erscheint. So schreibt er beispielsweise: »Ich betrachte eine Mutter als eine Maschine, die so programmiert ist, daß sie alles in ihrer Macht stehende tut, um Kopien der in ihr enthaltenen Gene zu verbreiten« (EG 206). Es gibt also in Dawkins Weltbild eine (neodarwinistische) Wahrheit, die unserer Erkenntnis zugänglich ist, es gibt des Weiteren einen letzten Zweck (die Verbreitung von Genkopien), es gibt ein Einheit und Orientierung stiftendes Ordnungsprinzip in der Natur (das »Gesetz des universellen, rücksichtslosen Gen-Egoismus«), und es gibt eine Erklärung für menschliches Verhalten, die uns zugleich von Freiheit und Verantwortlichkeit entlastet. Es gibt sogar so etwas wie richtig und falsch bzw. gut und schlecht, im Hinblick auf den Zweck der Genverbreitung. Und ganz nebenbei lassen sich auf diese Weise auch noch die althergebrachten Geschlechterrollen konservieren und (scheinbar) begründen.

Es offenbart sich hier die Unvollständigkeit und mithin die Harmlosigkeit des Dawkins‹schen Atheismus: In der dogmatischen Annahme, über die einzige Wahrheit zu verfügen, sicher aufgehoben in der Einheit einer evolutionären Naturordnung, als Marionette unserer egoistischen Gene entlastet von Freiheit und Verantwortung (dasselbe gilt übrigens für den Menschen als Gehirnmarionette) und in der beruhigenden Überzeugung, dass wir unser Leben zu einem guten, naturgegebenen Zweck leben – so lässt sich der Atheismus zweifellos aushalten! Aber das funktioniert eben nur, weil hier das naturwissenschaftliche, vorgeblich illusionslose und aufklärerische Weltbild zum Religionsersatz wird. Atheisten vom Schlage Dawkins‹ können sich nur deshalb so abgeklärt und selbstsicher geben, weil sie die Beruhigung und Sicherheit, die einst mythische und religiöse Weltbilder garantierten, nun von einem naturwissenschaftlichen Weltverständnis her beziehen. Diese inkonsequenten Atheisten und unvollständigen Nihilisten verspüren keine Angst, weil sie, wie Nietzsche glaubt, den »Tod Gottes«, von dem sie so vollmundig reden, überhaupt noch nicht begriffen haben. »Diese Verneinenden und Abseitigen von Heute, […], diese harten, strengen, enthaltsamen, heroischen Geister, welche die Ehre unsrer Zeit ausmachen, alle diese blassen Atheisten, Antichristen, Immoralisten, Nihilisten« haben eine fatale Inkonsequenz gemeinsam: »sie glauben noch an die Wahrheit« (KGW VI/2, 416f.). Das bedeutet: Sie lehnen die bisherigen Werte, Zwecke und Weltdeutungen als überkommen und irrational ab, glauben aber nach wie vor, dass es ein objektiv wahres Weltverständnis sowie sich daraus ergebende allgemeingültige Zwecke und Werte gibt. Aber Nietzsche wäre nicht das Dynamit, das er ist, wenn er den blassen Atheisten und unvollständigen Nihilisten ihren trügerischen Frieden ließe. Durch die Rede des tollen Menschen gibt er den modernen »Gottlosen« zu verstehen, dass die Vollendung des Nihilismus etwas ist, das noch bevorsteht und zugleich etwas, das nottut. Denn für einen wirklichen, schöpferischen Neuanfang müssen erst die Altlasten, aber auch die alten Stützen restlos beseitigt werden. Den Atheismus konsequent zu Ende zu führen bedeutet, jedes Einheit stiftende Sinnkonstrukt und jede Illusion von letzten Wahrheiten hinter sich zu lassen. Dieser radikale Nihilismus ist eine Krise, und »der Werth einer solchen Crisis ist, daß sie reinigt« (KGW VIII/1, 221). Erst nach dieser reinigenden Wirkung wird sich zeigen, wer der ultimativen Herausforderung des »Todes Gottes« gewachsen ist.

Nietzsche hält dem blassen, harmlosen einen vollkommenen, extremen Nihilismus entgegen, der zum Prüfstein für die Unerschrockenheit und die Stärke derer wird, die mit dem »Tod Gottes« leben müssen. Als philosophische Mutprobe für uns Waisenkinder formuliert er den Gedanken einer ewigen Wiederkehr des Gleichen: Wenn das mannigfaltig Seiende zwar unüberschaubar, aber nicht unendlich ist, wenn die Zeit demgegenüber unendlich ist, dann muss es jede mögliche Kombination der Dinge schon gegeben haben und wieder geben. Diesen Gedanken, dass alles wiederkehrt, zu denken und zu bejahen, das ist die existenzielle Herausforderung, vor die Nietzsche uns stellt. Kein vorgegebener Zweck, kein unbezweifelbares Ziel, kein metaphysisch verankerter Sinn, keine Aussicht auf ein glückliches Ende, keine zukünftige Erlösung von den Schattenseiten des Daseins, kein »große[s] Gegenmittel gegen den praktischen und theoretischen Nihilismus« (KGW VIII/1, 215), sondern die Welt und das Leben, so wie sie sind, bis in alle Ewigkeit. »Denken wir diesen Gedanken in seiner furchtbarsten Form: das Dasein, so wie es ist, ohne Sinn und Ziel, aber unvermeidlich wiederkehrend, ohne ein Finale ins Nichts: ›die ewige Wiederkehr‹. Das ist die extremste Form des Nihilismus: das Nichts (das ›Sinnlose‹) ewig!« (KGW VIII/1, 217).

Von freien Geistern

Ich hatte es oben bereits angekündigt: Nietzsche ist kein Trost-spender und kein Beruhiger. So kann denn auch nach dem bisher Dargestellten von Trost oder Beruhigung keine Rede sein. Ganz im Gegenteil: Hier wird das Leiden noch verstärkt bzw. allererst hervorgerufen. Wo moderne Abgeklärtheit, ruhige Betriebsamkeit und friedliche Selbstzufriedenheit unter den Menschen herrschen, legt Nietzsche seine philosophischen Sprengsätze. Vorbei ist es mit Ruhe und Frieden, wenn der tolle Mensch in grellen Farben das ganze Ausmaß des »Todes Gottes« ausmalt. Wer noch nicht verstanden hat, was der »Tod Gottes« eigentlich bedeutet, der wird aufgefordert, sich hier und jetzt damit auseinanderzusetzen. Wer bisher noch nicht unter der Sinn- und Ziellosigkeit des Daseins gelitten hat, der hat dies gefälligst nachzuholen. »Ihr leidet mir noch nicht genug!«, lässt Nietzsche seinen Zarathustra sagen, denn »ihr leidet Alle nicht, woran *ich* litt«(KGW VI/1, 355). Und damit auch bloß keine Missverständnisse aufkommen: »Oder [meint ihr] ich wollte fürderhin euch Leidende bequemer betten? […] Nein! Nein! Dreimal nein!« (KGW VI/1, 355).

Schön und gut. Nehmen wir einmal an, wir seien willens und imstande, Nietzsche in die eisigen, einsamen Höhen seiner Hochgebirgs-Philosophie zu folgen und dem »Tod Gottes« in seinem ganzen erschreckenden Ausmaß zu begegnen. Wir erklä-ren uns bereit, um der Wahrhaftigkeit willen zu leiden und eher zu verzweifeln, als uns in Hinterwelten zu flüchten oder uns mit faustgroben Antworten auf unsere existenziellen Fragen abspei-sen zu lassen. Doch was nun? Müssen wir beim vollkommenen Nihilismus stehenbleiben? Und können wir das überhaupt? Ist ein Nihilismus, wie ihn die Lebowski-Nihilisten vorgeblich vertreten, überhaupt lebbar? Mit einem Wort: Nein. Der Nihilismus muss überwunden werden, denn die Frage nach Sinn und Werten stellt sich für uns Menschen notwendigerweise und auch nach dem »Tod Gottes« mit unverminderter, unabweisbarer Dringlichkeit. Wir können schlicht nicht ohne Sinn, Werte und Orientierungen leben. Das An-nichts-Glauben, das Leugnen von Sinn und Zweck lähmt uns und macht uns handlungsunfähig. Die Vorstellung, alles sei beliebig und umsonst, ist zutiefst lebenshemmend. Wie sollte man beispielsweise jemals eine Wahl treffen, wenn einem alles gleichgültig wäre? Man könnte sich unter diesen Umständen ja nicht einmal zwischen Schokoladen- und Vanilleeis entscheiden, ganz zu schweigen von schwerwiegenden, moralischen Entscheidungen. Wie sollen wir leben, wenn nicht, indem wir eine Perspektive einnehmen, selbst wenn wir wissen, dass es sich dabei nicht um die eine wahre Sicht auf die Dinge handelt? Wie sollen wir handeln, wenn wir nicht einiges für gut und wichtig erachten, anderes hingegen für bedeutungslos oder schlecht, auch wenn diese Urteile einer letzten Begründung entbehren sollten? Wie sollen wir unser Dasein gestalten, wenn nicht, indem wir versuchen, Sinn in der Sinnlosigkeit, Ordnung in der Unordnung zu entdecken und unserem Handeln eine Bedeutung zu geben? Wir Menschen müssen Werte setzen und Stellung beziehen. Zugleich muss uns jedoch klar sein, so Nietzsche, dass unsere Stellungnahmen und Wertsetzungen keine ewige, objektive Gültigkeit beanspruchen können.

Der vollkommene Nihilismus kann also nur ein Übergang, eine Durchgangsphase sein. Allerdings ist der Weg zurück, also eine »Reanimation Gottes« keine Option. Vielmehr müssen wir selbst den leergewordenen Platz »Gottes« einnehmen und »einen Sinn hineinlegen« in die Welt und das Dasein, denn »diese Aufgabe bleibt unbedingt immer noch übrig« (KGW VIII/2, 23). Wie überwindet man den Nihilismus? Nietzsche meint: indem man ihn bejaht. Man muss Ja zum großen Nein sagen und entdeckt auf diese Weise »die Lust am Neinsagen und Neinthun aus einer ungeheuren Kraft und Spannung des Jasagens« (KGW VIII/2, 332). Nein zu den »Idealen« und zu den »Hinterwelten« – Ja zum Leben und »zur Welt, wie sie ist, ohne Abzug, Ausnahme, Auswahl« (KGW VIII/3, 288). (Oder etwas komplizierter: Ja zum Nein zu »Gott« – Nein zum Nein zum Diesseits, zur Welt und zum Dasein, so wie sie sind.) Im Jasagen zum Nihilismus offenbart sich eine »Sympathie für das Schreckliche und Fragwürdige« (KGW VIII/2, 332). Diejenigen, die zu dieser Sympathie fähig sind, die also über ausreichend Mut, Stärke und Schöpfungskraft verfügen, können den »Tod Gottes« aus einer ganz anderen, optimistischen Perspektive betrachten. Nietzsche eröffnet diese Perspektive im Aphorismus 343 der *Fröhlichen Wissenschaft* unter dem Titel »Was es mit unserer Heiterkeit auf sich hat«. (Der Aphorismus leitet das letzte Buch der *Fröhlichen Wissenschaft* ein, das überschrieben ist mit »Wir Furchtlosen«.) Es geht darin um die »nächsten F o l g e n dieses Ereignisses [gemeint ist der »Tod Gottes«] — und diese nächsten Folgen, seine Folgen für uns sind, umgekehrt als man vielleicht erwarten könnte, durchaus nicht traurig und verdüsternd, vielmehr wie eine neue schwer zu beschreibende Art von Licht, Glück, Erleichterung, Erheiterung, Ermuthigung, Morgenröte ... In der Tat, wir Philosophen und ›freien Geister‹ fühlen uns bei der Nachricht, dass der ›alte Gott todt‹ ist, wie von einer neuen Morgenröthe angestrahlt; unser Herz strömt dabei über von Dankbarkeit, Erstaunen, Ahnung, Erwartung, – endlich erscheint uns der Horizont wieder frei, gesetzt selbst, dass er nicht hell ist, endlich dürfen unsre Schiffe wieder auslaufen, auf jede Gefahr hin auslaufen, jedes Wagnis des Erkennenden ist wieder erlaubt, das Meer, unser Meer liegt wieder offen da, vielleicht gab es noch niemals ein so ›offnes Meer‹« (KGW V/2, 256).

Der tolle Mensch sprach von Sinnverlust, Orientierungslosigkeit, Angst, Kälte und Dunkelheit, die der »Tod Gottes« nach sich zieht. Der freie Geist kann demselben Ereignis ganz andere Seiten abgewinnen: freudige Erwartung, Erleichterung, Befreiung, Abenteuerlust, ja sogar Glück. Ganz klar: Für den freien Geist ist die Krise des Nihilismus eine Chance.

Der Mensch als Versuchstier

»Krise ist ein produktiver Zustand. Man muss ihr nur den Beigeschmack der Katastrophe nehmen«, so lautet ein Zitat von Max Frisch. Dieser Satz beschreibt sehr treffend den Unterschied zwischen der Perspektive des tollen Menschen und derjenigen des freien Geistes: Was der tolle Mensch als Katastrophe erlebt, ist für den freien Geist ein produktiver Zustand. Mit Nietzsche muss man allerdings betonen, dass das Erkennen und Erleben der Krise als Katastrophe unausweichlich ist, wenn es einen produktiven, kreativen Neuanfang geben soll. Das Tollsein und das Freisein, so könnte man sagen, sind zwei aufeinander folgende Entwicklungsphasen in der Auseinandersetzung mit dem Verlust bisheriger Werte und Orientierungen.

Was charakterisiert nun den freien Geist? Seine vornehmliche Tugend ist die Wahrhaftigkeit und mithin eine gewisse Härte gegen sich, wie Nietzsche es nennt. Der freie Geist hat es gewagt, den »Tod Gottes« bis in seine letzte schreckliche Konsequenz zu denken und vom vollkommenen Nihilismus zu kosten. Er hat dem großen Nichts ins Angesicht geblickt und ist nicht davor geflohen. Mut ist also eine weitere, bereits angesprochene Eigenschaft des freien Geistes. Aber der freie Geist hält das große Nichts, das große Nein des Nihilismus nicht nur aus, sondern vermag auch, ihm ein großes Ja entgegenzubringen. Ja zur Krise, Ja zum Umbruch, Ja zu der übermenschlichen Herausforderung, selbst eine Art »Gott« zu werden. Aufgrund dieses Jasagens ist der freie Geist hoffnungsvoll gestimmt. Er kann dem großen Ungewissen mit Heiterkeit und froher Erwartung begegnen. Weil er sich wahrhaftig und in aller Konsequenz mit dem Verlust der »Ideale« auseinandergesetzt hat, konnte dieser Verlust, der zunächst Verzweiflung und Orientierungslosigkeit auslöste, für den »freien Geist« seinen Schrecken verlieren. Der freie Geist ist also ein Optimist, ein großer Jasager. Aber, und das ist entscheidend, er ist dieser Jasager erst geworden, nachdem er das Neinsagen bis zum Äußersten getrieben hat. Der freie Geist hat sich vom Traditionellen, Konventionellen und Üblichen distanziert. Das hat ihn nicht nur befreit, sondern auch von der Masse seiner Mitmenschen entfernt. Die (durchaus positiv verstandene) Einsamkeit ist daher ein weiteres Charakteristikum des freien Geistes. Einsam ist er aber nicht nur, weil die meisten Menschen (noch) nicht den Schritt zum Freigeistertum gewagt haben, sondern auch, weil die Verlassenheit bzw. die Rückgeworfenheit des Einzelnen auf sich eine unausweichliche Folge des

»Todes Gottes« ist. Denn dieses Ereignis, diese Krise aller Krisen fordert eigentlich nicht eine abstrakte »Menschheit«, sondern sie fordert den Einzelnen aufs Extremste heraus.

Der freie Geist ist nicht mehr eingebettet und sicher aufgehoben in Konventionen, Traditionen und Üblichkeiten, in religiösen und kulturellen Bindungen. In seinen Entscheidungen kann er sich weder auf ein göttliches Gesetz noch auf das große unpersönliche »Man« berufen. Er kann sein Handeln nicht damit begründen, dass alle anderen ja dasselbe tun. Der freie Geist kann nicht mehr einfach so leben wie alle anderen. Er ist, wenn man so will, aus der Gemeinschaft der unfreien Geister herausgefallen. Und nun muss er sein Leben führen, er muss werten, entscheiden und handeln und ist dabei auf sich allein gestellt. Der freie Geist muss, wie Nietzsche es umschreibt, der »Dichter« seines eigenen Lebens sein. Man unterschätze diese Aufgabe nicht, indem man einseitig den Aspekt der Lösung von den bisherigen Werten und Normen in den Blick nimmt. Zwar schreibt Nietzsche über die neue Unabhängigkeit: »Nichts ist wahr! Alles ist erlaubt!«(KGW VII/3, 119). Aber das kann für ihn doch nur eine vorläufige Ausgangsposition sein. Tatsächlich stellt die Loslösung von den bisherigen Bindungen den freien Geist vor neue Aufgaben, zu der in Nietzsches Augen nur wenige Menschen in der Lage sind. Die Existenz als freier Geist erfordert nicht nur Furchtlosigkeit und Wahrhaftigkeit, sondern auch eine ausgeprägte Eigenständigkeit und die Fähigkeit, jenseits des Gewohnten und Gewöhnlichen zu werten, zu entscheiden und zu agieren. »Wollt ihr hoch hinaus, so braucht die eignen Beine!«, sagt daher Nietzsches Zarathustra (KGW VI/1, 357). Der freie Geist braucht weiterhin »Urtheilskraft«, um »gerecht sein zu können. Es genügt durchaus nicht, den Willen allein dazu zu haben: und die schrecklichsten Leiden sind gerade aus dem Gerechtigkeitstriebe ohne Urtheilskraft über die Menschen gekommen; […]. Aber wo fände sich ein Mittel, Urtheilskraft zu pflanzen!« (KGW III/1, 283). Die Fähigkeit, gerecht zu urteilen, traut Nietzsche nur den wenigsten zu.

Freie Geister gestalten ihr Dasein nicht, indem sie sich am Traditionellen oder Durchschnittlichen orientieren, sondern sie leben gewissermaßen experimentell: »Wir selber wollen unsere

Experimente und Versuchs-Thiere sein« (KGW V/2, 231). Sein eigenes Experiment zu sein, das bedeutet unter anderem, in seinen Stellungnahmen und Wertsetzungen für Korrekturen und Umwertungen offen zu bleiben. Als geeignete »Versuchsthiere« erweisen sich daher diejenigen, »welche keine extremen Glaubenssätze nöthig haben, die, welche einen guten Theil Zufall, Unsinn nicht nur zugestehen, sondern lieben« (KGW VIII/1, 221). Sein eigenes Experiment zu sein bedeutet außerdem, sich als kreativen Autor, als Dichter seiner einmaligen, individuellen Existenz zu begreifen, ohne jedoch im Voraus zu wissen, welche unerwarteten Wendungen das Schicksal für einen bereit hält. »Es giebt in der Welt einen einzigen Weg, auf welchem niemand gehen kann, ausser dir: wohin er führt? Frage nicht, gehe ihn!« (KGW III/1, 336).

Nietzsche betrachtet und untersucht den Nihilismus in erster Linie als ein historisches Ereignis und als eine kollektive Erfahrung der Menschen nach dem »Tode Gottes«. Sich selbst betrachtet er als einen Vorboten dieser unausweichlichen Krise: »Ich beschreibe, was kommt: Die Heraufkunft des Nihilismus. [...] Ich lobe, ich tadle hier nicht, daß er kommt: ich glaube, es giebt eine der größten Krisen, einen Augenblick der allertiefsten Selbstbesinnung des Menschen: ob der Mensch sich davon erholt, ob er Herr wird über diese Krise, das ist eine Frage seiner Kraft: es ist möglich ...« (KGW VIII/2, 289). Der Verlust von Sinnkonzeptionen und das Bröckeln von bisher unhinterfragten Orientierungen und Werten kann aber auch als eine ganz persönliche Erfahrung und als eine Phase in der individuellen Lebensgeschichte des Einzelnen betrachtet werden. Manchmal sind es schicksalshafte Erfahrungen, wie der Verlust eines geliebten Menschen, die jemanden aus dem Leben im Gewohnten und Gewöhnlichen heraus katapultieren, manchmal geschieht dies in dafür »typischen« Lebensphasen, wie nach dem Auszug der erwachsen gewordenen Kinder aus dem Elternhaus, und manchmal gerät das gewohnte Leben (scheinbar) einfach so aus den Fugen und wird mit einem Mal fragwürdig und bekommt den Geschmack der Sinnlosigkeit. Was auch immer der Auslöser für das Gefühl des Sinnverlustes sein mag, in jedem Fall bedeutet es für den Betroffenen eine ernste Lebenskrise. Plötzlich wird die Frage nach dem letzten »Wozu?« so virulent, dass sie nicht mehr hinter der alltäglichen Routine verschwinden will. Dasjenige, was man bisher ganz fraglos für wertvoll, handlungsleitend und sinnvoll hielt – Arbeit, Geld oder das Familienleben – wird zweifelhaft. Das eigene Dasein gerät auf den Prüfstein. Eine solche Krise, die mit Recht als *Sinnkrise* bezeichnet wird, ist charakterisiert durch Gefühle der Orientierungslosigkeit und der Verlorenheit, durch die Unfähigkeit, mit dem Leben so weiterzumachen wie bisher, und durch die tiefe Einsamkeit inmitten von Menschen, die in Gewohnheiten und Üblichkeiten eingebunden und aufgehoben sind. Auch für die vom so genannten Burnout-Syndrom betroffenen Menschen spielt das Thema Sinnverlust eine herausragende Rolle. Denn, um es mit Wilhelm Schmid zu sagen: »Sinn verleiht Kräfte, Sinnlosigkeit entzieht sie« (US 63). Das Fehlen von Sinn führt somit in die seelische (und körperliche) Erschöpfung, weil wir aus sinnlosem Tun keine Energie schöpfen können. Auch Nietzsche hatte den Zusammenhang zwischen Sinnhaftigkeit und Lebensenergie deutlich vor Augen, als er schrieb: »Hat man sein warum? des Lebens, so verträgt man sich mit fast jedem wie?« (KGW VI/3, 54f.).

Der Mensch in der Krise mag sich zuweilen fühlen wie Nietzsches toller Mensch, wenn er versucht, seinen Mitmenschen klarzumachen, was er durchleidet. »Aber das Leben ist doch schön«, werden die Leute ihm entgegenhalten. »Du musst positiv denken! Sieh doch, was du alles erreicht hast, sieh deine Kinder an, sieh, wie gut es dir geht und wie viele Dinge es gibt, die dein Leben lebenswert macht. Es könnte dir so viel schlechter gehen.« Häufig werden unglückliche Menschen regelrecht dazu gedrängt, ihre »schlechte Laune« schnellstmöglich zu überwinden. Beschwichtigungen bis hin zur Verabreichung von beruhigenden Psychopharmaka sollen die Gefühle der Sinnlosigkeit beseitigen. Doch der Mensch in der Krise ahnt, dass er einer schmerzhaften Wahrheit auf der Spur ist, die sich nicht ohne Weiteres ignorieren lässt. Die üblichen Ablenkungen und Beruhigungen haben ihre Wirkung verloren, die alten Bindungen erscheinen nicht mehr als unzweifelhaft. An diesem Punkt setzt das an, was ich Nietzsches »philosophische

Radikalkur« genannt habe. Jetzt gilt es im Sinne Nietzsches, der Krise nicht auszuweichen, sondern ihr ins Gesicht zu sehen, sie anzunehmen, sie auszuhalten und ihre reinigende Wirkung zuzulassen. Das Gefühl der Sinnlosigkeit soll nicht geleugnet oder überdeckt, sondern durchlebt, ja fast könnte man schon sagen ausgekostet werden. Kein Zweifel, dass es hier nicht nur um eine Heraus-, sondern um eine Überforderung geht, aber Nietzsche ist dennoch der Meinung, dass auf dem Weg zum Freigeistertum Flucht und Beruhigung keine Optionen sind. Die große Kunst besteht allerdings darin, sich nicht im vollkommenen Nihilismus zu verlieren, denn dies würde unweigerlich in die Lähmung der Depression führen. Nietzsche schreibt daher über das Ideal des freien (also von den bisherigen Bindungen losgelösten) Geistes: »Schlimmes und Schmerzliches gehört zur Geschichte der großen Loslösung. Sie ist eine Krankheit zugleich, die den Menschen zerstören kann, dieser erste Ausbruch von Kraft und Willen zur Selbstbestimmung, Selbst-Wertsetzung, dieser Wille zum freien Willen« (KGW IV/2, 10f.). Um aus diesem labilen Stadium zu einer reifen, selbstbewussten und gefestigten Freiheit des Geistes zu gelangen, bedarf es laut Nietzsche eines »Willen[s] zur Gesundheit« (KGW IV/2, 12). Wenn dieser vorhanden ist, kann die Genesung voranschreiten, und es findet eine wunderbare Veränderung des losgelösten Geistes statt: »Es wird wieder wärmer um ihn, gelber gleichsam; Gefühl und Mitgefühl bekommen Tiefe, Thauwinde aller Art gehen über ihn weg. Fast ist ihm zu Mute, als ob ihm jetzt erst die Augen für das Nahe aufgingen. Er ist verwundert und sitzt stille: wo war er doch? Diese nahen und nächsten Dinge: wie scheinen sie ihm verwandelt! welchen Flaum und Zauber haben sie inzwischen bekommen!« (KGW IV/2 13). Wenn die Sinnlosigkeit, wenn der Nihilismus in aller Radikalität zu Ende gedacht und erlitten worden ist, dann, so können wir Nietzsche deuten, gewinnt das Leben für den befreiten, genesenden Geist an Intensität und Wärme. Auf die Schmerzen der Loslösung folgt die Lust an einem Leben, das wie neu ist.

Was hat Nietzsche den sinnsuchenden, von der seelischen Erschöpfung bedrohten Menschen des 21. Jahrhunderts zu sagen?

Seht der Krise des Nihilismus ins Gesicht und leugnet sie nicht! Akzeptiert die Daseinsbedingungen, so wie sie sind! Lasst euch nicht »beärzteln«, sondern nehmt euer Leiden in die eigene Hand! Werdet härter und mutiger, damit die Genesung einsetzen kann! Tretet in Distanz zu den alten Bindungen, die doch nur *scheinbar* notwendig und unbezweifelbar sind! Wenn ihr Bindungen, Verpflichtungen und Beziehungen beibehaltet oder neue aufnehmt, dann weil ihr sie *gewählt* habt und ihnen zustimmt, nicht, weil man das eben so macht. Auf diese Weise eignet ihr euch eure Existenz an und gestaltet – als Dichter eures eigenen Lebens – euer Dasein. Richtet euer Leben nicht nach den Maßgaben der Normalität ein, und geht nicht die ausgetretenen Wege, sondern gebraucht eure eigenen Beine! Experimentiert und lasst euch versuchen! Lernt, euer Schicksal nicht bloß zu ertragen, sondern zu lieben! Bleibt offen für das Unerwartete! Und übt euch im Jasagen zur Welt!

Das Bröckeln von vermeintlichen Sicherheiten und die Loslösung von bisherigen Orientierungen und Sinnstiftern geht nicht ohne Schmerzen vonstatten, wie Nietzsche weiß. Aber »ernstlich geredet: es ist eine gründliche Kur gegen allen Pessimismus [...] auf die Art der freien Geister krank zu werden, eine gute Weile krank zu bleiben und dann, noch länger, noch länger, gesund, ich meine ›gesünder‹ zu werden« (KGW IV/2 13).

1844 Friedrich Wilhelm Nietzsche wird im Dorf Röcken bei Leipzig als Sohn eines evangelischen Pfarrers und einer Pfarrerstochter geboren.

1848 Märzrevolution in Deutschland.

1864–68 Nietzsche studiert Theologie und klassische Philologie in Bonn und Leipzig.

1869 Der 24-jährige Nietzsche wird zum Professor für griechische Sprache und Literatur an die Universität Basel berufen.

1871 Gründung des Deutschen Kaiserreiches. Wilhelm I. wird deutscher Kaiser.

1879 Nietzsche legt aus gesundheitlichen Gründen die Professur nieder und beginnt ein Wanderleben. In den folgenden zehn Jahren entstehen seine einflussreichsten Schriften, u.a. *Die Fröhliche Wissenschaft* und *Also sprach Zarathustra. Ein Buch für Alle und Keinen.*

1889 Mit einem Zusammenbruch in Turin beginnt der geistige Verfall Nietzsches.

1900 Nietzsche stirbt. Er wird in Röcken beigesetzt.

Sinnfragen

▷ **48%** *der Deutschen sind der Meinung man sollte das Leben einfach genießen.*

▷ **31%** *der Deutschen meinen, man sollte das Leben als Aufgabe betrachten.*

▷ **26%** *der Deutschen unterhalten sich öfter über Sinnfragen des Lebens.*

▷ **68%** *der Deutschen unterhalten sich öfter über Preise und Preisentwicklungen.*

▷ *Die Anzahl der Krankschreibungen aufgrund eines Burnout ist seit 2004 um* **700%** *gestiegen.*

▷ **80%** *der Deutschen empfinden große Lebensfreude bei Freizeitbeschäftigungen.*

▷ **30%** *der Deutschen empfinden große Lebensfreude im Beruf.*

▷ **1,9%** *der Deutschen finden es sehr wichtig, an Althergebrachtem festzuhalten.*

▷ **71%** *der Deutschen finden es sehr wichtig, gute Freunde zu haben.*

Quellen: Statista, Statistisches Bundesamt; BundesPsychotherapeuten-Kammer

Zum Nachlesen

Lou Andreas-Salomé, *Friedrich Nietzsche in seinen Werken*, Wien 1894.

Ulrike Bartholomäus, *Eine Generation brennt aus*, in: Focus Magazin 37/2011, abrufbar unter: http://m.focus.de/ gesundheit/gesund leben/stress/symptome/tid-23806/ medizin-eine-generation-brennt-aus_aid_664784.html (letzter Abruf 18.07.2013; GB).

Richard Dawkins, *Das egoistische Gen*, Heidelberg/Berlin/ Oxford 1996 (EG).

Helen Heinemann, *Warum Burnout nicht vom Job kommt. Die wahren Ursachen der Volkskrankheit Nr. 1*, München 2012.

Martin Heidegger, *Nietzsche II*, in: Ders.: Gesamtausgabe. I. Abteilung: Veröffentlichte Schriften 1910–1976, herausgegeben von Brigitte Schillbach, Bd. 6.2, Frankfurt am Main 1997 (N).

Friedrich Nietzsche, *Werke. Kritische Gesamtausgabe*, herausgegeben von Giorgio Colli und Mazzino Montinari, Berlin/New York 1967ff. (KGW).

Wilhelm Schmid, *Unglücklich sein: Eine Ermutigung*, Berlin 2012 (US).

Zum Weiterlesen

Raimund Allebrand, *Die Burnout-Lüge: Ganz normaler Wahnsinn. Wie man mit Coolness sein Leben ruiniert*, Bergisch Gladbach 2012.

Beatrix Himmelmann, *Nietzsche*, Leipzig 2006.

Fridolin Schley, *Die Diktatur der Möglichkeiten*, in: Hohe Luft 4/2013, S. 38–45.

Wilhelm Schmid, *Schönes Leben? Einführung in die Lebenskunst*, Frankfurt am Main 2005.

Irvin D. Yalom, *Und Nietzsche weinte*, München 2004.

JEAN-PAUL SARTRE
und die Freuden des Nichts

Zwölf Streifenwagen eilten am Abend des 6. August 2011 nach Beeckerwerth, einem Stadtteil von Duisburg, wo sich laut Polizei etwa 50 Personen aggressiv gegenüber standen. Drei junge Männer hatten dort eine Schlägerei begonnen, die durch die Einmischung der jeweiligen Familienangehörigen zu eskalieren drohte und in deren Verlauf es sogar zu Schüssen aus einer Gaspistole kam. Auslöser der gewalttätigen Auseinandersetzung soll ein Satz gewesen sein, der hierzulande zum Synonym für eine aggressive, gewaltbereite Grundhaltung (und zum Titel eines Comedyprogramms) geworden ist: »Was guckst du?!«.

Ein schlichtes Gucken kann also zum Anlass einer Massenprügelei werden. Offenbar haftet dem Gucken etwas derart Provokatives und Bedrohliches an, dass es manch einen ungezügelten Zeitgenossen in rasende Wut versetzen kann. Der Komiker Kaya Yanar treibt dieses Phänomen in einem kurzen Sketch auf die Spitze der Absurdität: Ein Mann blafft darin sein für den Zuschauer unsichtbares Gegenüber mit den Worten an: »Was guckst du?! Machst du Stress, oder was?!«. Daraufhin betritt eine Frau die Szene und fragt den Pöbelnden enerviert: »Kannst du dich nicht einmal rasieren, ohne Ärger zu machen?« Der so Ermahnte kann sich eine letzte Warnung in Richtung seines Spiegelbildes nicht verkneifen: »Guck misch net so an!«.

Man kann sich leicht vorstellen, dass Sartre diesen Sketch, hätte er ihn denn kennen können, zur Erläuterung seiner philosophischen Thesen in sein Hauptwerk Das Sein und das Nichts *aufgenommen hätte. Denn zum einen hatte der Existenzialist viel übrig für anschauliche, lebensnahe Beispiele und zum anderen war er fasziniert von der Bedrohung, die von den Blicken der Anderen ausgeht, von unserer Angst, in den Augen der Anderen schlecht dazustehen, von der Scham, mit der wir uns bisweilen in der Gegenwart anderer Menschen bewegen, und von den Qualen, die uns die Anderen durch ihre unkontrollierbaren Gedanken über uns bereiten können. Diesen Phänomenen wollte Sartre auf den Grund gehen, um ihren tiefsten Sinn aufzudecken. Er kam zu dem Ergebnis: Unter gewissen Bedingungen sind die Anderen für uns die Hölle. Und dass Menschen bereit sind, Gewalt anzuwenden (oder sich vor dem Spiegel zum Affen zu machen), um der Hölle zu entgehen, ist ja nun in der Tat nachvollziehbar.*

Als Jean-Paul Sartre am 19. April 1980 in seiner Heimatstadt Paris beerdigt wurde, folgten mehr als fünfzigtausend Menschen dem Sarg in einem Trauerzug. Dieser beeindruckende Abschied entsprach der Berühmtheit des Philosophen zu Lebzeiten. Tatsächlich glich Sartres Ruhm zeitweise eher dem eines Popstars als dem eines professionellen Denkers. Es wird sogar berichtet, bei Vorträgen des Existenzialisten sei es bisweilen zu Ohnmachtsanfällen unter den anwesenden Damen gekommen. Von derartigen Reaktionen können zeitgenössische Philosophen wohl nur träumen. Aber Sartre erntete für sein Auftreten und Tun beileibe nicht nur Zustimmung. Das ist kaum verwunderlich, denn er war ein streitbarer Zeitgenosse, der sich gerne in öffentliche Diskussionen einmischte und mit politischen Aktionen, wie dem Besuch bei Andreas Baader in Stammheim 1974, heftige Kritik provozierte. Sartre nahm die negativen Reaktionen auf sein öffentliches Auftreten zur Kenntnis, änderte aber bis zu seinem Lebensende nicht seine Überzeugung, dass Einmischung und politisches Engagement zu den unabdingbaren Aufgaben eines Intellektuellen gehören. Auch eine Trennung zwischen Privatem und Beruflichem lief seiner Vorstellung vom Leben eines Philosophen zuwider. In einem Brief an Simone de

Beauvoir erklärte er, er versuche »weder, mein Leben nachträglich durch meine Philosophie zu schützen, was eine Schweinerei ist, noch mein Leben meiner Philosophie anzupassen, was pedantisch ist, sondern Leben und Philosophie sind wirklich eins« (B 41).

Neben dem »Popstar« Sartre, dem Frauentypen Sartre und dem politischen Aktivisten Sartre gab es aber auch noch Sartre, den Autor, der ein mehrere tausend Seiten umfassendes Werk hinterlassen hat. Von den vielen literarischen, dramatischen, biographischen und philosophischen Schriften Sartres hat hierzulande ein dünnes Büchlein anhaltende Popularität erlangt – nicht zuletzt weil seine Lektüre nach wie vor üblich ist in Französisch-Kursen, die sich auf das Abitur vorbereiten: *Geschlossene Gesellschaft*.

Trio infernal

Drei Fremde sind gemeinsam eingeschlossen in einem Salon im Stil des Second Empire. Auf dem Kaminsims steht eine Bronzestatue. Die Raumausstattung ist nur eine der Absurditäten, mit denen sich die Eingeschlossenen in ihrem neuen »Zuhause« konfrontiert sehen, denn wir haben es hier mit der denkbar schlimmsten Situation zu tun: Die drei Fremden müssen feststellen, dass sie gestorben und in der Hölle gelandet sind. Und was, zum Teufel, fängt man in der Hölle mit Second-Empire-Fauteuils und einer Bronzestatue an? Und worin, so fragen sich die Eingeschlossenen irritiert, besteht denn nun eigentlich die Strafe, die sie als Verdammte in der Hölle zu erleiden haben? Wo sind die Folterknechte, die Marterpfähle, die Bratroste? Warum gibt es kein Höllenfeuer – auch wenn es im Salon bemerkenswert heiß und stickig ist? Die ganze Szenerie wirkt wie ein schlechter Witz und nicht wie die ewige Verdammnis. Fast bekommen die Bewohner des Höllenzimmers den Eindruck, das Schlimmste bliebe ihnen erspart oder es liege irgendein Irrtum vor. Doch bei dem Versuch, sich miteinander zu arrangieren, wird ihnen schließlich klar, dass sie ihre konventionellen Vorstellungen über jenseitige Qualen revidieren müssen: »Also das ist die Hölle. Ich hätte es nie geglaubt ... Wißt ihr noch: Schwefel, Scheiterhaufen, Rost ... Was für Albernheiten. Ein Rost ist gar nicht nötig, die Hölle, das sind die anderen« (GG 59).

Die anderen sind die Hölle

»Die Hölle, das sind die anderen« gehört zu den bekanntesten Sätzen Jean-Paul Sartres, der Ikone des französischen Existenzialismus. Sartre hatte ein gewisses Faible für plakative Aussagen: »Der Mensch ist nichts anderes als das, wozu er sich macht«; »Wir sind allein, ohne Entschuldigungen«; »Der Mensch ist dazu verurteilt, frei zu sein«. Diese Sätze lassen sich leicht memorieren und vermitteln zudem so etwas wie die Aura des Existenzialismus, aber sind sie auch ohne Weiteres zu verstehen? Tatsächlich haben Sartres Versuche, die Grundaussagen seiner Philosophie in prägnanten Sentenzen zu fassen, eine Reihe von Missverständnissen und Vorurteilen gegenüber dem Existenzialismus eher noch provoziert als beseitigt. Zu diesen Missverständnissen gehört der Vorwurf, es handele sich beim Denken Sartres um eine pessimistische, desperate, ja menschenfeindliche Philosophie, die uns jegliche Hoffnung nehme, alle Werte und Sicherheiten beseitige und uns dann in unserer Verzweiflung im Stich lasse, da sie selbst keine Orientierungshilfen und keine Handlungsanleitungen zu bieten habe. Und das würde ja mit Blick auf das Thema dieses Buches bedeuten: Der Existenzialismus evoziert allererst Angst, Verzweiflung und Ratlosigkeit, d.h. er *verursacht* Leiden, aber er kann es nicht lindern oder beseitigen. Sartre war demgegenüber der festen Überzeugung, dass die existenzialistische Philosophie menschenfreundlich und optimistisch sei. Allerdings haben wir es hier mit einem *harten* Optimismus zu tun, der dem Menschen durchaus einiges an Mut und Stärke abverlangt. Im Folgenden soll gezeigt werden, dass Sartre nicht nur den tiefsten Sinn unserer existenziellen Ängste und Leiden aufspürt, sondern uns in der Tat auch eine Art von »Heilmittel« für das von ihm diagnostizierte Übel an die Hand gibt.

Aber kehren wir zunächst zurück zu dem Höllenszenario, das Sartre in seinem Drama *Geschlossene Gesellschaft* entwirft: Was will er uns denn nun mit diesem berühmten Satz sagen, »Die Hölle, das sind die anderen«? Um das zu verstehen, muss man sich die Personenkonstellation genauer ansehen, die Sartre in dem Stück äußerst geschickt arrangiert hat. Wie gesagt sind es drei Personen, die sich als völlig Fremde und zukünftige Mitbewohner für die Ewigkeit in dem Höllenzimmer begegnen. Als Ersten lernen wir Garcin kennen, einen Journalisten, der in Südamerika eine pazifistische Zeitung geleitet hat und in sich selbst stets so etwas wie einen Helden gesehen hat. Als es jedoch zum Krieg kam, beging er Fahnenflucht und starb zu allem Überfluss eines in seinen eigenen Augen unmännlichen, unehrenvollen Todes: »Und wie bist du gestorben, Garcin?« – »Nicht gut. [...] Oh! Es war ein bloßer Schwächeanfall« (GG 51). In der Hölle ist er übrigens aus einem ganz anderen Grund, der ihn aber kaum zu interessieren scheint: Er hat seine Ehefrau hemmungslos betrogen, gedemütigt und psychisch gequält. Als Nächste betritt Inès das Höllenzimmer. Sie ist von einer bemerkenswerten Abgeklärtheit und betrachtet die Situation mit ironischer Distanz. Wir erfahren, dass sie ihre Geliebte durch permanenten Psychoterror dazu gebracht hat, sich selbst und Inès umzubringen. Estelle schließlich macht das infernalische Trio komplett. Wir lernen sie als eitle, oberflächliche und affektierte Frau aus der gehobenen Gesellschaft kennen. Für sie ist die Tatsache, dass es im Höllensalon keine Spiegel gibt, dass die Bewohner sich vielmehr nur im Blick des Anderen spiegeln können, wohl am schwersten zu ertragen. Estelle hat ihren alternden Ehemann mit einem Jüngeren betrogen und das Kind, das aus dieser Affäre hervorging, getötet – woraufhin der Geliebte Selbstmord beging.

Nachdem sich die Verwunderung über das unerwartete Zusammentreffen etwas gelegt hat, ist Inès die Erste, die die Situation zu durchschauen beginnt. Zunächst einmal macht sie den beiden anderen klar, dass hier kein Irrtum, keine fälschliche Verurteilung vorliegt: »Wir sind in der Hölle [...], es kommt nie ein Versehen vor, und die Leute werden niemals für nichts verdammt« (GG 27). Dann stellt sie fest, dass es tatsächlich nicht an Folterknechten mangelt, wie die neuen Höllenbewohner zunächst angenommen hatten: »Der Folterknecht ist jeder von uns für die beiden andren«

(GG 28). Verunsichert durch diese Einschätzung versucht Garcin mögliche Konflikte durch eine höfliche Distanz zu vermeiden: »Ich werde nicht Ihr Folterknecht sein. Ich will Ihnen nichts Böses, und ich habe nichts mit Ihnen zu schaffen. Nichts. Das ist ganz einfach. Also: jeder in seiner Ecke [...]. Und Schweigen. Kein Wort: Das ist nicht schwer, nicht wahr?« (GG 28). Es zeigt sich aber nur zu bald, dass Inès Recht behält, und das Foltern beginnt.

Was macht nun die Gefangenen zu ihren gegenseitigen Folterknechten? Nehmen wir z. B. Garcin: Er hat sich zu Lebzeiten als einen heldenhaften Mann betrachtet, aber als es darauf ankam, seinen Heldenmut unter Beweis zu stellen, ergriff er die Flucht, und er zweifelt an seinen Beweggründen für dieses Handeln. War es schlicht Angst, die ihn fliehen ließ, oder war es eine vernünftige Entscheidung, wie er gerne glauben möchte? Sein Tod nahm ihm schließlich jede Möglichkeit, seinen Mut in einer anderen Tat zu beweisen. Nun quält ihn das Urteil der Lebenden: »Garcin ist ein Feigling! Das ist es, was sie beschlossen haben, sie, meine Kollegen. In zehn Monaten werden sie sagen: Feige wie Garcin« (GG 51). Aber er glaubt einen Ausweg aus seinen Qualen zu erkennen: »Wenn es eine Seele gäbe, eine einzige, die mit allen ihren Kräften versichert, daß ich nicht geflohen bin, daß ich nicht geflohen sein kann, daß ich Mut habe, daß ich anständig bin, ich … ich bin sicher, dann wäre ich gerettet!« (GG 52). Eine der beiden Miteingeschlossenen muss also dazu gebracht werden, ihn als einen mutigen Mann anzuerkennen, denn dann, so glaubt Garcin, könnte er sich mit sich selbst aussöhnen. Aber hier liegt das Problem, denn Inès macht sich geradezu einen Spaß daraus, Garcin als einen Feigling zu betrachten (»Du bist ein Feigling, Garcin, ein Feigling, weil ich es so will« (GG 57)), und Estelle ist so mit ihren eigenen Identitätsproblemen beschäftigt, dass es ihr schlicht gleichgültig ist, aus welchen Gründen ihr Zimmergenosse gehandelt hat (»Ob Feigling oder nicht, Hauptsache er küßt gut« (GG 51)). Und so kämpft Garcin verzweifelt und aussichtslos um die Anerkennung durch eine der beiden Frauen und gibt diesen damit die Werkzeuge für seine eigene Marter an die Hand.

Estelles Höllenqualen gestalten sich ganz ähnlich. In moralischer Hinsicht betrachtet sie sich selbst als »ein Miststück« (GG 44),

aber was ihrem Leben in ihren Augen dennoch Sinn und Wert ver-
liehen hat, waren ihre Schönheit und ihr Erfolg bei Männern. Als
erotisches *Objekt*, so glaubt sie, ist sie zudem von den Lasten der
Subjektivität befreit. Ein Objekt ist weder frei noch verantwortlich,
wer wollte also einem begehrenswerten Frau-Objekt irgendwelche
moralischen Vorhaltungen machen? In den begehrlichen Blicken
der Männer, die Estelle bewundern, scheint sich ihre Schuld aufzulösen. Ihr letzter Verehrer, »ein junger Depp«, betrachtete sie gar
als »sein Quellwasser« (GG 43). Schön und verführerisch zu sein
ist für Estelle daher zum Lebensinhalt geworden, aber dazu bedarf
es eben der Anerkennung durch einen Mann. In Ermangelung einer Alternative ist im Höllenzimmer Garcin derjenige, um dessen
Aufmerksamkeit Estelle sich bemüht. Sie lechzt geradezu danach,
dass Garcin sie in ihrer Weiblichkeit bestätigt, aber dieser hat, wie
wir gesehen haben, ganz andere Probleme. Dass die lesbische Inès
sich nur zu gerne Estelles Weiblichkeit widmen und ihrer Eitelkeit
schmeicheln würde, ist für diese kein adäquater Ersatz: »Aber sie
zählt doch nicht: Sie ist eine Frau« (GG 46). Garcin macht zwar
nach einer Weile Anstalten, sich auf Estelles Avancen einzulassen,
in der Hoffnung, sie werde ihn im Gegenzug von seinen Selbst-
zweifeln befreien, aber Inès zerstört voller Schadenfreude das
fragile und verlogene Arrangement zwischen ihren Mitbewohnern:
»Aber ja, aber ja! Vertrau ihr doch! Sie braucht einen Mann, das
kannst du glauben, einen Männerarm um ihre Taille, einen Män-
nergeruch, eine Männerbegierde in Männeraugen. Alles andre …
Ha! Sie würde dir sagen, daß du Gott Vater bist, wenn dir das Spaß
macht« (GG 53).

Gerade als sich die Auseinandersetzungen zwischen den drei
Höllenmitbewohner/innen auf einem dramatischen Höhepunkt
befinden, geschieht etwas äußerst Merkwürdiges: Die Tür des Sa-
lons öffnet sich – und niemand will gehen. Inès zeigt sich amüsiert:
»Also? Wer? Wer von uns dreien? Der Weg ist frei, wer hält uns
zurück? Ha! Das ist ja zum Totlachen! Wir sind unzertrennlich«
(GG 55). Aber Garcin ist es äußerst ernst: »Ich konnte dich nicht
hierlassen, triumphierend, mit all diesen Gedanken im Kopf; all
diesen Gedanken, die mich betreffen« (GG 56) –»Also, machen
wir weiter!« (GG 59).

Das Verlangen nach Sein als Wurzel des Übels

In einem Vorwort zu *Geschlossene Gesellschaft* aus dem Jahr 1965 will Sartre ein Missverständnis über das Drama aus dem Weg räumen. Man habe, so moniert er, das Stück so interpretiert, als stelle es die menschlichen Beziehungen *im Allgemeinen* als eine Art von Hölle dar, aber tatsächlich wolle es uns sagen, dass die Beziehungen zwischen Menschen die Hölle sein *können* – wenn sie durch bestimmte Erwartungen und Vorstellungen, die wir über uns selbst und die Anderen haben, vergiftet sind. Die bloße Existenz anderer Menschen ist in Sartres Augen zwar ein »Skandal« – weil sich ihre Gedanken, Pläne, Urteile usw. prinzipiell unserer Kontrolle entziehen –, aber das heißt nicht, dass zwischenmenschliche Beziehungen aus existenzialistischer Sicht in jedem Fall misslingen oder dass es keine positiven, liebevollen, freundschaftlichen Kontakte zu anderen Menschen geben kann. Wenn daher die Zwischenmenschlichkeit infernalische Züge annimmt, muss irgendetwas schiefgelaufen sein. Aber was?

An der Wurzel einer höllischen Beziehung, wie sie beispielsweise zwischen Garcin und Estelle besteht, liegt ein Übel, dem Sartre in seinem Hauptwerk *Das Sein und das Nichts* auf den Grund geht und das man als Übel des Sein-Wollens bezeichnen könnte. Was ist nun aber verkehrt am Sein bzw. daran, etwas sein zu wollen? Um diese Frage zu beantworten, muss man sich ansehen, was Sartre über die Besonderheiten des menschlichen Daseins sagt. In seiner etwas kryptisch anmutenden Terminologie stellt der Existenzialist fest, dass das Für-sich sich »definieren läßt als das seiend, was es nicht ist, und als nicht das seiend, was es ist« (SN 42), wohingegen das An-sich dasjenige Sein ist, das ist, was es ist. Die Menschen setzten sich nun als Ziel ihres Suchens und Tuns »das Sein als synthetische Verschmelzung des An-sich mit dem Für-sich« (SN 1070), was im Grunde bedeutet, »den Menschen zu opfern, um die *causa sui* auftauchen zu lassen« (SN 1071). Aber die Idee eines *ens causa sui* ist widersprüchlich und die Menschen gehen umsonst zugrunde. Soweit Sartres Diagnose bezüglich der Problematik unserer Existenz in seinen eigenen Worten. Was will er uns sagen?

Mit dem Wort *An-sich* bezeichnet Sartre einfach gesagt das Sein der Dinge. Ein Tisch, ein Tintenfass oder ein Stein ist ein An-sich und als solches mit sich selbst identisch. »Von diesem Tisch kann ich sagen, daß er schlicht und einfach *dieser* Tisch ist« (SN 165). Dieser Tisch ist dieser Tisch. Eine Trivialität? Ganz und gar nicht, wenn man im Vergleich dazu das Sein des Für-sich, d.h. ein Sein mit Selbstbewusstsein betrachtet, so wie wir Menschen es sind. Denn »das Charakteristikum des Bewußtseins [...] ist es, daß es eine Seinsdekompression ist. In der Tat ist es unmöglich, es als Koinzidenz mit sich zu definieren« (SN 165). Von einem Wesen mit Selbstbewusstsein kann man also nicht sagen, das es schlicht und einfach es selbst ist. Das liegt daran, dass das Für-sich, wie der Name bereits sagt, einen *Bezug* zu sich selbst hat. Es beobachtet und beurteilt sich selbst, es stellt sich in Frage, ist mit sich zufrieden oder unzufrieden und fragt sich, auf welches Ziel hin es handeln soll. Es entwirft sich in die Zukunft, hadert mit seiner Vergangenheit, ist stolz auf seine Leistungen oder schämt sich für seine Misserfolge. Der Mensch ist kurz gesagt dazu verdammt, sein eigener Zeuge zu sein. Das impliziert aber eine »Seinsdekompression«, wie Sartre es nennt, d.h. eine Verminderung oder Auflockerung (allerdings keine völlige Auflösung) jener problemlosen Identität, wie wir sie beim An-sich feststellen. Ein Tisch ist ein Tisch – daran hat vor allem der Tisch selbst keinen Zweifel. Außer vielleicht im Märchen wird sich ein Tisch niemals fragen, ob er eigentlich ein guter Tisch, ob er »Tischs genug« ist oder ob er das Tisch-Sein zur Vollendung gebracht hat und was das überhaupt ist, ein Tisch. Er fragt sich auch nicht, was er hier eigentlich tut, welchen Sinn sein Dasein hat, ob das Tisch-Sein wirklich alles im Leben ist oder ob er nicht eine andere seiner vielen Möglichkeiten wahrnehmen sollte. Wir Menschen hingegen *können* gar nicht anders als uns diese Fragen zu stellen – sei es nun explizit oder unreflektiert. Wir stehen sozusagen permanent hinter uns selbst und sehen uns bei allem, was wir tun, selbst über die Schulter. Niemals können wir diese »verdoppelte« Existenz zur Einheit bringen, so sehr wir es auch versuchen mögen.

Die Qualen des Nichts

Das Für-sich ist, wie Sartre es formuliert, Anwesenheit bei sich, hat also eine Beziehung zu sich, und das »impliziert eine Ablösung des Seins von sich« (SN 169). »Das Identitätsprinzip ist die Negation jeder Art von Beziehung innerhalb des An-sich-seins. Die Anwesenheit bei sich setzt dagegen voraus, daß ein nicht spürbarer Riß in das Sein gekommen ist. Wenn es bei sich anwesend ist, so weil es nicht völlig sich ist. Die Anwesenheit ist eine unmittelbare Verminderung der Koinzidenz, denn sie setzt Trennung voraus. Wenn wir aber jetzt fragen: *was* trennt das Subjekt von ihm selbst, so müssen wir gestehen, daß es *nichts* ist« (SN 170). Da haben wir es also, das Nichts, von dem im Titel von Sartres philosophischer Hauptschrift die Rede ist, und dieses Nichts ist nirgendwo anders zu suchen als in uns selbst. Allmählich nähern wir uns damit dem Problem der Seinsbegierde, denn wenn in uns ein *Nichts* ist, das uns von uns selbst trennt, wie Sartre meint, dann versteht man auch, was es bedeuten kann, einen *Seins*wunsch zu haben: Wir wollen den Riss in unserem Sein, der uns von uns selbst trennt, mit Sein füllen. Wir wollen uns in unserem Sein heil machen. Nur warum wollen wir das? Dass unsere Identität durch einen Riss zerstört ist, darin besteht für Sartre die Quelle all dessen, was den Menschen gegenüber den Dingen auszeichnet: Freiheit, Wahlmöglichkeiten, die Fähigkeit, sich kritisch von sich zu distanzieren, anders zu handeln als man es in der Vergangenheit getan hat und damit sich selbst zu verändern. Das ist ja nun nichts Schlimmes, im Gegenteil: »Was wollen wir damit anderes sagen, als daß der Mensch eine größere Würde hat als der Stein oder der Tisch?« (EH 121). Aber diese Merkmale unserer Existenz, die mit dem Nichts einhergehen, haben eben auch eine »Schattenseite« nämlich Verantwortlichkeit, Angst vor der eigenen Freiheit, Selbstzweifel und die sprichwörtliche Qual der Wahl. Insbesondere macht uns eine Sache zu schaffen, wie Sartre glaubt, nämlich dass wir nie etwas in einem vollendeten Sinne *sein* können. Ich kann mich noch so anstrengen, gebildet, liebenswürdig, ein Held oder eine richtige Frau zu sein – bei allem, was ich tue, bleibt die Anwesenheit bei mir erhalten und mithin eine kleine Stimme, die mich fragt: »Bin ich es schon? Bin ich es jetzt in diesem Moment? Werde ich es in Zukunft sein? Werde ich mich bewähren? Ist es wirklich das, was ich sein will? Sind die Anderen es mehr? Glauben die Anderen, dass ich es nicht bin?« usw. Der innere Abstand zu uns selbst gibt unserer Existenz ihre besondere Struktur. Wir Menschen sind, während wir unser Leben führen, gewissermaßen immer gleichzeitig woanders, z. B. in der Zukunft, auf die wir unsere Handlungen hin ausrichten. Wir sind zudem, solange wir leben, niemals fertig. Da unser Leben ein dynamischer Prozess ist, gibt es für uns kein endgültiges Ankommen bei einem abgeschlossenen Sein. Unser Leben ist wesentlich Veränderung, Bewegung und Möglichkeit. Doch wir träumen von der Sicherheit und Unbezweifelbarkeit des Seins, die dem Tisch gegeben ist: keine Zweifel, keine anderen Möglichkeiten, keine Sorgen darüber, was die Anderen von einem denken, einfach ganz und gar Tisch sein – muss das herrlich sein! Aber man ahnt bereits, dass dieser Traum einen groben Denkfehler enthält, denn der Tisch hat ja gerade kein Bewusstsein von seiner unzweifelhaften Identität und kann sie daher nicht genießen. Wir hingegen wollen uns keineswegs von unserem Bewusstsein verabschieden, wir wollen uns nur von den lästigen Nachteilen befreien, die die Seinsweise eines bewussten Wesens mit sich bringt.

Was wir im Grunde anstreben ist, wie Sartre erklärt, »die unmögliche Synthese des Für-sich und des An-sich: es wäre sein eigener Grund, nicht als Nichts, sondern als Sein, und behielte die notwendige Transluzidität des Bewußtseins in sich und gleichzeitig die Koinzidenz des Seins an sich« (SN 190). Betrachten wir zur Erläuterung noch einmal Garcin: Was wünscht er sich eigentlich? Er möchte ein Held (bzw. ganz unzweifelhaft ein Nicht-Feigling) sein. Es soll keine Ungewissheit darüber geben, was er ist, keine kritischen Blicke, keine Unsicherheiten, sondern die schiere Identität und Unhinterfragbarkeit des An-sich. Aber ein Held will er natürlich nicht in derselben Weise sein, wie ein Tisch ein Tisch ist, denn das würde der ganzen Sache ihren Wert nehmen. Garcin will ein Held sein, weil *er* sich dazu *entschlossen* hat. Darum behauptet er: »Ich habe [das Heldentum] gewählt: Man ist, was man will« (GG 56). Es soll sein eigenes Verdienst sein, dass er ein Held ist, und nicht nur ein Zufall oder das Werk eines anderen.

Außerdem will er zweifellos sein Bewusstsein und mithin das Nichts innerhalb seines Seins behalten, denn wie sollte er sich sonst seines Heldentums erfreuen? Diese Vorstellung ist aber in sich widersprüchlich, wie Sartre deutlich macht. Ein Sein, das der Grund seines eigenen Seins ist, das also sein eigener Schöpfer ist, ohne dabei seine Identität einzubüßen, also ohne zu sich selbst in Distanz zu stehen, das wäre ein *ens causa sui* oder anders gesagt: Gott. Lassen Sie sich nun nicht dadurch irritieren, dass diese Definition nichts mit dem zu tun hat, was man sich landläufig unter dem »lieben Gott« vorstellt. Es geht hier nicht um den Gott des lebendigen Glaubens, sondern um den Gott der Philosophen, d.h. um eine rein begriffliche Bestimmung, nicht um eine religiöse Erfahrung. Auch dass wir uns unter einem *ens causa sui* nicht wirklich etwas vorstellen können, darf uns nicht verwundern, schließlich betont Sartre die Unsinnigkeit dieser Vorstellung eines Wesens, das seine eigene Ursache und zugleich ganz bei sich wäre. Aus existenzialistischer Sicht ist offensichtlich der Wunsch (nach Sein) der Vater dieses abstrusen Gedankens.

Wir wollen also in gewissem Sinne Götter sein. Dabei geht es uns allerdings nicht um Allmacht, Allwissenheit o.ä., sondern darum, uns selbst in einer bestimmten Weise zu wählen und dann dieses gewählte Etwas in vollkommener, unanfechtbarer Selbstidentität zu sein. Solange wir aber versuchen dieses unmögliche, weil widersprüchliche Gottesideal zu realisieren, machen wir uns zwangläufig unglücklich. Vor diesem Hintergrund bekommt die Rede von Identitätsproblemen eine ganz neue, geradezu tragische Bedeutung, denn von dem Traum, zu unserer Identität zu finden, müssen wir uns laut Sartre verabschieden. So etwas wie eine völlige Übereinstimmung mit sich kann es für bewusste Wesen wie uns Menschen schlicht und einfach nicht geben.

Dass wir diese Tatsache nicht einfach akzeptieren können und wie wir versuchen, vor der Einsicht in die Strukturen unserer Existenz zu fliehen, das sind zentrale Themen im Werk Sartres. Den Versuch, die Unmöglichkeit der Identität zu leugnen, so wie es beispielsweise Garcin tut, nennt Sartre *Unaufrichtigkeit*. Ein unaufrichtiger Mensch wie Garcin beharrt auf der Möglichkeit, etwas zu sein, und will andere Menschen dazu benutzen, sich selbst die Sicherheit des Seins an sich zu verleihen. Wenn ich die Anderen dazu bringen kann, in mir einen Helden zu sehen, so redet er sich ein, dann wird diese kleine Stimme in mir, die an meinem Mut zweifelt, endlich schweigen. Ich werde endlich und endgültig davon überzeugt sein, dass ich mutig *bin*! Die Unaufrichtigkeit, die Sartre zufolge viele verschiedene Facetten kennt, ist nun keineswegs als Ausnahmefall zu betrachten. Sartre ist viel eher der Ansicht, dass sie die Regel darstellt. Die allermeisten Menschen sind demzufolge von dem Wunsch besessen, zu sein, und reiben sich somit Tag für Tag in dem vergeblichen Versuch auf, etwas zu erreichen, das nicht erreichbar ist. Eine »nutzlose Passion« nennt Sartre dieses Phänomen: »So ist die Passion des Menschen die Umkehrung der Passion Christi, denn der Mensch geht als Mensch zugrunde, damit Gott geboren werde. Aber die Gottesidee ist widersprüchlich, und wir gehen umsonst zugrunde; der Mensch ist eine nutzlose Passion« (SN 1052). Der Mensch geht als Mensch zugrunde, d.h. der Mensch quält sich selbst und verfehlt zudem seine Menschlichkeit, also die Verfassung seines Daseins, indem er versucht, etwas zu sein, das er schlicht nicht sein kann.

Jetzt dürfte klarer geworden sein, was die Bewohner des Höllenzimmers in *Geschlossene Gesellschaft* gleichzeitig zu Folterknechten und Gefolterten macht. Garcin und Estelle z.B. können sich nur deshalb gegenseitig das (ewige) Leben zur Hölle machen, weil sie beide von unerfüllbaren Seinswünschen gequält werden. Sie hungern danach, sich selbst eine Identität zu verleihen und zu einer Sicherheit bezüglich ihres Seins zu gelangen, die es für uns Menschen schlicht und ergreifend nicht geben kann. Nur das macht die Höllenbewohner in *Geschlossene Gesellschaft* so verwundbar. Nur deswegen kann Garcins Abweisung Estelle in tiefste Verzweiflung stürzen, und nur deswegen kann Estelles Gleichgültigkeit für Garcin zur existenziellen Bedrohung werden.

Das »Heilmittel« der Authentizität

Das Leiden der Menschen an ihrem Identitätsmangel und an den Blicken der Anderen, das in der Seinsbegierde seine Wurzel hat, wurde nun skizziert. Aber wie steht es mit der Therapie? Kann der Existenzialismus uns ein »Heilmittel« gegen das Leiden am Sein bieten, wie eingangs behauptet wurde, oder kann er es nur diagnostizieren? Es gibt in der Tat einen Ausweg aus der Misere, meint Sartre, und diesem Ausweg gibt er den Namen *Authentizität*. Was der Existenzialist im Sinn hat, ist kurz gesagt eine Einstellungsänderung: An den Strukturen unserer Existenz können wir nichts ändern, aber wir können unsere *Einstellung* dazu verändern. Es ist uns verwehrt, das Leben eines Gottes (oder eines selbstzufriedenen Tisches) zu führen. Dem Nichts, das sich im Herzen unseres Seins befindet, können wir unter keinen Umständen entfliehen. Also, lassen wir diesen unerfüllbaren Wunsch fahren, und widmen wir uns dem, was möglich ist!

Man erinnere sich aber daran, was Sartre über den Existenzialismus sagt: Es ist ein *harter* Optimismus. Ganz so problemlos, wie es zunächst vielleicht scheint, ist die Einstellungsänderung hin zur Authentizität daher nicht. Sie erfordert nämlich, einigen Tatsachen ins Auge zu sehen, vor denen wir bisher in die Unaufrichtigkeit geflohen sind. Freiheit, Verantwortung ohne Entschuldigungen, ein Leben ohne vorgegebene Werte, ohne die Führung eines weisen Gottes, keine Aussicht auf ein gutes Ende – das sind die harten Fakten, mit denen wir uns Sartre zufolge ganz bewusst auseinandersetzen und aussöhnen müssen. Mehr noch: Wir müssen lernen, diese Fakten zu *wollen*, ja sogar sie zu *lieben*! Wie genau diese grundlegende Veränderung unserer selbst vonstattengeht, bleibt uns letzten Endes verborgen, aber *dass* es möglich ist, sie zu vollziehen, ist für Sartre sicher.

Klar ist zumindest, dass der Übergang zur Authentizität nur als eine radikale Konversion, also als eine umfassende Umwandlung unserer selbst möglich ist, und klar ist außerdem, dass der erste Schritt zur Authentizität darin bestehen muss, sich die Gegebenheiten unserer Existenz ganz ungeschönt vor Augen zu führen. Haben wir dies getan, dann müssen wir uns bemühen, unserer Einsicht gemäß zu leben. Dazu bedarf es einer kontinuierlichen Infragestellung und kritischen Prüfung des eigenen Handelns und Wollens. »Permanente Konversion« (EM 28), so umschreibt es Sartre. Die Authentizität ist aber nicht als permanente Selbstbeschuldigung oder Selbstpeinigung zu verstehen – davon sollen wir ja gerade befreit werden. Auf ihrer Grundlage wird ein ganz neues Verhältnis des Menschen zu sich selbst ermöglicht: keine Übereinstimmung mit sich, aber auch keine völlige Abspaltung von sich, sondern *Solidarität mit sich.*

Wie lässt sich das Gesagte auf die Bewohner des Höllenzimmers in *Geschlossene Gesellschaft* übertragen? Wäre beispielsweise Garcin (zumindest annähernd) authentisch, dann würde er zunächst einmal akzeptieren, dass der Mensch sich durch sein Handeln definiert, nicht durch sein Wünschen und Träumen. Garcin hat dreißig Jahre lang davon geträumt, ein Held zu sein, aber was hat dieser Traum mit seinem Leben zu tun? Eine feige Handlung wird nicht dadurch zu einer mutigen Handlung, dass man sich selbst als einen Helden bezeichnet. Diese gar nicht so unübliche »Logik« – »ich kann ja gar nicht feige gehandelt haben, denn ich weiß, dass ich mutig bin« – können wir laut Sartre vergessen. Und mehr noch: Es gibt, wie Sartre feststellt, für unser Tun keine Entschuldigungen, d.h. wir können die Verantwortung für unser Handeln nicht von uns weisen. Wir können uns beispielsweise nicht mit irgendeinem angeblichen Determinismus herausreden, seien es nun die Gene, das Milieu oder die neuronalen Verknüpfungen, denen wir die Schuld in die Schuhe schieben wollen. »Es gibt kein feiges Temperament; […]; der Feigling wird durch seine Tat definiert. Was die Leute dunkel fühlen und was ihnen Grauen einflößt ist, daß der von uns gezeigte Feigling an seiner Feigheit schuld ist. Was die Leute wollen ist, daß man feige oder als Held geboren wird« (EH 131). Genau genommen wollen »die Leute« in der Regel eine Ausrede für ihr feiges Handeln haben, während sie ihr mutiges Handeln als Eigenverdienst auffassen – diese Art von Widersprüchlichkeit ist charakteristisch für die Unaufrichtigkeit.

Es ist, so meint Sartre, die absolute Verantwortlichkeit für das eigene Handeln, die den Menschen Angst macht und sie den Existenzialismus ablehnen lässt. Aber was bedeutet es denn in Garcins konkretem Fall, dass er die Verantwortung für sein Handeln trägt und keine Entschuldigungen hat? Es bedeutet nicht, dass man seine Flucht vor dem Kriegsdienst nicht verstehen oder verzeihen könnte. Todesangst ist durchaus ein für die meisten Menschen

nachvollziehbarer Grund für eine Flucht. Dass man keine Entschuldigungen hat, heißt nicht, dass man keine schwerwiegenden
Gründe haben kann. Es bedeutet auch nicht, dass Garcin sich aus
Sicht des Existenzialismus aller möglichen Konsequenzen zum
Trotz für eine Heldentat hätte entscheiden müssen. Die Verantwortung für das eigene Handeln zu tragen bedeutet viel eher, sich
keine Illusionen über seine Beweggründe zu machen, sich nicht
mit irgendwelchen Entschuldigungen herausreden zu wollen, und
es bedeutet, zu dem, was man getan hat, zu stehen, auch wenn
man damit rückblickend nicht mehr einverstanden ist oder sich
sein Handeln in einer bestimmten Situation ganz anders vorgestellt
hat. Verantwortung zu übernehmen bedeutet zuallererst, sich als
Urheber seiner eigenen Entscheidungen und Handlungen zu begreifen – und nicht als den hilflosen Spielball innerer und äußerer
Kräfte. Garcin könnte einen ersten, entscheidenden Schritt in
Richtung Selbstverantwortung tun, indem er aufhören würde, von
Mut und Feigheit zu sprechen, und sich klarmachen würde: »*Ich
wollte* fliehen«. Daran besteht nämlich kein Zweifel, auch wenn
Garcin selbst noch im Unklaren über die Gründe für dieses Wollen
ist. Zu seinem Handeln zu stehen ist nun aber nicht als eine Art
von Selbstzufriedenheit zu verstehen, im Sinne eines »Tja, so habe
ich gehandelt, so bin ich nun einmal, wen es stört, der hat Pech
gehabt«. Mit einer derartigen Aussage ergibt man sich wieder der
Unaufrichtigkeit, denn ein So-bin-ich-nun-einmal kann es für uns
Menschen laut Sartre nicht geben. An diesem Punkt setzt nun der
existenzialistische Optimismus ein, wie Sartre betont: »Unter diesen Bedingungen ist es eigentlich nicht unser Pessimismus, sondern
eine optimistische Härte, die man uns vorwirft« (EH 131). Was soll
daran optimistisch sein, dass ich die alleinige und volle Verantwortung für alles tragen muss, was ich tue, ohne mich beispielsweise
auf meinen Charakter oder die Umstände meiner Kindheit berufen
zu können? Ganz einfach gesagt: In dem Moment, in dem Garcin
einsieht, dass er kein Held ist – weil er als Mensch niemals etwas *ist*
(im Sinne von unbezweifelbarer Selbstidentität) – ist er gleichzeitig
von der quälenden Frage befreit, ob er ein Feigling ist. Er ist es
nicht, denn er *kann* es in gewisser Weise gar nicht sein, selbst wenn
er in der Vergangenheit feige gehandelt hat. Dass ihn die Anderen

womöglich als einen Feigling bezeichnen, damit wird er freilich leben müssen. (Der Ausgang aus dem Höllenzimmer führt uns nicht automatisch ins Paradies.) Und in gewisser Weise ist das ja auch berechtigt. Die Anwesenheit bei sich ist nicht als eine völlige Abspaltung zu verstehen, d.h. ich bin von meinen Handlungen nicht in dem Sinne getrennt, dass sie mich gar nichts angingen. Eine feige Handlung, die ich begangen habe, ist und bleibt ein Teil meiner Vergangenheit. Wichtig ist nur zu verstehen, dass diese Handlung nicht auf mein feiges Wesen zurückzuführen ist. Es ist nicht so, als würde mein feiger Charakter mit Notwendigkeit feige Handlungen absondern oder als würde die Feigheit wie eine eigenständige Seinsform ihr Unwesen in mir treiben und mich zu bestimmten Handlungen zwingen. Und vor allen Dingen ist es nicht so, als ob ein für alle Mal feststünde, was ich bin und in Zukunft sein werde. Ich habe aus Angst gehandelt. Das bereue ich (oder auch nicht). Mein Handeln hat anderen geschadet (oder auch nicht). In Zukunft möchte ich anders handeln (oder auch nicht). Darüber kann und muss ich nachdenken und mir selbst Rechenschaft geben, aber die Frage, ob ich nun mutig oder feige *bin*, kann ich getrost vergessen. »Die Authentizität führt also zum Verzicht auf jeden Entwurf, mutig (feige), vornehm (gewöhnlich) usw. zu sein. Weil sie nicht realisierbar sind […]. Sie entdeckt, dass der einzige wertvolle Entwurf derjenige ist, zu *tun* (und nicht zu sein)« (EM 828). In Zukunft werde ich mich also nicht darauf konzentrieren, eine Heldin zu sein, sondern darauf, so zu handeln, dass ich mich mit mir selbst solidarisch erklären kann.

Die Freuden des Nichts

Garcins selbstinszenierte Folter dreht sich um die Frage »Bin ich ein Feigling?«. Mit Sartre muss man aber sagen, dass diese Frage völlig falsch gestellt ist. Sie verfehlt die Verfasstheit der menschlichen Existenz, und deswegen kann Garcin nicht erlöst werden, solange er an dieser irreführenden Frage festhält. Das Aufgeben der »Seinsfrage« befreit einen Menschen in zweierlei Hinsicht: Zum einen wird er von den Qualen befreit, die er selbst und andere ihm nur deshalb bereiten können, weil er begehrt, etwas zu sein. Damit eröffnet sich zugleich ein zuvor nicht wahrgenommener Horizont von Möglichkeiten. Dachte ich bisher, meine Zukunft sei durch mein Sein, z. b. durch meinen ängstlichen Charakter, mehr oder weniger vorgezeichnet, so lässt mich die Authentizität erkennen, dass die Zukunft offen ist und (innerhalb gewisser Grenzen) von mir gestaltet werden kann. So wird die Kruste des vermeintlich festgelegten, unveränderlichen Seins aufgebrochen, und ein bisher vernachlässigter bzw. gar nicht bemerkter Spielraum von Handlungen und Entwürfen kommt zum Vorschein. Sartre lässt das Drama *Geschlossene Gesellschaft* auch deshalb in der Hölle (also *post mortem*) spielen, weil die Hauptfiguren sich nicht mehr entwickeln. Der Tod wird von Sartre als das Ende aller Möglichkeiten definiert, und in diesem Sinne sind Garcin, Estelle und Inès tot. Sie haben sich selbst ihre Möglichkeiten und damit ihre Lebendigkeit genommen und fristen ihr Dasein nun als lebende Tote.

Zum anderen ist der authentische Mensch auf einmal in der Lage, Beziehungen zu anderen Menschen zu haben, die sich nicht ausschließlich um die Stiftung von Identität drehen. Gerade am Beispiel Estelles lässt sich sehr deutlich erkennen, in welchem Maße zwischenmenschliche Beziehungen durch die Seinsbegierde vergiftet werden. (Man erinnere sich auch daran, dass die Figuren des Dramas keineswegs grundlos in der Hölle sind!) Für Estelle bestehen Sinn und Wert ihres Daseins in ihrer Weiblichkeit, und Weiblichkeit bedeutet in ihren Augen, ein erotisches Objekt zu sein. Ihr größter Wunsch ist es daher, als schön und begehrenswert gesehen und bestätigt zu werden, und zwar von Männern. Die zwangsläufige Konsequenz aus diesem Wunsch ist es, dass sie weder zu Männern noch zu Frauen eine reziproke, freundschaftliche Beziehung haben kann. Ihr Verhalten gegenüber den Mitgefangenen macht dies mehr als deutlich: Inès »zählt doch nicht: Sie ist eine Frau«, und Garcin ist für Estelle nur als Exemplar des allgemeinen Typus *Mann* von Interesse, wie er selbst feststellt: »Das könnte jeder sein. Ich bin zufällig da, also bin ich's« (GG 47). Estelles Verhalten, das ja für eine Frau keineswegs vollkommen ungewöhnlich ist, ist damit zugleich männer- und frauenverachtend. Da sie sich selbst als Objekt betrachtet, sind andere Menschen für sie nur insofern von Interesse als sie dazu dienen, dieses bestimmte Objekt-Sein zu bestätigen. Als Personen, als Individuen sind die anderen Estelle vollkommen gleichgültig. Das ganze Spiel funktioniert natürlich auch mit vertauschten Rollen: Ein Mann, der sich für andere nur insofern interessiert als sie seine Männlichkeit, also sein Mann-Sein bestätigen, ist genauso wenig in der Lage, zu Frauen oder Männern authentische Beziehungen zu haben. Abgesehen von den Geschlechterrollen sind es für sehr viele Menschen ihre Nationalität, ihre Kultur oder ihre Religion, die ihnen als (vermeintliche) Identitätsstifter dienen. Die Anderen haben dann die »Aufgabe«, die eigene Identität zu bestätigen, und zwar entweder als Gleichgesinnte oder aber indem sie zu Fremden, Ungläubigen, Unwürdigen usw. degradiert werden.

Wie wir gesehen haben, will Sartre uns zeigen, dass Menschen wie die Bewohner des Höllenzimmers in *Geschlossene Gesellschaft* ihr Heil an der vollkommen falschen Stelle suchen. Wer glaubt, er werde seinen Seelenfrieden finden, wenn er sich und andere davon überzeugen kann, dass er dieses oder jenes *ist*, der macht sich (und andere) zwangsläufig unglücklich. Der Weg zu einem gelingenden Leben führt demgegenüber über die Anerkennung der Verfasstheit unserer Existenz. Wenn wir uns nicht mehr dagegen sträuben, dass wir in gewisser Weise permanent neben uns stehen und dass dieser Umstand unsere Freiheit, aber eben auch unsere Verantwortlichkeit begründet, dann können wir damit beginnen, uns und die Welt handelnd zu verändern. Eines muss uns allerdings klar sein: Die Tür zum Höllenzimmer steht zwar offen, das bedeutet, wir können den infernalischen Tanz um das Sein für unseren Teil beenden, aber jenseits der Tür wartet nicht das Paradies auf uns, sondern die (harte) Realität. Insbesondere müssen wir damit rechnen, dass die Anderen uns weiterhin für die Erfüllung ihrer Seinswünsche benutzen wollen. Wenn man sich dem Spiel um die Identitätsstiftung entzieht und seinen Mitmenschen stattdessen authentische Beziehungsangebote macht, dann wird sich längst nicht jeder darauf einlassen. Möglicherweise werden einige Beziehungen diese Konversion nicht überstehen. Hier sind Mut und Stärke verlangt, wie ich bereits eingangs bemerkte. Letzten

Endes, so meint Sartre, müssen wir genau wie die Bewohner des Höllenzimmers eine grundsätzliche Wahl treffen: »Mitmachen oder nicht mitmachen« (EM 974).

1905	Jean-Paul Sartre wird in Paris geboren. Sein Vater stirbt im Jahr darauf, und Sartre wächst bei seiner Mutter und seinen Großeltern auf.
1929	Sartre macht sein Staatexamen an der École Normale Supérieure. Dort lernt er Simone de Beauvoir kennen, mit der er bis zu seinem Tod eine Liebesbeziehung haben wird.
1939	Beginn des 2. Weltkriegs. Der Philosophielehrer Sartre wird zum Kriegsdienst einberufen.
1943	Sartres Hauptwerk *Das Sein und das Nichts* erscheint.
1964	Sartres Autobiographie *Die Wörter* erscheint. Er wird für den Literaturnobelpreis nominiert und lehnt die Auszeichnung ab.
1968	Studentenrevolte in Paris. Sartre solidarisiert sich mit den Protestierenden.
1980	Sartre stirbt in einem Pariser Krankenhaus.

Sind die anderen die Hölle?

▷ **15%** *der Deutschen geben an, dass sie in ihrem beruflichen Umfeld schon einmal gemobbt wurden.*

▷ **51%** *der Deutschen finden es wichtig, was andere von ihnen denken.*

▷ **62%** *der Deutschen wurden am Arbeitsplatz schon einmal vor anderen schlechtgemacht.*

▷ **44%** *der Deutschen wurden im Job durch Nichtbeachtung gemobbt.*

▷ **54,8%** *der Deutschen sind der Meinung, dass es nicht genügend Menschen gibt, die sie so nehmen, wie sie sind.*

▷ **33,8%** *der Deutschen geben an, dass sie überhaupt nicht schüchtern und gehemmt sind.*

▷ **50%** *der Deutschen aktualisieren ihr Profil, wenn sie sich in soziale Netzwerke einloggen.*

Quelle: Statista, Statistisches Bundesamt

Zum Nachlesen

Jean-Paul Sartre, *Briefe an Simone de Beauvoir und andere*, Band II 1940–1963, herausgegeben von Simone de Beauvoir, Reinbek bei Hamburg 1985 (B).

Jean-Paul Sartre, *Entwürfe für eine Moralphilosophie*, Reinbek bei Hamburg 2005 (EM).

Jean-Paul Sartre, *Der Existentialismus ist ein Humanismus*, in: Ders., Gesammelte Werke, Philosophische Schriften I, herausgegeben von Vincent von Wroblewsky, Reinbek bei Hamburg 1994, S. 117–156 (EH).

Jean-Paul Sartre, *Geschlossene Gesellschaft. Stück in einem Akt*, in: Ders., Gesammelte Werke, Theaterstücke, herausgegeben von Traugott König, Reinbek bei Hamburg 1991, S. 11–76 (GG).

Jean-Paul Sartre, *Das Sein und das Nichts. Versuch einer phä-nomenologischen Ontologie*, herausgegeben von Traugott König, Reinbek bei Hamburg 1993 (SN).

Zum Weiterlesen

Alfred Dandyk, *Unaufrichtigkeit. Die existenzielle Psychoana-lyse Jean-Paul Sartres im Kontext der Philosophiegeschich-te*, Würzburg 2002.

Alice Holzhey-Kunz/Alfried Längle, *Existenzanalyse und Da-seinsanalyse*, Wien 2008, bes. S. 199–290.

Axel Honneth (Hrsg.), *Pathologien des Sozialen. Die Aufgaben der Sozialphilosophie*, Frankfurt am Main 1994.

Christina Münk, *Handeln oder Sein. Die existenzielle Psycho-analyse Jean-Paul Sartres*, Marburg 2011.

Florian Werner, *Schüchtern: Bekenntnis zu einer unterschätz-ten Eigenschaft*, München 2012.

SIMONE DE BEAUVOIR
und der Ausbruch aus dem Rollenzwang

2010 erschien das Buch The Unbearable Lightness. A Story of Loss and Gain *(auf Deutsch:* Das schwere Los der Leichtigkeit*), in dem die australisch-amerikanische Schauspielerin Portia de Rossi über ihre Magersucht berichtet. Ihre Mutter habe ihr schon früh beigebracht, wie man (bzw. frau) Diät hält, erzählt de Rossi. Mit 12 Jahren war sie eine extrem disziplinierte Esserin, mit 25 fast verhungert. 37 kg wog sie nur noch und gönnte sich täglich höchstens 300 kcal (was ungefähr dem Nährwert von zwei Bananen entspricht). Irgendwie eine absurde Situation: Eine körperlich gesunde Frau, die in einem der reichsten Länder der Welt lebt, entgeht nur knapp dem Hungertod und das unter den Augen nicht nur ihres unmittelbaren sozialen Umfeldes, sondern eines Millionenpublikums, das die anorektische de Rossi Woche für Woche in der erfolgreichen Fernsehserie* Ally McBeal *bewundern konnte. Das konnten die Zuschauer ja nun nicht ahnen, wird man vielleicht einwenden. Aber hier zeigt sich doch nur das ganze Ausmaß der Absurdität, denn diese Ahnungslosigkeit kann nur bedeuten, dass die Grenzen zwischen kameratauglichem Schlanksein und lebensgefährlicher Unterernährung (zumindest bei Models und Hollywood-Schauspielerinnen) so fließend sind, dass beides nicht mehr ohne Weiteres voneinander zu unterscheiden ist.*

Essstörungen wie Anorexie und Bulimie sind typisch weibliche Leiden, d.h. es sind zwar nicht ausschließlich Frauen und Mädchen

*davon betroffen, aber sie bilden doch die große Mehrheit der Mager-
bzw. Ess-und-Brechsüchtigen. Der Anteil der Männer überwiegt
demgegenüber u.a. bei der dissozialen Persönlichkeitsstörung. Man
könnte also sagen: Frauen leiden anders, Männer auch. Psychische
Störungen spielen sich offenbar (zumindest größtenteils) innerhalb
der Spielregeln des sozialen Geschlechts ab. Wie es scheint, sind wir
auch noch dann, wenn wir leiden, wenn wir trauern, wenn wir
verzweifeln, ja wenn wir »aus der Rolle fallen«, an unsere Geschlechterrollen gebunden. Wie kommt es dazu? Und: Ist die Geschlechts-
spezifität psychischen Leidens ein naturgegebenes Faktum oder ein
kulturell geformtes und mithin veränderbares Phänomen? Diese
letzte Frage führt direkt in den Kern einer Diskussion, die seit Jahr-
hunderten geführt wird und die sich von anderen philosophischen
Kontroversen vor allem durch die Emotionalität, die Irrationalität
und die Aggressivität unterscheidet, mit der die Teilnehmenden
bisweilen argumentieren: Wie viel Natur bzw. Kultur steckt in den
Unterschieden zwischen Männern und Frauen? Auch die französische Schriftstellerin und Philosophin Simone de Beauvoir hat sich
diese Frage gestellt und ihr mit* Das andere Geschlecht. Sitte und
Sexus der Frau *eine umfassende soziologisch-philosophische Studie
gewidmet. Beauvoirs Antwort hat provoziert und polarisiert – und
machte sie zur Leitfigur der modernen Frauenrechtsbewegung: Wir
werden nicht als Frauen oder Männer geboren, wir werden dazu
(gemacht)!*

*Wenn nun der ein oder andere männliche Leser den voreiligen
Schluss ziehen sollte, die folgenden Ausführungen gingen ihn nichts,
so sei ihm an dieser Stelle versichert, dass die Befreiung aus dem
Zwang der Geschlechterrollen alles andere als reiner »Weiberkram«
ist. Auch wenn im Mittelpunkt von* Das andere Geschlecht *eine
Untersuchung des weiblichen »Schicksals« steht, so geht es Beauvoir
doch viel weniger um eine Vermännlichung der Frauen, als um eine
Vermenschlichung beider Geschlechter, und das bedeutet für die
Existenzialistin vor allem eines: die Befreiung von Ungerechtigkeit
und Gewalt generierenden, Leiden verursachenden Restriktionen im
Namen ewiger Wahrheiten über das Weibliche und das Männliche.*

Simone de Beauvoir führte ein außergewöhnliches und aufregendes Leben. Die Weichen dafür wurden durch eine zunächst eher unglückliche Entwicklung gestellt: Die Beauvoirs, die dem Vermögen und den Beziehungen nach ursprünglich zur französischen Bourgeoisie gehörten, verloren nach dem Ersten Weltkrieg den Großteil ihres Geldes und wurden damit zu neuen Armen. In Ermangelung einer Mitgift erklärte daher Monsieur de Beauvoir seinen beiden Töchtern beizeiten (und nicht ohne Verbitterung):»Ihr, meine Kleinen, werdet euch nicht verheiraten, ihr müßt arbeiten«(MTH 252). Was der Vater als Deklassierung empfand, deutete die Tochter in eine positive Wahl um. Sie fasste den Entschluss, ihr»Dasein geistiger Arbeit zu weihen« (MTH 201). Dass sie nicht das Leben einer Ehefrau und Mutter führen würde, bedauerte sie nicht:»Kinder zu haben, die ihrerseits wieder Kinder bekämen, hieß nur bis ins Unendliche das ewige alte Lied wiederholen; der Gelehrte, der Künstler, der Schriftsteller, der Denker schufen eine andere, leuchtende, frohe Welt, in der alles seine Daseinsberechtigung erhielt. In ihr wollte ich meine Tage verbringen; ich war fest entschlossen, mir darin einen Platz zu verschaffen!« (MTH 201f.). Aufgrund solcher Aussagen hat man Beauvoir später der Misogynie bezichtigt. Derartige Vorwürfe zeugen aber von einem geringen Verständnis ihres Denkens und verstellen zudem den Blick dafür, was es für eine junge, aus dem französischen Bürgertum stammende Frau zu Beginn des 20. Jahrhunderts bedeutete, dem vorgezeichneten weiblichen Lebensweg entkommen zu können. Der jugendlichen Beauvoir bot sich die außergewöhnliche Chance, ihr Leben weitgehend selbstbestimmt zu gestalten, und sie sah diesem Abenteuer voller Freude und Hoffnung entgegen.

Rückblickend beschrieb sich Beauvoir als Ausnahmefrau: »Weit davon entfernt, unter meiner Weiblichkeit zu leiden, habe ich eher von meinem zwanzigsten Lebensjahr an die Vorteile beider Geschlechter genossen« (LD 187). Sie bewegte sich berufsmäßig eher in der »Sphäre des Männlichen«, legte aber zugleich (zumindest äußerlich) Wert auf ihre feminine Seite. Sie freute sich darüber, wenn sie zugleich als Frau und als Schriftsteller angesehen wurde.»Es war aber gerade diese bevorzugte Stellung, die mich er-

mutigte, *Le Deuxième Sexe* [Das andere Geschlecht] zu schreiben«
(LD 187). Als Frau war sie von dem Thema unmittelbar betroffen,
als Intellektuelle, so glaubte sie, hatte sie so viel Distanz zu dem
üblichen weiblichen Lebensweg, dass sie weder Hass gegen noch
Komplizenschaft mit der Männerwelt an sich entdecken konnte.
So machte sich Beauvoir daran, aus ihrer Ausnahmeposition
heraus eine groß angelegte Studie über »die Frau« zu verfassen,
die 1949 erschien und hohe Wellen schlug in einer Zeit, in der
großer Wert auf die Erhaltung und Restauration traditioneller
Geschlechterrollen gelegt wurde. (Albert Camus beispielsweise,
mit dem Beauvoir zu dieser Zeit befreundet war, sah sich zu dem
Kommentar veranlasst, die Autorin habe den französischen Mann
lächerlich gemacht.)

Von richtigen und falschen Frauen

Was ist eine Frau? Mit dieser merkwürdigen Frage konfrontiert
Beauvoir ihre Leserschaft in der Einleitung zu *Das andere Geschlecht*. Ein menschliches Weibchen, wird man vielleicht antworten. Oder: Ein ausgewachsenes Exemplar der Spezies Mensch, das
mit weiblichen Geschlechtsorganen ausgestattet ist. So weit, so
gut. »Über manche Frauen jedoch geben die Kenner das Urteil
ab: ›Das sind keine Frauen‹, obwohl sie eine Gebärmutter haben
wie die anderen«(AG 8). Auch ist zuweilen die Rede von einer
»neuen« Weiblichkeit oder davon, dass die Weiblichkeit in Gefahr
sei oder wiederentdeckt werden müsse. Manchen Frauen wird gar
unterstellt, sie hätten Probleme mit ihrer Weiblichkeit – und damit
sind nicht ihre Geschlechtsorgane gemeint. Die Sache scheint also
doch etwas komplizierter zu sein. »Nicht jedes Menschenweib-
chen ist also notwendigerweise eine Frau; es muß erst an jener
geheimnisvollen und gefährdeten Wirklichkeit teilhaben, die
man Weiblichkeit nennt« (AG 8). Ein weiblicher Mensch ist nicht
automatisch auch eine Frau, und dasselbe gilt für die männlichen
Menschen. Was kann das bedeuten?
  Obwohl die biologische Bestimmung und Unterscheidung
von männlichen und weiblichen Menschen unproblematisch zu

sein scheinen, verstehen wir doch alle, was gemeint ist, wenn von
»richtigen« Männern oder Frauen die Rede ist, was ja impliziert,
dass es so etwas wie »unrichtige« oder »falsche« Männer und
Frauen gibt. Insbesondere verstehen wir, dass es gerade *nicht* um
biologische Zwitter geht, wenn von »unrichtigen« Männern oder
Frauen gesprochen wird. Und wir wissen, welche Verhaltensweisen
oder Eigenschaften »richtige« Männer und Frauen in unserem
Kulturkreis aufweisen müssen, um als solche gelten zu können.
»Richtige« Männer sind draufgängerisch, ehrgeizig, wortkarg,
essen am liebsten Fleisch, interessieren sich für Fußball, können
nicht zuhören, sind emotional verroht, denken ständig an Sex,
übernehmen bereitwillig die Beschützer- und Versorgerrolle usw.
»Richtige« Frauen sind eitel, reden viel, interessieren sich vor allem für Schuhe, sind geborene Mütter, kaufen ständig ein, lieben
Schokolade, wollen versorgt und beschützt werden, können nicht
einparken, sind extrem emotional usw. Weniges davon wandelt
sich, das meiste scheint seit jeher so und nicht anders zu sein. Die
Unterschiede zwischen Männern und Frauen sind nicht selten Gegenstand allgemeiner Erheiterung, etwa wenn der Komiker Mario
Barth unter dem Motto *Männer sind primitiv, aber glücklich!* oder
Männer sind Schweine, Frauen aber auch ganze Stadien füllt. Was
typisch männlich und weiblich ist, wird aber auch oft und gerne
zum Thema (populär-)wissenschaftlicher Abhandlungen gemacht,
etwa wenn Allan und Barbara Pease uns aus evolutionsbiologi-
scher Sicht erklären wollen, *Warum Männer nicht zuhören und
Frauen schlecht einparken* oder *Warum Männer immer Sex wollen
und Frauen von der Liebe träumen*. Was hier so launig und unter-
haltsam daherkommt, hat allerdings auch eine sehr ernste Seite,
denn es sind die vermeintlich lustigen oder zumindest harmlosen
Geschlechterklischees, an denen sich der und die Einzelne um den
Preis des Identitätsverlustes zu messen hat. Kleine Abweichungen
vom männlichen oder weiblichen Standard sind zwar gesellschaftlich (mehr oder weniger) akzeptabel, wer sich aber *überhaupt nicht*
mit den Eigenschaften seines Geschlechts identifizieren kann oder
will, hat ganz zweifellos ein Problem.
　　Die Besonderheit, dass im Falle des Menschen die biologischen
Merkmale nicht genügen, um im vollen Sinne als männlich oder

weiblich zu gelten – eine Besonderheit, auf die wir durch Beauvoirs einfache Frage »Was ist eine Frau?« gestoßen sind –, verweist auf eine Unterscheidung, die für die moderne Geschlechterforschung zentral ist, nämlich diejenige zwischen *sex*, d.h. biologischem Geschlecht, und *gender*, d.h. sozialem Geschlecht.

Natur vs. Kultur

Die interessante und kontrovers diskutierte Frage lautet: In welchem Zusammenhang stehen *sex* und *gender* zueinander? Ist das soziale auf das biologische Geschlecht reduzierbar oder sind geschlechtsspezifische Eigenschaften und Verhaltensweisen das Resultat von Kultur und Erziehung? Theorien, die das soziale Geschlecht unmittelbar auf das biologische zurückführen wollen, erfreuen sich großer Popularität. Sie besagen, dass die »kleinen« Unterschiede im Verhalten von Männern und Frauen letztlich in deren Anatomie begründet sind. Die Gene, die neuronalen Verschaltungen oder die Hormone werden dann als letzte Ursachen etwa für weibliche Fürsorglichkeit oder männliche Aggressivität angesehen. Diesen Theorien zufolge lassen sich bestimmte Unterschiede zwischen Männern und Frauen nicht überwinden. Aus dieser Annahme ergibt sich dann die Rechtfertigung von Rollenverteilungen und Ungleichheiten zwischen den Geschlechtern. Dass z.B. Kindererziehung Frauensache sei, wird vor diesem Hintergrund zu einer biologisch begründeten Notwendigkeit erklärt: Gene, Hirn und Hormone sorgen angeblich dafür, dass Frauen diese Aufgabe von Natur aus besser bewältigen können als Männer. Die traditionelle Aufgabenverteilung – Frauen kümmern sich um die häusliche, Männer um die öffentliche Sphäre – und alles, was dann aus dieser Aufteilung folgt, ergibt sich demnach zwingend aus den biologischen Geschlechtsunterschieden. Anatomie ist Schicksal!

Als Vertreterin der Existenzphilosophie muss Beauvoir einen solchen biologischen Determinismus ablehnen, denn der Existenzialismus betont die Freiheit des Menschen, die ihn bei allen äußeren und inneren Bedingtheiten immer dazu zwingt, etwas aus

dem zu machen, was er ist. Demnach gibt es für bewusste Lebewesen wie uns kein ungebrochenes Verhältnis zu unserer Natur.
Und das liegt nicht nur daran, dass wir uns immer schon in eine
Kultur geworfen finden, sondern es liegt vor allem daran, dass wir
zu unserer Natur immer in einem *Verhältnis* stehen. Schon die
Tatsache, dass wir Theorien über unsere Natur formulieren können,
zeigt ja, dass wir uns dazu denkend und wertend in Bezug setzen
können und müssen. Freiheit im existenzialistischen Sinne besteht
gerade darin, sich zu den Gegebenheiten (inklusive unserer Physis)
in Beziehung zu setzten. Für den biologischen Determinismus
bedeutet das, dass er *einen* entscheidenden Aspekt völlig außer
Acht lässt, nämlich die Dimension der menschlichen Freiheit, des
Sich-in-Bezug-Setzens, des Wählens und des Wertens.

Das Verhältnis zwischen den Geschlechtern lässt sich nicht
unmittelbar aus der Biologie ableiten, wie Beauvoir betont, denn
»die biologischen Gegebenheiten bekommen [...] den Wert, den
der Existierende ihnen gibt«(AG 50). Die durchschnittlich größere
Körperkraft beispielsweise erklärt für sich betrachtet noch lange
nicht die Vormachtstellung des Mannes, entscheidend ist vielmehr,
welche Bedeutung und welchen Wert freie Subjekte einer solchen
biologischen Gegebenheit geben. »Tatsächlich lassen sich diese
Fakten nicht bestreiten: aber sie haben an sich noch keine Bedeutung« (AG 48). Die physiologische »Schwäche« der Frau »erscheint
nur als solche im Lichte der Zwecke, die der Mensch sich setzt, der
Werkzeuge, über die er verfügt, und der Gesetze, die er sich selbst
auferlegt« (AG 48). Physiologische Unterschiede werden also für
das Geschlechterverhältnis erst dann bedeutsam, wenn wir sie mit
einem Wert versehen.

Um das Verhältnis der Geschlechter und insbesondere die
gesellschaftliche Dominanz männlicher Strukturen verstehen
zu können, genügt es also in Beauvoirs Augen keineswegs, auf
die anatomischen Unterschiede zwischen Männern und Frauen
zu verweisen. Ebenso wenig genügt es, auf Spekulationen über
urzeitliche Verhaltens- und Rollenmuster zu rekurrieren, die
zudem in aller Regel eine Rückprojektion moderner Zustände
auf eine imaginäre Urzeitgesellschaft sind. »Diese Welt hat immer
den Männern gehört, alle Gründe aber, die man dafür angeführt

hat, scheinen uns unzureichend. Wenn wir jedoch im Lichte der Existenzphilosophie die vorgeschichtlichen und ethnologischen Gegebenheiten betrachten, können wir begreifen, wie die Hierarchie der Geschlechter zustande gekommen ist« (AG 69). Und eben darum geht es im ersten Teil von *Das andere Geschlecht*.

Das andere Geschlecht

Als Beauvoir mit der Arbeit an *Das andere Geschlecht* begann, fiel ihr eine Eigentümlichkeit auf, die auf den zentralen Gedanken ihrer Studie verweist: »Ein Mann käme gar nicht auf den Gedanken, ein Buch über die besondere Lage zu schreiben, in der sich innerhalb der Menschheit die Männer befinden. [...] Ein Mann fängt niemals damit an, sich erst einmal als Individuum eines bestimmten Geschlechts vorzustellen: daß er ein Mann ist, versteht sich von selbst« (AG 10). Ein Mann zu sein, wird von Männern nicht als Besonderheit, sondern als Selbstverständlichkeit empfunden. Das liegt daran, dass seit jeher *Männlichkeit* mit *Menschlichkeit* gleichgesetzt wurde und vielfach immer noch gleichgesetzt wird. (In Beauvoirs Muttersprache steht das Wort *homme* für beides: Mann und Mensch.) Die kulturellen Belege dafür sind zahllos; als ein Beispiel sei hier nur an die zur Europahymne erkorene *Ode an die Freude* erinnert: »Freude, schöner Götterfunke, Tochter aus Elysium. [...] Alle Menschen werden Brüder, wo dein sanfter Flügel weilt«. Nur verhältnismäßig wenige Menschen nehmen ernsthaft Anstoß an derartigen Formulierungen, während eine Zeile wie »alle Menschen werden Schwestern« uns zutiefst irritieren und sofort als unzulässig, ja als falsch auffallen würde. Männer betrachten sich selbst sozusagen als normale Menschen (und mithin als Maßstab des Menschseins). Als was aber betrachten sich Frauen? Und als was betrachten die Männer die Frauen, wenn nicht als normale Menschen? Die Antwort lautet: *als das Andere*. »Die Menschheit ist männlich, und der Mann definiert die Frau nicht an sich, sondern in Beziehung auf sich; sie wird nicht als autonomes Wesen angesehen« (AG 10), sondern als *relatives* Wesen. »Sie wird bestimmt und unterschieden mit Bezug auf den Mann, dieser aber nicht mit Bezug auf sie; sie ist das Unwesentliche angesichts des Wesentlichen. Er ist das Subjekt, er ist das Absolute: sie ist das Andere« (AG 11). Wiederum liefert uns die sprachliche Praxis eine unmittelbare Bestätigung der These Beauvoirs: Dass eine Frau sich z.B. mit dem Namen ihres Ehemannes vorstellt, ist zwar hier und heute nicht mehr gebräuchlich, dass aber umgekehrt ein Mann sich mit dem Namen seiner Ehefrau vorstellt, ist eine vollkommen absurde Vorstellung. Der Grund dafür ist, dass Männer sich unabhängig von Frauen denken und definieren, während es für Frauen üblich war (und ist), sich in Relation zu einem Mann zu definieren, z.B. als Ehefrau von xy – denken Sie etwa an die Zahnarztfrau oder die Spielerfrau – oder auch als erotisches Objekt in den Augen einer anonymen Männerwelt.

Beauvoir beschreibt also das merkwürdig ungleiche Verhältnis der Geschlechter mithilfe der Begriffe des *Absoluten* und des *Anderen*. Nun ist die Gegenüberstellung von Absolutem bzw. Wesentlichem und Anderem an sich nichts Außergewöhnliches: »Die Kategorie des ›Anderen‹ ist ebenso alt wie das Bewusstsein selbst. [...] das Andere ist eine grundlegende Kategorie des menschlichen Denkens. Keine Gemeinschaft definiert sich jemals als das Eine, ohne sofort das Andere sich entgegenzusetzen. Es genügt, daß sich drei Reisende zufällig in einem Eisenbahnabteil zusammenfinden, damit alsbald alle übrigen Reisenden in undefinierbarer Weise feindliche ›Andere‹ werden« (AG 11). Dass sich Menschen und insbesondere Menschen*gruppen* definieren, indem sie sich von denen, die sie als anders betrachten, abgrenzen, ist demnach eine Grundbegebenheit der sozialen Wirklichkeit. »Für den Dörfler sind alle Leute, die nicht zu seinem Dorfe gehören, verdächtige ›Andere‹; dem Eingeborenen eines Landes erscheinen die Bewohner von Ländern, die nicht das seine sind, als ›Fremde‹« (AG 11). Diese Phänomene, meint Beauvoir, kann man gut verstehen, »wenn man [...] im Bewußtsein selbst eine grundlegend feindliche Haltung in bezug auf jedes andere Bewußtsein entdeckt; das Subjekt setzt sich nur, indem es sich entgegensetzt: es hat das Bedürfnis, sich als das Wesentliche zu bejahen und das Andere als das Unwesentliche, als Objekt zu setzen« (AG 11). Demzufolge gehört es zu den Eigenarten eines Bewusstseins, dass es sich als wesentlich im Verhältnis zu jedem anderen Bewusstsein setzt und dass es nach der Anerkennung seines Anspruchs auf Wesentlichkeit strebt. Das führt unweigerlich zu einem grundlegenden Konfliktpotenzial zwischen bewussten Wesen, denn »die Anderen« haben ja auch den Anspruch, das Wesentliche zu sein: »auf Reisen stellt der Eingeborene mit Entrüstung fest, daß es in den Nachbarländern Eingeborene gibt, die ihn selbst als Fremden betrachten; unter Dörfern, Klans, Nationen, Klassen gibt es Kriege, […] Verträge, Auseinandersetzungen, die die Idee des ›Anderen‹ ihres absoluten Sinnes entkleiden und seine Relativität offenbaren« (AG 12). Jeder ist in den Augen des Anderen selbst das Andere, jeder ist anderswo der Fremde, jede ist im Verhältnis zu bestimmten Gruppen die Ausgeschlossene. Das bedeutet: »Wohl oder übel sind Individuen und Gruppen gezwungen, die Wechselseitigkeit ihrer Beziehungen anzuerkennen« (AG 12). Nun ist es keineswegs so, dass diese Wechselseitigkeit von allen oder auch nur von den meisten Menschen ohne Widerstände anerkannt würde. Im Gegenteil: Die Geschichte der Menschheit ist geprägt von den Versuchen verschiedenster Gruppen, ihren Anspruch auf Wesentlichkeit mit Gewalt durchzusetzen. Aber Kämpfe und Kriege implizieren ja bereits die Anerkennung der Tatsache, dass andere Gruppen und Individuen ihre eigenen Ansprüche geltend machen. Wer versucht, andere Individuen oder Gruppen in die Rolle des Unwesentlichen, Relativen zu zwingen, weiß zugleich, dass kein Mensch kampflos und ohne äußeren Druck seinen Anspruch auf Souveränität aufgibt – das sollte man zumindest meinen.

Auf der Basis dieser allgemeinen Überlegungen zu den Grundstrukturen des sozialen Lebens kann Beauvoir nun die Frage nach dem Verhältnis der Geschlechter auf eine ganz neue Weise stellen: »Wie kommt es«, so fragt sie sich, »daß zwischen den Geschlechtern diese Wechselseitigkeit nicht hergestellt worden ist, daß der eine der beiden Begriffe sich als der allein wesentliche behauptet hat und mit Bezug auf seinen Gegenbegriff jede Relativität ablehnt, indem er diesen schlechthin als ›das Andere‹ definiert? Warum fechten die Frauen die männliche Souveränität nicht an? Kein Subjekt setzt sich spontan und ohne Weiteres als das Unwesentliche« (AG 12). Beauvoir macht auf ein erstaunliches Phänomen aufmerksam: Dass sich verschiedene Gruppen in dem Versuch, sich als wesentlich zu behaupten, feindlich gegenübertreten, gehört zu den Grundtatsachen des menschlichen Zusammenlebens. Dass aber eine Gruppe sich kampflos als das Andere, Unwesentliche setzen lässt, ohne sich gegen diese Degradierung aufzulehnen, das ist ein ganz außergewöhnlicher Umstand, den man, wie Beauvoir meint, nur in der Beziehung zwischen den Geschlechtern beobachten kann. Sicher gibt es andere Fälle, »wo es längere oder kürzere Zeit eine Kategorie hindurch einer Kategorie gelungen ist, eine andere unbedingt zu beherrschen. Oft hat numerische Ungleichheit dies Übergewicht begünstigt [...]. Aber die Frauen sind nicht wie die Schwarzen in Amerika oder die Juden eine Minderheit: es gibt ebenso viele Frauen auf der Erde wie Männer« (AG 12). Es lässt sich auch kein historisches Ereignis (keine verlorene Schlacht z. B.) nennen, das zur Unterordnung der Frauen unter die Männer geführt hätte, vielmehr scheint es kein Vorher zu diesem Zustand hierarchischer Ungleichheit zu geben. »Es hat weder Kampf noch Sieg noch Niederlage gegeben« (AG 85). Und dieser Umstand machte und macht es bis heute vielen Menschen so schwer, die Ungleichheiten zwischen den Geschlechtern überhaupt als problematisch, geschweige denn als Unrecht zu erkennen.

Immanenz und Transzendenz

Die entscheidenden Fragen, die sich aus Beauvoirs Überlegungen ergeben, sind folgende: Welche Deutung bzw. Wertung liegt dem beschriebenen Verhältnis der Geschlechter zugrunde? Wie und warum wird die hierarchische Ungleichheit aufrechterhalten? Welche Gründe könnten Frauen dafür haben, sich nicht gegen die Geringschätzung ihres Geschlechts aufzulehnen? Die Beantwortung dieser Fragen in *Das andere Geschlecht* erfolgt im Bezugsrahmen der existenzialistischen Philosophie und mit den entsprechenden Begrifflichkeiten. Die Existenzphilosophie beschäftigt sich nicht wie die biologische Anthropologie mit den anatomischen Merkmalen und Besonderheiten des Menschen, sondern mit der menschlichen *Seinsverfassung* d.h. mit den Grundstrukturen unseres Daseins bzw. mit den Bedingungen unserer Existenz. Als eine entscheidende Besonderheit des menschlichen Seins betonen die Existenzphilosophen den Umstand, dass der Mensch nicht einfach *ist*, sondern *zu sein* hat. Nur für den Menschen als Lebewesen mit Selbstbewusstsein wird das eigene Sein zu einer Aufgabe; nur der Mensch muss seinem Leben eine Form geben und muss sich durch Entwürfe definieren. Der Mensch ist sich als freies, sich in die Zukunft entwerfendes, über sich selbst »hinauswachsendes« Wesen immer schon vorweg und ist sozusagen unaufhörlich auf dem Weg zu sich. Der philosophische Begriff für diese Grundstruktur unseres Daseins lautet *Transzendenz* (lat. *transcendere* = überschreiten, übersteigen). Die für Beauvoirs weitere Ausführungen zentrale Kategorie der Transzendenz hat gleichzeitig eine deskriptive und eine normative Funktion, d.h. sie dient der Beschreibung der menschlichen Seinsverfassung und weist zugleich auf die Gefahr einer Verfehlung des Daseins hin. Denn wenn ein Mensch in seiner Fähigkeit zur Transzendenz massiv beschränkt wird oder wenn er aktiv vor dieser Bedingung der Existenz flieht, dann bedeutet das einen Rückfall in die *Immanenz*, die durch Passivität und Quasi-Dinglichkeit charakterisiert ist. Einen solchen Rückfall in eine Quasi-Dinglichkeit betrachtet Beauvoir als »absolutes Übel« (AG 21).

Unter Bezugnahme auf die Kategorien *Transzendenz* und *Immanenz* und die entsprechenden Wertungen beantwortet Beauvoir nun zunächst folgende Frage: »Man versteht [...], daß der Mann den Willen hatte, die Frau zu beherrschen: welcher Vorteil aber hat ihm erlaubt, sich diesen Wunsch zu erfüllen?« (AG 69). Der »Schlüssel des ganzen Geheimnisses« (AG 72) liegt in den unterschiedlichen Beiträgen der Geschlechter zur Reproduktion der menschlichen Gattung. Durch Gebären und Stillen ist die Frau »zuständig« für die Erhaltung der Gattung im biologischen Sinne. Sie steht damit für »eine Wiederholung des immergleichen Lebens unter wechselnden Formen« (AG 72). Der Mann hingegen »setzt Zwecke, plant Wege, die zu ihnen führen: er verwirklicht sich in der Existenz. Um zu erhalten, schafft er; er überschreitet die Gegenwart und eröffnet die Zukunft« (AG 71). Er führt damit die Gemeinschaft über das tierische Dasein hinaus, und damit kommt

der »männlichen«, transzendierenden Aktivität der Vorrang vor
der bloßen Erhaltung des Lebens zu. »Der Grund dafür ist, daß
die Menschheit nicht einfach eine natürliche Gattung darstellt:
sie versucht sich auch nicht nur als solche zu erhalten; sie plant
nicht das Stehenbleiben, sondern sie strebt danach, sich selbst zu
überschreiten« (AG 70).

Fassen wir kurz zusammen: Es besteht ein Verhältnis hierarchischer
Ungleichheit zwischen den Geschlechtern, wobei die Frauen von
den Männern als das Andere betrachtet werden, wogegen sich jene
offenbar allenfalls halbherzig zur Wehr setzen. Die Ursprünge der
männlichen Vorrangstellung sind laut Beauvoir in den geschlechts-
spezifischen Beiträgen zur Reproduktion der Gattung zu suchen.
Allerdings folgt die Ungleichheit nicht unmittelbar aus den anatomischen Besonderheiten (und ist auch nicht als ewige Wahrheit zu
verstehen), sondern man muss die Deutung und Wertung der spezifischen Beiträge zur menschlichen Gemeinschaft beachten, die
sich wiederum aus der Seinsverfassung des Menschen ergeben: Der
Mann verkörpert mit seinem Übersteigen der animalischen Natur
die Transzendenz, die Frau verkörpert hingegen mit der bloßen
Erhaltung des Lebens die Sphäre der Immanenz. »Die Perspektive
der Existenz hat uns also das Verständnis dafür ermöglicht, wie
durch die biologische und wirtschaftliche Situation der primitiven
Gesellschaften die Vorrangstellung des Mannes zustande gekommen ist« (AG 73). Was aber bedeutet das alles für uns hier und
heute – zumal wir ja in einer Gesellschaft leben, in der Frauen
nicht mehr zum Gebären und Stillen verurteilt sind und durchaus
an der »männlichen Transzendenz« partizipieren können?
   Die kampflos entstandene und von der Frau akzeptierte
Vormachstellung des Mannes hat sich durch die Jahrtausende
menschlicher Geschichte erhalten und ist, wie oben festgehalten
wurde, niemals ernsthaft angefochten worden. Nicht nur Gesetze,
sondern auch und vor allem Mythen, Kunst, Literatur, (heute
müssen wir ergänzen: Fernsehen, Internet, Computerspiele usw.)
sowie gesellschaftliche Praktiken, Institutionen, Erziehung usw.
konsolidieren und perpetuieren die Ungleichheit zwischen den
Geschlechtern. Diese Ungleichheit, glaubt Beauvoir, hat für beide

Geschlechter ihre (scheinbaren) Vorteile, und zwar bezüglich der Bedingungen unserer Existenz. Als existenzialistische Denkerin ist Beauvoir der Ansicht, dass wir Menschen mit den Bedingungen unseres Daseins – als da wären: Freiheit, Verantwortung, Vergänglichkeit, die Konfrontation mit dem Anderen – meist nicht ohne Weiteres zurechtkommen. Tatsächlich versuchen wir auf unterschiedliche Weise vor bestimmten Aspekten unserer Existenz zu fliehen, vornehmlich indem wir sie leugnen. Die patriarchalische Gesellschaftsordnung erhält nun Beauvoir zufolge ihre Stabilität eben durch solche Fluchtversuche. Kurz gesagt verspricht das Patriarchat der Frau die Entlastung von den Risiken der Transzendenz (d.h. konkret: von den Risiken einer autonomen, selbstverantwortlichen Existenz), während der Mann glaubt, durch die kampflose, unverdiente Vorherrschaft von dem Ringen um Anerkennung befreit zu sein. Beide Versprechungen bleiben freilich uneingelöst, einfach weil wir vor den Bedingungen unserer Existenz nicht fliehen *können*. Wir spüren, dass sich die Forderungen und Risiken des Daseins nicht so einfach ausschalten lassen, wie es uns lieb wäre. Aber die Fluchtreflexe sind hartnäckig, und die unterschwellige Angst vor den Bedingungen unseres Daseins verhindert die Auflösung der Sicherheit versprechenden Geschlechterhierarchie.

Beauvoir stellt damit in ihren Überlegungen zum Geschlechterverhältnis einen entscheidenden Aspekt in den Vordergrund, der bis heute gerne übersehen oder aber zur Rechtfertigung von Ungleichheiten verzerrt wird: die Komplizenschaft der Frauen mit dem Patriarchat. »In der Tat finden die Männer in ihrer Gefährtin einen besseren Komplicen, als der Unterdrücker üblicherweise im Opfer seiner Unterdrückung findet« (AG 672). Während sich nun aber manche »böswillig zu der Erklärung berechtigt [fühlen], sie habe das Schicksal gewollt, das sie ihr auferlegt haben« (AG 672), betont Beauvoir, dass traditionell die ganze weibliche Erziehung darauf angelegt ist »ihr die Wege der Auflehnung und des Abenteuers zu versperren« (AG 672). Da Mädchen nicht zur Autonomie erzogen werden, so Beauvoir, ist es nicht schwer zu verstehen, warum viele erwachsene Frauen die Komplizenschaft mit dem Patriarchat für akzeptabel halten. Diejenigen Frauen beispielsweise, die ihr Leben dauerhaft auf die häusliche Sphäre beschränken, die sich gerne auf Sexobjekte reduzieren lassen oder aber freiwillig eine Burka tragen, ziehen aus den offenkundigen gesellschaftlichen Nachteilen oder Entwürdigungen, die damit einhergehen, doch auch einen grundlegenden Vorteil, nämlich die (scheinbare) Befreiung von den Risiken einer selbstbestimmten, verantwortungsvollen Existenz. Gerade in einer liberalen, pluralistischen Gesellschaft wie der unseren erlebt man nicht selten die paradoxe Situation, dass Frauen (häufig sogar im Namen der Emanzipation) für ihre eigene Degradierung zum Sex-Objekt bzw. zum Menschen zweiter Klasse oder für den Rückfall in traditionelle Rollenmuster eintreten. Diese Art der Komplizenschaft mit der männlichen Vorherrschaft ist fatal, weil sie wesentlich dazu beiträgt, die Ungleichheit zwischen den Geschlechtern fortzusetzen – nicht zuletzt, indem sie eine Solidarisierung der Frauen verhindert. Damit sind nun aber die Männer für Beauvoir keineswegs »aus dem Schneider«, so als wolle sie sagen: Die Frauen sind doch selbst schuld, wenn sie sich unterdrücken und degradieren lassen. Nein, die Unterdrückung bzw. die Ausnutzung und Fortführung einer gesellschaftlich etablierten hierarchischen Ungleichheit bleibt ein absolutes Unrecht, auch wenn der Widerstand dagegen gering oder sogar nicht vorhanden ist. Männer *und* Frauen müssen sich also darüber Rechenschaft geben, was sie selbst zu der Situation der hierarchischen Ungleichheit und zum Kampf der Geschlechter beitragen.

Die Frau, das zwiespältige Wesen

»Man kommt nicht als Frau zur Welt, man wird es« (AG 265) – mit diesen berühmt gewordenen Worten beginnt das zweite Buch von *Das andere Geschlecht*, das der *Gelebten Erfahrung* gewidmet ist. Kaum sind wir auf der Welt, beginnt die Dressur, die uns auf unsere Geschlechterrollen vorbereitet – was im Übrigen für *beide* Geschlechterrollen gleichermaßen gilt. Dass diese Dressur meist unreflektiert und in weiten Teilen nonverbal abläuft und dass die Resultate für uns den Anschein des Natürlichen haben, da sie uns in Fleisch und Blut übergegangen sind, ist Beauvoir selbstverständlich bewusst. Nichtsdestoweniger betont sie die kulturelle und soziale Produktion der scheinbar naturwüchsigen »kleinen« Unterschiede. Wenn uns etwa ein Mädchen »lange vor seiner Pubertät und manchmal sogar von seiner frühesten Kindheit an geschlechtlich differenziert vorkommt, so liegt es nicht daran, daß geheimnisvolle Instinkte es unmittelbar zur Passivität, zur Koketterie, zur Mutterschaft bestimmen. Fremde Einflüsse greifen beinahe von vornherein in das Leben des Kindes ein, und bereits von seinen ersten Jahren an wird ihm seine Bestimmung aufoktro-yiert« (AG 265). Gegen die These von der kulturellen Produktion des sozialen Geschlechts werden häufig Einwände erhoben, auch und gerade von Eltern, die sich gegen die Behauptung wehren, Jungen und Mädchen würden von Geburt an unterschiedlich erzogen. Die Unterschiede zwischen den Geschlechtern, so heißt es, entwickelten sich von selbst und seien schon so früh manifest, dass ihre Anerzogenheit auszuschließen sei. Tatsächlich aber ist die Ungleichheit zwischen den Geschlechtern für uns so selbstver-ständlich, dass uns die Unterschiede in unserem Verhalten gegen-über männlichen und weiblichen Kindern meist gar nicht bewusst werden. Empirische Studien mit Säuglingen haben gezeigt, dass Jungen und Mädchen praktisch niemals gleich behandelt werden: Sie werden unterschiedlich angesprochen, unterschiedlich berührt, ja sogar unterschiedlich angesehen. Letzteres zeigt ein Experiment, bei dem erwachsenen Probanden das Bild ein und desselben Säug-lings gezeigt wurde, wobei einer Gruppe gesagt wurde, das Baby sei männlich, einer anderen Gruppe, es sei weiblich. Dann wurden die Probanden gebeten, Assoziationen zu dem Bild zu entwickeln, und diese fielen sehr unterschiedlich aus und entsprachen genau den in unserer Gesellschaft üblichen Geschlechterstereotypen: Jungs sind abenteuerlustig, aktiv, frech usw.; Mädchen sind hübsch, lieb, brav usw. Was die Erwachsenen in ein Kind hineinprojizieren und in ihm sehen (wollen), lässt sich aber niemals trennen von der Art und Weise, wie sie mit dem Kind umgehen.

Die Frauwerdung ist ebenso wie die Mannwerdung gekennzeichnet durch das oben beschriebene hierarchische Geschlechterverhält-nis. Was das männliche Kind betrifft, so stellt Beauvoir fest: »Man redet dem Knaben ein, daß von Jungen wegen ihrer Überlegenheit

mehr verlangt wird. Um ihn auf dem schwierigen Weg zu ermuti-
gen, der ihm bevorsteht, macht man ihn künstlich stolz auf seine
Männlichkeit« (AG 268). Was demgegenüber die Frauwerdung
betrifft, so drängt »die Gesamtheit der Zivilisation« (AG 265) die
weiblichen Menschen in die Rolle des Anderen, Unwesentlichen,
Unproduktiven, Unterlegenen, Passiven, Objekthaften. Das weibliche Menschenkind lernt u.a. sehr früh, welche Bedeutung das
Aussehen für eine Frau hat: Richtige Frauen tun alles, um schöne
Objekte in den Augen anderer zu sein – und werden von Männern
für ihre Eitelkeit belächelt oder verachtet. Das Mädchen wird im
Namen des Bravseins und mit Hinweis auf seine »Schwäche« von
den Wettkämpfen und vom Kräftemessen der Jungen ferngehal-
ten – und wird als Frau weder das Selbstvertrauen noch den Mut in
sich finden, um sich durchzusetzen oder mit Männern zu konkur-
rieren. Stattdessen lernt es, Männer mit Koketterie und Frivolität
um den Finger zu wickeln und (den meisten) anderen Frauen
mit eifersüchtiger Feindseligkeit zu begegnen – beides schließt
reziproke, freundschaftliche Beziehungen aus. Das Mädchen lernt
außerdem, dass sein Geschlecht für die Pflege und Erziehung der
Nachkommen zuständig ist – eine Arbeit, der ein bemerkenswert
geringer Wert zugestanden wird. Für Beauvoir laufen diese Aspekte der kulturell geprägten Weiblichkeit darauf hinaus, die Frau
von der Transzendenz fernzuhalten, die in einer patriarchalischen
Gesellschaft dem Mann vorbehalten bleibt, und sie stattdessen zur
Immanenz zu verurteilen. »Die Wonnen der Passivität sind es, die
Eltern und Erzieher, Bücher und Mythen, Frauen und Männer dem
kleinen Mädchen vorgaukeln. Schon in seiner frühesten Jugend
lehrt man es, Gefallen daran zu finden. Die Versuchung wird immer verlockender« (AG 290). Mit Bedacht spricht Beauvoir von
einer »Versuchung«, denn die Frauwerdung ist kein mechanischer
Vorgang, ist keine reine Frau*machung*. Sie beinhaltet ein Moment
der Wahl oder besser: der Zustimmung zu einem »Schicksal«, das
alternativlos (weil naturgegeben) erscheint. Zu dieser Zustimmung
wird die Frau gleichsam verführt, denn die Rolle des Anderen lockt
mit dem »Traum der Selbstaufgabe« (AG 670).
  Die Erziehung und kulturelle Formung der Mädchen mit dem
Ziel, sie in die Rolle des Anderen, Unwesentlichen zu drängen,

widerspricht nun aber auf fundamentale Weise dem ursprüng-
lichen Streben jedes Subjekts nach freier Selbstentfaltung, nach
Wesentlichkeit und Transzendenz. So kann es kaum verwundern,
dass das Leben der Frau durch eine tiefe Widersprüchlichkeit
charakterisiert ist. Da sich Weiblichkeit und Menschlichkeit
in gewisser Weise ausschließen, ist die Frau ein zwiespältiges
Wesen: Verhält sie sich wie eine »richtige Frau«, dann ist sie zur
Unwesentlichkeit und Zweitrangigkeit verurteilt. Verleiht sie ihren
Wünschen nach »männlicher« Aktivität und ihrem Anspruch auf
Wesentlichkeit Ausdruck, so gilt sie nicht als »richtige Frau«. »Bei
der Frau findet sich von Anbeginn ein Konflikt zwischen ihrer
autonomen Existenz und ihrem ›Anders-Sein‹. Sie wird gelehrt,
sie müsse zu gefallen suchen, müsse sich zum Objekt machen, um
zu gefallen; sie solle also auf ihre Autonomie verzichten« (AG 275).
Und je mehr sie diese Restriktionen verinnerlicht, »um so weniger
Rückhalt wird sie in sich selbst finden, um so weniger wird sie sich
als Subjekt zu behaupten wagen« (AG 275). Dass sich die Rolle
der Frau in der Gesellschaft zumindest in unserem Kulturkreis
verändert hat, war auch schon für Beauvoir zu erkennen. Dennoch, so meint sie, sind die Widersprüche des Frauseins nicht
ohne Weiteres zu überwinden. »Dank der Errungenschaften der
Frauenbewegung wird es immer mehr üblich, sie zum Studieren,
zur sportlichen Betätigung anzuhalten. Aber man sieht es ihr eher
als einem Jungen nach, wenn sie dabei nicht mitkommt. […] Zum
mindesten verlangt man von ihr, daß sie dabei *auch* Frau bleibt,
ihre Weiblichkeit nicht *verliert*« (AG 276). Denken Sie einmal an
die vielen Profi-Sportlerinnen, die sich für den *Playboy* ablichten
lassen, um ihre Weiblichkeit unter Beweis zu stellen, die offenbar
beim Boxen oder Fußballspielen verlorenzugehen droht. Weiblich
zu sein bedeutet eben nach wie vor, schön, nachgiebig, fürsorglich,
sexy, passiv, relativ zu sein.

   Die weibliche Geschlechterrolle beinhaltet demnach eine
besondere Problematik: Sie verlangt von der Frau, dass sie einen
wesentlichen Aspekt der Existenz aufgibt, und diese Forderung
ist einerseits verlockend, weckt aber andererseits den Widerstand
der Frau als eines freien Subjekts. Diesem Widerstand sind jedoch
durch die Restriktionen der weiblichen Rolle enge Grenzen gesetzt.

Weibliche Auflehnung gerät daher in Konflikt mit Anforderungen des sozialen Geschlechts. Die Frau »akzeptiert das Schicksal, das Natur und Gesellschaft ihr zuweisen, nicht, und doch lehnt sie es auch nicht entschieden ab. Sie ist innerlich zu sehr gespalten, um den Kampf mit der Welt aufzunehmen. [...] Jeder ihrer Wünsche geht mit einer Angst parallel« (AG 335). Diese tief sitzende Angst dreht sich nicht zuletzt um den Verlust der weiblichen Identität. In einer Gesellschaft, die wie die unsere durch die Betonung der Geschlechterdifferenzen geprägt ist, werden Menschen, die sich in ihrer Geschlechterrolle unwohl fühlen, viel eher *an sich* selbst zweifeln als an den kulturellen Gepflogenheiten. Da kulturelle und soziale Strukturen als unveränderbar, ja als naturgemäß erscheinen, findet weiblicher Protest (meist) innerhalb der Spielregeln der Weiblichkeit statt. »Es ist bemerkenswert, daß das junge Mädchen in all ihrem Betragen die natürliche und soziale Ordnung nicht zu überschreiten sucht. Sie hat nicht die Absicht, die Grenzen des Möglichen zurückzuschieben, noch eine Umwertung der Werte vorzunehmen. Sie begnügt sich damit, ihre Auflehnung innerhalb einer feststehenden Welt auszudrücken, die in ihren Grenzen und Gesetzen erhalten bleibt« (AG 339). Man kann die »typisch weiblichen« Psychopathologien, wie die Magersucht, als krankmachende Versuche von Frauen interpretieren, sich gegen unerträgliche Situationen aufzulehnen, aber dabei gleichzeitig der weiblichen Rolle zu entsprechen. »Normale« feminine Verhaltensweisen, wie ständiges Achten auf das eigene Aussehen, permanentes Diäthalten und Streben nach Schlanksein, werden bei solchen geschlechtstypischen Störungen bis ins Unerwünschte und Pathologische übertrieben. Weiblicher Ungehorsam und symbolische Auflehnung spielen sich dann paradoxerweise im Rahmen der Restriktionen des sozialen Geschlechts ab – also »typisch weiblich« – und können diese Restriktionen nicht überwinden. Ein Ausbrechen aus dem Rollenzwang und eine echte Rebellion bleiben für die Frauen, die auf »weibliche« Weise leiden, ausgeschlossen.

Der Cinderella-Komplex

Ein Vierteljahrhundert nach dem Erscheinen von *Das andere Geschlecht* musste die amerikanische Journalistin Colette Dowling erfahren, wie zutreffend Beauvoirs Thesen über die Zwiespältigkeit des Frauseins sind und wie tief verwurzelt der Konflikt zwischen Transzendenz und Immanenz ist. Dowling beschreibt in ihrem Buch *Der Cinderella-Komplex. Die heimliche Angst der Frauen vor der Unabhängigkeit* wie sie als alleinstehende Mutter von drei Kindern dazu gezwungen war, ihr Leben selbständig und verantwortungsvoll zu gestalten – und wie sie, als sie mit ihrem neuen Lebensgefährten zusammen aufs Land zog, ihre Selbständigkeit nur allzu bereitwillig aufgab, um im Gegenzug beschützt und versorgt zu werden. Die widersprüchlichen Wünsche nach (menschlicher) Autonomie und (weiblicher) Abhängigkeit, erkannte Dowling, führen unweigerlich zu inneren Spannungen und seelischen Problemen. »Der Konflikt allein stehen und sich gleichzeitig an jemanden klammern zu wollen, […] ruft eine chronische, kräfteverschleißende Ambivalenz hervor« (CK 23), die nichts anderes ist als die Ambivalenz zwischen einer selbstbestimmten, verantwortungsvollen Existenz und dem Frau-Sein.

Dowling untersucht in ihrer Studie die Auswirkungen ebenso wie die Wurzeln des »Cinderella-Komplexes«. Die Konsequenzen und Symptome der weiblichen Angst vor der Unabhängigkeit sind Leistungsangst, mangelnde Durchsetzungskraft, Angst vor Konkurrenz – »denn wir wurden in dem Glauben erzogen, daß es unweiblich sei, für uns selbst zu sorgen und uns zu behaupten« (CK 60) –, Furcht vor Kritik, Hilflosigkeit im Umgang mit der Welt, Unterwürfigkeit, Passivität, kindliche Verhaltensweisen (Schmollen, Koketterie, Naivität, Heischen nach Zustimmung usw.). Aus diesem energieraubenden, entwicklungshemmendem Problemkomplex wiederum ergeben sich: berufliche Erfolglosigkeit bzw. Stagnation, das Zurückbleiben hinter den eigenen Möglichkeiten, das Brachliegen von Talenten und Fähigkeiten, der Verlust von Ambitionen, finanzielle Abhängigkeit bzw. geringes Einkommen und schlechte Absicherung, Gefühle der Minderwertigkeit und Zweitrangigkeit, geringe Selbstachtung. Die weibliche Existenz, meint Dowling, ist tief geprägt durch die zweifache Angst vor der Unabhängigkeit und vor der Selbstaufgabe. Dabei kommt dieser Konflikt durchaus nicht immer zu Bewusstsein, vielmehr versuchen viele Frauen ihm durch (gesellschaftlich gebilligte oder gar geförderte) Rationalisierungen zu entgehen. So wird z.B. gerade heute wieder das Argument laut, Emanzipation äußere sich darin, dass eine Frau sich für oder gegen Berufstätigkeit und finanzielle Unabhängigkeit entscheiden könne. Dowling mahnt angesichts solcher »feministischer« Forderungen zur Vorsicht, denn tatsächlich scheint sich hinter der Fassade weiblichen Selbstbewusstseins die tief sitzende Angst vor den Risiken und Herausforderungen der »Männerwelt« zu verbergen. Und für diese Angst bietet die patriarchalisch geprägte Gesellschaft der Frau einen allgemein akzeptierten aber zweifelhaften Ausweg: »das ›Noch-ein-Kind‹-Syndrom – eine gesellschaftlich gebilligte Methode, zu Hause zu bleiben (oder sich wieder dorthin zurückzuziehen)« (CK 47). Damit will sich Dowling nun keineswegs grundsätzlich gegen die Mutterschaft aussprechen – ebenso wenig wie Beauvoir dies wollte – nur über die eigenen Motive für einen Kinderwunsch sollte frau sich aufrichtig Rechenschaft geben.

Was die Wurzeln des »Cinderella-Komplexes« betrifft, so hat Beauvoir, wie oben dargelegt wurde, sehr scharfsinnig auf die Ambivalenz von Unterdrückung und Komplizenschaft der Frauen aufmerksam gemacht und die Fallstricke der weiblichen Sozialisation identifiziert. Dowling fasst (ganz im Sinne Beauvoirs) zusammen: »Aus kulturellen und psychologischen Gründen – ein System, das nicht wirklich hohe Erwartungen an uns stellt, in Verbindung mit unseren persönlichen Ängsten, die uns davon abhalten, aufzustehen und der Welt entgegenzutreten – unterdrücken Frauen sich selbst« (CK 39) und setzen damit die äußere Unterdrückung fort.

Alle Menschen werden Geschwister

Wir werden nicht als Frauen geboren, wir werden dazu (gemacht), und die Frauwerdung ist, wie Beauvoir festgestellt hat, durch eine grundlegende Konflikthaftigkeit belastet, weil sie von den weiblichen Menschen verlangt, ihren Anspruch auf Souveränität und Autonomie zugunsten von Relativität und Passivität zu verleugnen. Das systematische Fördern und Fordern »femininer« Eigenschaften führt dann dazu, dass viele Frauen nicht nur eine mehr oder weniger bewusste Angst vor einem selbstbestimmten, unabhängigen Leben empfinden, sondern dieser Angst auch viel eher als ein Mann nachgeben und in eine deprimierende Abhängigkeit fliehen. Kultur und Erziehung, so könnte man sagen, sind nicht darauf ausgerichtet, Mädchen mit dem nötigen Handwerkszeug für eine autonome Existenz auszustatten. Vielmehr bedeutete – und bedeutet immer noch in großem Ausmaß – das Frausein eine ins Unendliche verlängerte Kindheit und mithin Abhängigkeit, Unsicherheit, Hilflosigkeit und Unterordnung.

Ich hatte eingangs darauf hingewiesen, dass die Gedanken aus *Das andere Geschlecht* nicht nur Frauen betreffen. Zwar hat sich Beauvoir bewusst und explizit auf eine Untersuchung des *weiblichen* »Schicksals« beschränkt und dem folgend wurde in diesem Kapitel das mögliche Leiden, das mit dem Frausein einhergeht, in den Vordergrund gestellt. Aber wenn man das Dargelegte etwas allgemeiner fasst, zeigt sich die Relevanz der Thesen für *beide* Geschlechter. Nicht nur Frauen, auch Männer werden allererst zu solchen (gemacht), und trotz der hierarchischen Überordnung des Mannes in einer patriarchalischen Gesellschaft hat auch die männliche Geschlechterrolle ihre Schattenseiten. So sind z.B. Ängste, Unsicherheiten und Ausflüchte, die Frauen nur allzu bereitwillig zugestanden werden, für Männer weitgehend tabu. Der Zwang, hart, furchtlos, wichtig und überlegen zu erscheinen, fordert schon von Jungen ein hohes Maß an Verleugnung von (vermeintlichen) Schwächen und »weiblichen« Aspekten der eigenen Persönlichkeit.

Entscheidend für beide Geschlechterrollen ist aus existenzialistischer Sicht Folgendes: Die Restriktionen des sozialen Geschlechts bedeuten eine massive Einschränkung des Spielraums nicht nur unseres Handelns, sondern auch unseres Wünschens, Erlebens, Vorstellens und Empfindens. Anders gesagt: Das soziale Geschlecht beschneidet in gewaltigem Ausmaß unsere Freiheit, und Freiheit – nicht etwa Glück – ist für Beauvoir der Maßstab für ein gutes Leben ebenso wie für ein gutes *Zusammen*-Leben. »Es besteht keine Möglichkeit, das Glück eines anderen zu messen, und es ist immer leicht, die Situation als glücklich zu erklären, zu der man jemanden zwingen will« (AG 21) – oder die Situation, aus der man sich nicht zu befreien wagt. Glück »ist also ein Begriff, auf den wir uns hier nicht einlassen wollen« (AG 21). Die Normen und Regeln, die wir akzeptieren müssen, um als »richtige« Frauen oder Männer zu gelten, müssen im Hinblick darauf untersucht werden, wie sehr sie unseren äußeren und inneren Freiheitsspielraum beschränken. Die persönliche Zufriedenheit mit den Spielregeln des sozialen Geschlechts ist unter diesem Gesichtspunkt kein hinreichendes Kriterium für das Festhalten an den entsprechenden Restriktionen. Das liegt auch daran, dass die persönliche Einstellung zu den Maßgaben des sozialen Geschlechts nicht als reine Privatsache betrachtet werden darf. Es geht hier um einen Bereich, der gesellschaftlich, politisch und moralisch relevant ist. Wie ich z.B. mit den Normen der Weiblichkeit umgehe, betrifft nicht nur mich selbst, denn ich fälle mit meiner Einstellung ja ein Urteil darüber, wie Frauen im Allgemeinen zu sein haben und welche Rolle sie in der Gesellschaft spielen sollten. Und bei diesem Urteil, meint Beauvoir, muss die Freiheit schwerer wiegen als unmittelbare persönliche Vorteile, Angst oder Bequemlichkeit. »Das bedeutet, daß wir, die wir uns für die Möglichkeiten des Individuums interessieren, diese Möglichkeit nicht in Begriffen des Glücks, sondern in Begriffen der Freiheit definieren werden« (AG 21).

Die Grenzen und Forderungen des sozialen Geschlechts schränken uns ein, machen unsere Entwürfe stereotyp und unflexibel, (ver-)formen unsere Wünsche und unsere Phantasie, schüren mit ihren Zwängen innere Konflikte und verstellen die Sicht auf neue, ungedachte, scheinbar undenkbare Möglichkeiten. Vom Tag unserer Geburt an wird uns beigebracht und vorgeführt, wie wir uns als männlicher oder weiblicher Mensch zu verhalten haben. Wir lernen, wovon ein Mann zu träumen hat und was eine Frau sich wünschen soll. Das alles geht uns in Fleisch und Blut über und wird für uns so selbstverständlich, dass wir meist nicht mehr merken, wie sehr unsere Individualität und unsere Freiheit gegenüber den gesellschaftlichen Normen zurückstehen müssen. Wer es jedoch wagt, sich über die geltenden Geschlechternormen hinwegzusetzen, wird die unsichtbaren Fesseln in aller Regel sehr schnell zu spüren bekommen – nicht zuletzt in Form von *inneren* Widerständen gegen den Ausbruch aus dem Rollenzwang.

Die entscheidende Frage lautet also: Wie befreien wir uns von den (oder zumindest einigen) Restriktionen des sozialen Geschlechts? Für Beauvoir war klar: Wenn es um die Gleichheit der Geschlechter und mithin um einen Ausbruch aus dem Rollenzwang geht, stehen wir vor einer gewaltigen Aufgabe, und »gewiß darf man nicht glauben, daß es genügt, […] die gesellschaftliche Lage [der Frau] zu ändern« (AG 676). Die Ungleichheiten reichen viel tiefer und durchdringen »die Gesetze, Institutionen, Sitten, Meinungen und das ganze Sozialgefüge« (AG 675). Zudem besteht bei vielen, wenn nicht den meisten Frauen und Männern ein großes Interesse daran, die »kleinen« Unterschiede beizubehalten. Beauvoir hat als Grund dafür die Furcht vor bestimmten Aspekten der Existenz identifiziert: Die Frau glaubt sich »gerettet« in der Abhängigkeit, der Mann glaubt sich »gerettet« in der kampflosen Überlegenheit – fatale Selbsttäuschungen, die uns nichtsdestoweniger hartnäckig an den Restriktionen des sozialen Geschlechts festhalten lassen. Dennoch ist Beauvoir der Meinung, dass eine Welt, in der zwischen Männern und Frauen soziale Gleichheit und Solidarität herrscht, vorstellbar und möglich ist. In einer solchen Welt würden »Mann und Frau jenseits ihrer natürlichen Differenzierungen rückhaltlos geschwisterlich zueinander finden« (AG 680) – alle Menschen würden also *Geschwister*. Skeptikerinnen, Verfechtern der »guten alten« Ordnung und vor allem denjenigen, die sich unter Gleichheit nichts anderes als graue Gleichförmigkeit und den Verlust erotischer Spannung vorstellen können oder die gar das Ende der Menschheit befürchten, hält Beauvoir entgegen: »Hüten wir uns davor, daß unsere mangelnde Phantasie nicht gleich die Zukunft entvölkert. […] Zwischen den Geschlechtern werden neue körperliche und seelische Beziehungen entstehen, die wir uns nicht vorstellen können« (AG 680). Tatsächlich sind es doch die klassischen Geschlechterrollen, die Monotonie und Phantasielosigkeit hervorbringen. Denken Sie z.B. an Hugh Heffner und seine endlose Parade gleichgemachter Playboy-»Bunnies«, die so stereotyp sind, dass sie sich nicht einmal in der Haarfarbe voneinander unterscheiden dürfen.

Offensichtlich sind wir hier und heute noch weit entfernt von einer idealen, geschwisterlichen Gesellschaft im Sinne Beauvoirs. Umso wichtiger ist es, denjenigen Zwängen der Geschlechterideologie auf die Spur zu kommen, die unser persönliches Leben und unsere Entwicklungsmöglichkeiten äußerlich und innerlich beschränken. Neben der kritischen Selbstprüfung sind Bücher wie *Das andere Geschlecht* ein wichtiges Mittel dazu – aber auch ein modernes belletristisches Werk wie Helen Fieldings *Bridget Jones' Diary* –, denn sie helfen dabei, kulturelle (Über-) Formungen unseres Charakters, unserer Wünsche und Vorstellungen zu identifizieren. Dass das eigene Denken und persönliche Erleben von allgemeinen Normen durchdrungen ist, ist aus der Innenperspektive oft nicht leicht zu erkennen. Daher ist es ungemein aufschlussreich, sich mit Erfahrungsberichten anderer Menschen desselben Geschlechts zu beschäftigen. Ebenso wichtig für das Aufspüren von Gender-Zwängen ist die gedankliche Rekonstruktion der eigenen Erziehung. Welche Überzeugungen über das Mann- bzw. Frau-Sein wurden mir als Kind vermittelt, und inwiefern bestimmen diese Überzeugungen auch heute noch mein Handeln? Welche Verhaltensweisen wurden aufgrund meines Geschlechts von meinen frühen Bezugspersonen gefördert oder verboten, und welche Möglichkeiten wurden mir dadurch systematisch genommen? Schließlich wird es Zeit, die unsichtbaren Grenzen der Geschlechterrolle und mithin den Spielraum der Freiheit nach und nach auszudehnen. Dabei können schon kleine Abweichungen vom Gewohnten ungeahnte Wirkungen zeitigen. Wenn Sie eine Frau sind: Versuchen Sie es doch für den Anfang einmal mit dem »männlichen« Sitzen – breitbeinig, raumergreifend, selbstbewusst und mit beiden Füßen sicher auf dem Boden. Wenn Sie ein Mann sind: Geben Sie doch einmal in Gegenwart anderer eine »Schwäche« zu, z.B. wie lieb Sie Ihr Haustier haben oder wovor Sie sich fürchten.

1908   Simone de Beauvoir wird in Paris, im Stadtteil Montparnasse geboren.

1929   Beauvoir macht ihr Staatsexamen an der Pariser École Normale Supérieure. Sie beginnt ihre Liebesbeziehung mit Jean-Paul Sartre, die bis zu dessen Tod 1980 andauern wird.

1931   Beauvoir tritt ihre erste volle Lehrverpflichtung in Marseille an. Bis zu ihrer Entlassung 1943 (wegen Verführung Minderjähriger) arbeitet sie als Philosophielehrerin.

1940–44   Deutsche Besatzung in Paris.

1949   *Das andere Geschlecht* wird veröffentlicht.

1958   Mit den *Memoiren einer Tochter aus gutem Hause* erscheint die erste der autobiographischen Schriften Beauvoirs.

1986   Beauvoir stirbt in Paris. Sie wird neben Sartre auf dem Cimetière Montparnasse beigesetzt.

Kleine Unterschiede?

- ▷ **35%** *der deutschen Männer halten Frauen für hysterisch.*
- ▷ **31%** *der deutschen Frauen halten Männer für gefühlskalt.*
- ▷ **27%** *der deutschen Männer halten Frauen für unvernünftig.*
- ▷ **26%** *der deutschen Frauen halten Männer für unvernünftig.*
- ▷ **30%** *der Männer glauben, dass Frauen es im Leben leichter haben.*
- ▷ **52%** *der Frauen glauben, dass Männer es im Leben leichter haben.*
- ▷ *Bei* **22,6%** *der deutschen Frauen wurde 2011 eine Angststörung diagnostiziert.*
- ▷ *Bei* **9,7%** *der deutschen Männer wurde 2011 eine Angststörung diagnostiziert.*
- ▷ *Bei* **3,9%** *der deutschen Frauen wurde 2011 eine Alkoholstörung diagnostiziert.*
- ▷ *Bei* **18,4%** *der deutschen Männer wurde 2011 eine Alkoholstörung diagnostiziert.*

Quelle: Statista, Statistisches Bundesamt

Zum Nachlesen

Simone de Beauvoir, *Das andere Geschlecht. Sitte und Sexus der Frau*, Reinbek bei Hamburg 1987 (AG).

Simone de Beauvoir, *Der Lauf der Dinge*, Reinbek bei Hamburg 1996 (LD).

Simone de Beauvoir, *Memoiren einer Tochter aus gutem Hause*, Reinbek bei Hamburg 2001 (MTH).

Colette Dowling, *Der Cinderella-Komplex. Die heimliche Angst der Frauen vor der Unabhängigkeit*, Frankfurt am Main 1984 (CK).

Portia de Rossi, *Das schwere Los der Leichtigkeit: Vom Kampf mit dem eigenen Körper*, München 2011.

Zum Weiterlesen (Sachbücher und Belletristisches)

Margaret Atwood, *Katzenauge*, Frankfurt am Main 2001.

Helen Fielding, *Schokolade zum Frühstück. Das Tagebuch der Bridget Jones*, Berlin 1997.

Sabine Doyé/Marion Heinz/Friederike Kuster (Hrsgg.), *Philosophische Geschlechtertheorien. Ausgewählte Texte von der Antike bis zur Gegenwart*, Stuttgart 2002.

Ute Erhardt, *Gute Mädchen kommen in den Himmel, böse überall hin. Warum Bravsein uns nicht weiterbringt*, Frankfurt a.M. 1994.

Cordelia Fine, *Die Geschlechterlüge. Die Macht der Vorurteile über Frau und Mann*, Stuttgart 2012.

Marianne Grabrucker, *»Typisch Mädchen ...«. Prägung in den ersten drei Lebensjahren. Ein Tagebuch*, Frankfurt am Main 1991.

David D. Gilmore, *Mythos Mann. Rollen, Rituale, Leitbilder*, München 1991.

Alice Schwarzer, *Die Antwort*, Köln 2007.

PETER BIERI
und der angeeignete Wille

*Unter dem Titel 180° strahlt der Musik- und Jugendsender VIVA
seit dem Herbst 2012 eine Doku-Serie aus, in der es um Frauen und
Männer geht, die ihr Leben grundlegend verändert haben. Auf der
VIVA-Homepage heißt es: »Ob Drogenkrimineller oder Sektenaus-
steiger, Essgestörte oder Straßenkind – wir wollen wissen, wie junge
Menschen das Ruder rumreißen und ihrem Leben aus eigener Kraft
eine 180°-Wendung geben konnten«. Einer dieser jungen Menschen
ist der vierundzwanzigjährige Danny aus Cottbus. Vor der Kamera
erzählt er von seiner Kindheit, insbesondere von dem Bruch, den
der Übergang von der Grund- zur Gesamtschule in seinem bis dahin
recht behüteten Leben darstellte. Auf der Gesamtschule, so berichtet
er, fand er schnell Anschluss, und in dem neuen Freundeskreis gehörten Rauchen, Trinken und Kiffen zu den üblichen Freizeitaktivitäten.
Danny machte ohne zu zögern mit, denn: »Das war schon cool
damals«. Und weil er sich unter dem Einfluss von Drogen wohl(er)
fühlte, reifte in ihm nach und nach der Gedanke, was Drogen betrifft, alles einmal auszuprobieren – »Hauptsache immer rin in'en
Kopp«. Alkohol und Marihuana waren für den Schüler schnell zum
Standard geworden. Und so begann er mit Kokain, LSD, Ecstasy
und Crystal Meth zu experimentieren. Schließlich wurde er – mit 15
Jahren – heroinabhängig. Seine Drogensucht finanzierte der Schüler
hauptsächlich mit Diebstählen, Einbrüchen und Überfällen. Erst*

durch die Beschaffungskriminalität wurden Dannys Eltern auf die Sucht ihres Sohnes aufmerksam und forderten von ihm einen Entzug. Die Entgiftungskur traf den Jugendlichen härter als erwartet. Sie sollte die erste von vielen sein. Danny wurde bald klar, dass es mit der Entgiftung des Körpers nicht getan sein würde: »Du musst echt dein ganzes Leben auf'n Kopp stellen«. Dieses Projekt nahm er im Alter 20 Jahren in Angriff – mit Erfolg, wie man von VIVA erfährt.

Kann man sein ganzes Leben »auf'n Kopp stellen«? Und wenn ja, wie ist das möglich? Aus philosophischer Sicht schließt sich hier unmittelbar die Frage an, wie es mit der Freiheit des Menschen bestellt ist. Sind wir frei, uns für ein ganz neues Leben zu entscheiden? Können wir uns von Zwängen, Süchten, vielleicht sogar von bestimmten Charaktereigenschaften befreien? Oder ist Freiheit nur ein leeres Wort, eine Illusion, die sich spätestens mit den Erkenntnissen der modernen Neurobiologie als obsolet herausgestellt hat? Sind wir im Grunde nichts anderes als die Sklaven unserer neuronalen Verschaltungen und merken es nicht? Der Schweizer Philosoph Peter Bieri ist in seinem Buch Das Handwerk der Freiheit *diesen Fragen auf den Grund gegangen. Seine befreiende Einsicht lautet: Freiheit ist keine Illusion. Der Freiheit kommt vielmehr eine Vollzugswirklichkeit zu, d.h. sie ist in dem Maße wahr, wie wir sie nutzen und an ihr arbeiten. Wer frei(er) sein will, muss etwas dafür tun!*

Unter der Schädeldecke eines Menschen befindet sich ein Gehirn, und dieses Organ ist irgendwie »zuständig« für das Denken ebenso wie für das Bewusstsein. Darüber herrscht seit langem ein Konsens. Was sich allerdings in neuerer Zeit verändert hat, sind die technischen Möglichkeiten, das Gehirn zu untersuchen. Als *die* Revolution in der Hirnforschung wird die funktionelle Magnetresonanztomografie betrachtet, ein bildgebendes Verfahren, das es sozusagen erlaubt, dem Gehirn bei der Arbeit zuzusehen. Mit Hilfe dieser Untersuchungstechnik, die auch als *Hirnscan* bezeichnet wird, trat die Hirnforschung im letzten Jahrzehnt einen regelrechten Siegeszug an. Von Neuroangelegenheiten ist seitdem allenthalben die Rede. Der Bluff beim Pokerspiel, das Böse im Menschen, das Wesen der Religion, ein Talent für Mathematik – nichts bleibt dem Hirnscan verborgen. Auf diese Weise, so scheint es, lassen sich restlos alle Fragen über das Wesen des Menschen beantworten und lassen sich sämtliche menschlichen Verhaltensweisen erklären.

Unser Denkorgan hat es im frühen 21. Jahrhundert zu einer beeindruckenden Popularität gebracht. Zahllose Bucherscheinungen sind dem Gehirn gewidmet. Ihre Titel sind mitreißend (*Wir sind unser Gehirn: Wie wir denken, leiden und lieben*), abenteuerlich (*Das kleine Buch vom Gehirn: Reiseführer in ein unbekanntes Land*), verstörend (*Das Gehirn – ein Unfall der Natur: Und warum es dennoch funktioniert*), nervenaufreibend (*Inkognito: Das geheime Eigenleben unseres Gehirns*) oder schlicht und sachlich (*Das Gehirn: Eine Einführung*). Krimifans haben die Qual der Wahl – wessen Gehirn soll im Mittelpunkt der spannenden Unterhaltung stehen: *Gottes Gehirn*, *Einsteins Gehirn* oder *Kennedys Hirn*? Passend zur Lektüre empfiehlt sich ein T-Shirt mit der Aufschrift *In Brains We Trust*. Und wer nicht gerne liest, sieht sich einfach einen der unzähligen Dokumentarfilme an, in denen das Gehirn die Hauptrolle spielt. Wie wäre es z. B. mit einer *Expedition ins Gehirn*? Auch die Kleinen werden bereits neuromäßig eingestimmt mit Büchern wie *Gehirnforschung für Kinder – Felix und Feline entdecken das Gehirn* oder *Was passiert in meinem Kopf? So funktioniert dein Gehirn*. Zeitschriften und Magazine, die etwas auf sich halten, widmen dem Gehirn regelmäßig Titelstorys und Sonderausgaben oder sie nennen sich gleich *Gehirn und Geist*. Zu alldem gibt es ein erfreuliches Merchandising-Angebot: Pudding in Gehirnform, Gehirn-Puzzles, künstliche Gehirne in Einmachgläsern, gehirnförmige Eiswürfel und Handtaschen, Gehirne zum Aufblasen und Gehirn-Lutscher mit Apfelgeschmack. Wer könnte (oder wollte) sich diesem ausgeprägten Kult um das Gehirn entziehen? Und kann es unter diesen Umständen überhaupt noch Zweifel an den Einsichten der Neuroforschung geben?

Die aufstrebende Hirnforschung hat unter anderem einem philosophischen Klassiker neue Aufmerksamkeit beschert, nämlich der Frage, ob der Mensch über einen freien Willen verfügt oder nicht. Die Antwort wortführender Vertreter der Neurowissenschaften fiel dabei unbarmherzig negativ aus. »Verschaltungen legen uns fest: Wir sollten aufhören von Freiheit zu reden!« – so lautete z. B. Wolf Singers eindrückliches Resümee in dieser Angelegenheit. (Die Frage, was wir als unfreie Wesen mit einem solchen Appell anfangen sollen, sei einmal dahingestellt.) Und weil die erwähnten Wortführer über die neuesten wissenschaftlichen Methoden verfügten, um ihre Behauptungen zu stützen, konnte ihnen scheinbar niemand ernsthaft widersprechen – oder höchstens ein paar renitente, unbelehrbare Philosophen.

Tatsächlich waren Hirnforscher wie Gerhard Roth oder Wolf Singer nicht die Ersten, die versucht haben, uns die Freiheit auszureden, und sie werden ganz sicher nicht die Letzten sein. Berühmte Vertreter einer pessimistischen Position zur Freiheitsfrage sind z. B. Pierre Simon de Laplace und Arthur Schopenhauer. Was sich allerdings bei den Bestreitern der menschlichen Freiheit durch die Jahrhunderte und Jahrtausende geändert hat, sind die Faktoren, die der Freiheit im Wege stehen sollen. War es in der Antike noch das Schicksal, das sich nicht mit der Freiheit vereinbaren lassen wollte, so stand für den mittelalterlichen Freiheitsskeptiker fraglos die Allmacht Gottes im Mittelpunkt der Problematik. Später wurde dann mit den Produktionsverhältnissen, den Trieben oder den Strukturen gegen die Freiheit argumentiert. Und heute ist es das Gehirn, dessen Aktivitäten sich angeblich nicht mit der Idee der Freiheit vereinbaren lassen.

Wenn man sich nun vor Augen führt, dass das Bestreiten der Freiheit eine lange Tradition hat, dann wird man der Fairness halber auch zugeben müssen, dass die Gegenseite bislang zu keiner finalen oder allgemein akzeptierten Lösung des Problems der Willensfreiheit gelangt ist, obwohl es eine Reihe von interessanten und einflussreichen Freiheitstheorien gibt. Das Thema Freiheit ist offenbar nicht so unkompliziert, wie es auf den ersten Blick vielleicht scheint. Als daher zu Beginn des neuen Jahrtausends die Freiheitsdiskussion durch Behauptungen wie »Verschaltungen legen uns fest«, »Der Mensch ist nicht frei« oder »Ich bin mein Gehirn« wieder einmal so richtig in Schwung kam, stellte sich der Philosoph Peter Bieri selbst die Frage: »Was hast du an dem Thema nun eigentlich verstanden?« (HF, Vorwort). Sein Buch *Das Handwerk der Freiheit* ist, wie er schreibt, das Resultat des Versuchs, sich diese Frage zu beantworten. Um dies zu tun, unterzieht Bieri unter anderem das Phänomen des als unfrei empfundenen Willens einer eingehenden Analyse. Was ist eigentlich gemeint, wenn von einem zwanghaften Wollen und Handeln die Rede ist? Und was müsste passieren, damit an die Stelle der Erfahrung von Unfreiheit Freiheit treten könnte?

Zwanghaftes Wollen

»Nehmen Sie an, Sie sind einer Sucht verfallen. Stets von neuem greifen Sie zur Zigarette, Tablette oder Flasche. Vielleicht ist es auch eine Spielsucht, die Sie immer wieder ins Casino treibt. [...] Oft schon war Ihnen danach endlich aufzuhören. [...] Doch es hat nichts genützt. [...] Sie sind unfrei, ein Sklave Ihrer Sucht. [...] Schließlich enden Sie im Krankenhaus oder im Armenhaus« (HF 96f.). Wen soll man nun für dieses traurige Ende der Geschichte verantwortlich machen? Einerseits gehört die Annahme, eine Sucht schließe Freiheit schlechterdings aus – zumindest im Hinblick auf die suchtbedingten Handlungen –, zum Common Sense. Wir sprechen davon, dass Süchtige »nicht anders können«, dass sie ihre Handlungen unter einem unwiderstehlichen inneren Zwang ausführen. Der Begriff »Sucht« ist ja geradezu dadurch definiert, dass wir es hier mit einem Gegensatz zu freien Entscheidungen und Handlungen zu tun haben. Andererseits wird man zugeben müssen, dass der Trinker trinken *will*, dass der Raucher rauchen *will* usw. Das traurige Ende im Kranken- oder Armenhaus müsste somit als das Resultat einer Reihe von Willensäußerungen des Süchtigen betrachtet werden. »›Bedauerlich‹, sagt man zu Ihnen, ›aber Sie wollten es ja so.‹ [...] ›Schließlich wird niemand zum Trinken gezwungen‹, sagt man Ihnen weiter, oder: ›Für Sie bestand, wie für jeden anderen, die Möglichkeit, einen Bogen um das Casino zu machen‹. [...] Das stimmt, und es stimmt nicht. Aber wie sollen Sie erklären, daß es so einfach nicht ist?«, fragt sich Bieri (HF 97).

Wer jemals versucht hat, sich von einer Sucht zu befreien, weiß, dass es so einfach nicht ist. Auf der einen Seite steht der Wille zum Spielen, Trinken usw., der den Süchtigen in Bewegung setzt, »gepaart mit routinierten Überlegungen und einer erstaunlichen Bereitschaft, das Nötige auf sich zu nehmen, auch wenn es unangenehme Dinge bedeutet, wie etwa ständigen Geldmangel« (HF 96) oder gewohnheitsmäßiges Lügen und Verheimlichen. Auf der anderen Seite steht die Einsicht des Süchtigen, dass das eigene Verhalten selbstdestruktiv ist, dass er sich systematisch in den körperlichen oder finanziellen Ruin treibt, dass er sich selbst um des Suchtmittels willen erniedrigt und mithin der Wunsch, sich von der Sucht zu befreien. Aber, und das ist das eigentliche Problem, die Einsicht in die negativen Folgen und der Wunsch, sich anders zu verhalten, werden nicht handlungswirksam. Das eigene Verhalten widersetzt sich den vernünftigen Überlegungen und folgt allem gegenteiligen Wünschen zum Trotz einem irrationalen inneren Zwang. Wer einer Sucht verfallen ist, ist mit seinem eigenen Handeln und Wollen nicht einverstanden und fühlt sich gleichzeitig außerstande, sich von dem Willen, den er ablehnt, zu befreien. »Die Ohnmacht des Zwanghaften besteht darin, daß er seinen Willen nicht zu lenken vermag. Er mag über ihn denken und urteilen, wie er will, der aufsässige Wille bleibt völlig unbeeindruckt davon und setzt ihn in die immer gleiche Richtung in Bewegung« (HF 99). Der zwanghafte Wille ist in diesem Sinne ein nicht kontrollierbarer Wille.

Ein Wille, der uns immer wieder in die gleiche Richtung in Bewegung setzt, muss nun nicht unbedingt mit dem Konsumieren von Suchtmitteln in Zusammenhang stehen. Ein zwanghafter Wille muss auch nicht in jedem Fall Konsequenzen haben, die Außenstehende verurteilen oder die den Wollenden unübersehbar schädigen. Es ist gar nicht so außergewöhnlich, dass ein Mensch bestimmte Verhaltensmuster aufweist, die sich durchaus im Bereich des für normal Erachteten, wenn nicht gar des gesellschaftlich Angesehenen bewegen und die nichtsdestoweniger in einem zwanghaften Willen wurzeln. »Es kann ein zwanghafter Wille sein, von dem andere profitieren und für den Sie Applaus ernten. Etwa ein Leistungszwang« (HF 98). Stellen Sie sich vor, Ihr Wollen und Handeln sei stets darauf ausgerichtet, die Beste zu sein. Die Ansprüche, die Sie an sich selbst stellen, sind enorm hoch, und alles, was dahinter zurückbleibt, betrachten Sie als persönliches Versagen. Eine Aufgabe nicht perfekt zu erfüllen, in einem Handlungsbereich schlechter als hervorragend zu sein, das können sich vielleicht die anderen erlauben, aber für Sie kommen solche Halbheiten überhaupt nicht in Frage. Zur Ruhe kommen Sie eigentlich nie, denn sobald Sie eine Aufgabe mit der Ihnen eigenen Perfektion erfüllt haben, »müssen Sie sofort die nächste Leistung wollen« (HF 98), auch wenn Sie insgeheim von einer Verschnaufpause träumen oder sich zuweilen fragen, warum Sie sich bei allem, was Sie erreicht haben, ausgebrannt und unglücklich fühlen.

Möglicherweise ist der Ursprung Ihres Strebens nach Erfolg in der Beziehung zu Ihren Eltern zu suchen, die ihre eigenen unerreichten Ziele und Ambitionen auf Sie, ihr Kind, übertragen haben. Kinder haben ein ausgesprochen feines Gespür dafür, welche – oft unbewussten und unausgesprochenen – Forderungen die Erwachsenen an sie stellen und welche Rolle sie innerhalb der Familie zu spielen haben. So haben auch Sie bereits sehr früh gelernt, dass sportliche Erfolge, gute Schulnoten oder andere Leistungen Ihnen die Zuneigung Ihrer Eltern sicherten. Sie lernten, sich nie mit dem Zweitbesten zufriedenzugeben. Sie entwickelten sich zu einer Perfektionistin, die sich auch nicht die kleinste Nachlässigkeit durchgehen lassen konnte, die sich niemals eine Schwachheit erlaubte. Nun sind Sie zwar mittlerweile kein Kind mehr, aber vielleicht ist es nichtsdestoweniger so, »daß vieles von dem, was Sie tun, von Ihnen deshalb getan wird, weil Sie immer noch der verinnerlichten elterlichen Autorität gehorchen« (HF 98). Ohne zu wissen, woher Ihre Motivation eigentlich kommt, lassen Sie sich nach wie vor von dem Willen antreiben, die Beste zu sein. Ein solches zwanghaftes Verhaltensmuster kann, bei allem beruflichen Erfolg und gesellschaftlichem Ansehen, die daraus resultieren mögen, die Quelle von tiefem psychischem Leiden sein. »Sie sind nicht glücklich, denn Sie sind ständig außer Atem. Aber Sie können es nicht lassen« (HF 98).

Der Schwächling des Willens

Die Beschreibung des Leistungszwanges ermöglicht es, besser zu verstehen, worin genau die Problematik eines zwanghaften Willens besteht. Wir hatten uns zunächst mit Süchten beschäftigt, und einen Süchtigen, so Bieri, bezeichnet man gerne als *willensschwach*. An dem Beispiel der Leistungssklavin lässt sich jedoch zeigen, dass diese Einschätzung missverständlich ist. Einen ehrgeizigen, nach Erfolg strebenden Menschen würden wir nicht als willensschwach bezeichnen. Im Gegenteil: »Einen Leistungssklaven [...] preisen wir als den Inbegriff der Willensstärke: Er gibt nie auf« (HF 100). Es sind nicht etwa Disziplin oder Selbstkontrolle, die dem zwanghaft Erfolgssüchtigen fehlen, er hat keine Probleme damit, ein einmal ins Auge gefasstes Ziel beharrlich und systematisch zu realisieren. Er wird sich unter Umständen auch durchbeißen und sich selbst alles abverlangen, um eine perfekte Leistung abzuliefern. Der Begriff der Willensschwäche hilft uns hier also nicht wirklich weiter, wenn wir die innere Dynamik des Zwanges verstehen wollen – zumindest nicht in seiner herkömmlichen Bedeutung. Man muss viel eher versuchen, die Problematik des zwanghaften Willens etwas differenzierter zu fassen. Die entscheidende Frage hierbei lautet: Was ist es, das dem Zwanghaften nicht gelingt? Bieri führt aus: »Was ihm nicht gelingt, ist nicht, einen anfänglichen Willen aufrechtzuerhalten, sondern einen alten durch einen neuen Willen zu ersetzen, der seinem Urteil entspräche. Sein Scheitern besteht nicht in der Kraftlosigkeit seines Wünschens, sondern in der Kraftlosigkeit seines Überlegens und Urteilens. Statt zu wollen, was er für das Beste hält, will er etwas, das er verurteilt« (HF 100). Der Zwanghafte wünscht sich, *nicht* trinken zu wollen oder *nicht* nach ständiger Perfektion streben zu wollen, aber er will es dennoch. Aus diesem inneren Widerspruch resultiert das Leiden des Zwanghaften: Er muss etwas wollen, das er nicht wollen *will*, da er es aus vernünftigen Gründen ablehnt. Es ist, als würde ein Fremdkörper in ihm sein Unwesen treiben und das Wollen und Tun des Zwanghaften auf eine Weise manipulieren, die diesen regelrecht zur Verzweiflung treibt. Wenn man daher einen zwanghaft Handelnden als willensschwach bezeichnet, so muss man den Begriff »Willensschwäche« in einem ganz bestimmten Sinne verstehen: »Was ihn [den Zwanghaften] zu einem Schwächling des Willens macht, ist, daß er es nicht schafft, den Willen zu entwickeln, den er im Lichte seines Überlegens haben möchte« (HF 101). Das rationale Überlegen und Entscheiden wird nicht handlungswirksam, wird also nicht zu einem Willen, der den Zwanghaften tatsächlich in Bewegung setzten würde. »Seine Schwäche, könnte man sagen, ist eine Entscheidungsschwäche« (HF 101), und zwar nicht im Sinne einer Unfähigkeit, sich zwischen verschiedenen Optionen zu entscheiden, sondern in dem Sinne, »daß ihm nicht gelingt, was ein Entscheiden ausmacht: als Erkennender und Urteilender über seinen Willen Regie zu führen« (HF 101). Das Resultat dieser Entscheidungsschwäche ist, dass der zwanghaft Handelnde von einem Willen geleitet wird, der sich konträr zu seinem Überlegen und Urteilen verhält.

Die Fremdheit des eigenen Willens

Dass der zwanghafte Wille im Gegensatz zu den Überlegungen und Urteilen eines Akteurs steht, hat, wie bereits angedeutet wurde, ein Gefühl der Selbstentfremdung zur Folge. Ein zwanghafter Wille wird, »auch wenn er formal gesehen ohne Zweifel der eigene ist« (HF 102), als fremd erlebt. Wie ist diese Erfahrung zu deuten? Zunächst einmal muss man den richtigen Gegensatz zu der beschriebenen Fremdheit finden. So stellt der *fremde* Wille nicht etwa den Kontrast zu einem *vertrauten* Willen dar. »Der Leistungswille, den Sie als etwas Fremdes abschütteln möchten, hat Sie das ganze Leben lang begleitet und ist Ihnen bis zum Überdruss vertraut« (HF 102). Tatsächlich müssen wir die Fremdheit des zwanghaften Willens als den Gegensatz nicht zur Vertrautheit, sondern zur *Zugehörigkeit* betrachten. Obwohl dieser Wille formal betrachtet mein eigener ist, obwohl er also in gewissem Sinne zweifellos zu mir gehört, *erlebe* ich den Willen nicht als zu mir gehörig. »Was Sie, wenn Sie unter einem zwanghaften Willen leiden, zornig und verzweifelt macht, ist, daß der fragliche Wille zwar *in* Ihnen ist, daß er aber von Ihnen *abgespalten* und Ihnen *äußerlich* ist. Deshalb kommt er Ihnen unfrei vor« (HF 102). Erinnern Sie sich an die eingangs formulierte Besonderheit, dass das Handeln z.B. eines Süchtigen zwar unzweifelhaft auf seinem eigenen Willen beruht, dass es aber gleichwohl aus dem Bereich der Freiheit und mithin der Eigenverantwortlichkeit herauszufallen scheint. Dieser merkwürdigen Zweideutigkeit begegnet man nun wieder: Der zwanghafte Wille, unter dem ich leide, ist *mein* Wille – wessen Wille sollte er auch sonst sein? –, aber irgendwie ist er es auch nicht – warum sollte ich sonst unter ihm leiden? Als einen *freien* Willen erleben wir demgegenüber einen Willen, der in einem emphatischen Sinne zu uns gehört, einen Willen also, mit dem wir uns *identifizieren*. Solange ich aber einen Willen, den ich habe, auf einer rationalen Ebene ablehne, kann von einer solchen Identifikation keine Rede sein.

Sprachlich kann man das Erlebnis der inneren Unfreiheit recht gut zum Ausdruck bringen durch Formulierungen wie:»Es kommt einfach über mich, ich kann nichts dagegen machen« oder »Es ist stärker als ich«. In der Unterscheidung zwischen *ich* und *es* »spiegelt sich einfach die Tatsache, daß wir uns wünschend zu unseren Wünschen und unserem Willen verhalten können« (HF 103). Mit »ich« bezeichnen wir nun dasjenige in uns, das wir auf einer höheren Ebene des Wollens und Urteilens bejahen, während wir »es« dasjenige nennen, das wir auf dieser höheren Ebene des Wollens und Urteilens ablehnen. Nehmen wir an, ich fände in mir unter anderem den Willen, einen beruflichen Aufstieg zu erreichen, sowie den Willen, in regelmäßigen Abständen eine Zigarette zu rauchen. Aufgrund meiner Überlegungen und Wertungen bin ich mit meinem Willen, meine Karriere voranzutreiben, absolut einverstanden. An der Aussicht auf neue Herausforderungen, auf mehr Erfolg und mehr Geld kann ich nichts Schlechtes finden, und den Verlust von freier Zeit bin ich bereit in Kauf zu nehmen. Ich bejahe diesen Willen und identifiziere mich mit ihm, und das lässt mich ihn als einen freien Willen erleben. Den Willen, regelmäßig zu rauchen, hingegen lehne ich aufgrund meines rationalen Urteilens ab. Rauchen ist ungesund, sage ich mir, zudem ist es teuer, und es schlägt mir auf den Kreislauf. Ich muss unbedingt damit aufhören! Aber es ist so schwierig ... Der Wille, zu rauchen, wird auf der Grundlage meiner Überlegungen von mir als störend und quälend erlebt. »Es« drängt mich zu dieser Angewohnheit, die »ich« ekelhaft und nervend finde. Ich fühle mich fremdbestimmt und somit unfrei im Hinblick auf meinen Zigarettenkonsum.

Dabei entstammen beide, der Wille und die rationale Überlegung, mir selbst.

Ob wir uns frei fühlen, hängt von verschiedenen Faktoren ab. Unsere Freiheit kann zum einen von außen beschränkt werden, durch Umstände und Ereignisse, auf die wir oft keinen Einfluss haben: Meine Kurzsichtigkeit erlaubt es mir nicht, als Pilotin zu arbeiten; das schlechte Wetter lässt meine geplante Grillparty ins Wasser fallen; mein leeres Konto steht mir bei der Erfüllung so mancher materieller Wünsche im Wege; mein fehlendes musikalisches Talent vereitelt meinem Traum von der Gesangskarriere. Die Beschränkung des Freiheitsspielraums, genauer gesagt des *Handlungs*spielraums, besteht in diesen Fällen darin, dass ein bestimmter Wille nicht realisiert werden kann, aufgrund der Beschaffenheit der Welt, aufgrund der Beschränktheit von Mitteln oder aufgrund fehlender Fähigkeiten.

Die Freiheit kann zum anderen von innen her beeinträchtigt werden, wie uns die Beschreibung des zwanghaften Willens gezeigt hat. Hier geht es nun nicht mehr darum, dass ein Wille nicht verwirklicht werden kann, weil bestimmte äußere Bedingungen es nicht zulassen, sondern es geht darum, dass ein handlungswirksamer Wille resistent bleibt gegenüber unserem Überlegen und Urteilen. Wir erfahren unsere Freiheit in diesem Fall als eingeschränkt durch einen Willen, der zwar der unsrige ist, den wir aber gleichzeitig ablehnen und als irgendwie abgespalten und nicht zu uns gehörig empfinden. Die Freud‹sche Rede vom »inneren Ausland« umschreibt diese Erfahrung recht treffend.

Bieri fasst die Charakteristik des zwanghaften, unser Freiheitserleben von innen her bedrohenden Willens folgendermaßen zusammen: »Die Erfahrung des inneren Zwanges […] setzt sich aus zwei Elementen zusammen: der Unbeeinflußbarkeit eines Willens und seiner Fremdheit im Sinne der Ablehnung« (HF 103). Was können wir nun gegen diese innere Einschränkung unserer Freiheit tun? Gibt es für Bieri überhaupt die Aussicht auf eine (Wieder-)Gewinnung unserer inneren Freiheit und mithin auf ein philosophisches »Heilmittel« gegen das Leiden an den Gefühlen der Fremdbestimmtheit?

Die Arbeit an der Freiheit

Wie wollen wir leben? Dieser existenziellen Frage hat Bieri eine Reihe von Vorlesungen gewidmet, die 2010 als Buch erschienen sind. Der erste Satz darin lautet: »Wir wollen über unser Leben selbst bestimmen« (WL 7). Das bedeutet zum einen, dass wir nicht möchten, »daß uns jemand vorschreibt, was wir zu denken, zu sagen und zu tun haben« (WL 8). Es geht also um die Freiheit von äußerer Tyrannei. Aber Selbstbestimmung ist auch in einem anderen Sinne zu verstehen, nämlich als »innere Lebensregie« (WL 9). In dieser zweiten Lesart geht es nicht um Unabhängigkeit gegenüber anderen, sondern darum, »der Autor und das Subjekt meines Lebens zu werden: indem ich Einfluß auf meine Innenwelt nehme, auf die Dimension meines Denkens, Wollens und Erlebens, aus der heraus sich meine Handlungen ergeben« (WL 9). Innere Selbstbestimmung verträgt sich nicht mit Phänomenen wie dem oben beschriebenen zwanghaften Wollen, das man eigentlich ablehnt, aber dennoch nicht loswird. Selbstbestimmt ist unser Leben nämlich dann, »wenn es uns gelingt, es innen und außen in Einklang mit unserem Selbstbild zu leben – wenn es uns gelingt, im Handeln, im Denken, Fühlen und Wollen der zu sein, der wir sein möchten« (WL 13).

Nun ist es zweifellos so, dass wir »nicht nach Belieben, ohne Vorbedingungen und aus dem Nichts heraus, darüber bestimmen, was wir denken, fühlen und wollen« (WL 9). Unser Innenleben ist schließlich wesentlich beeinflusst und geformt durch Faktoren, die wir nicht gewählt haben, z.B. durch unsere Ursprungsfamilie. Vieles von dem, was uns – und mithin unsere neuronalen Verschaltungen – geprägt hat, hat sich in unserer frühesten Kindheit abgespielt. Und an manchen Faktor, der sich bis heute in unserem Erleben und Wollen niederschlägt, werden wir uns gar nicht mehr erinnern können. Innere Freiheit ist vor diesem Hintergrund etwas, das einem nicht automatisch gegeben ist, sondern »das man sich *erarbeiten* muß. Man kann dabei mehr oder weniger erfolgreich sein, und es kann Rückschläge geben« (HF 383). Die Arbeit an der Willensfreiheit ist somit nicht als einmaliges Ereignis zu verstehen, sondern als eine langfristige, vielleicht lebenslange Bemühung um ein »zerbrechliches Gut« (HF 383), das aufgrund seiner Fragilität und seiner Kostbarkeit gehegt und gepflegt werden muss. Zudem bleibt es fraglich, ob die innere Freiheit jemals vollständig zu erreichen ist, ob es uns also gelingen kann, uns von jeglichen als fremd empfundenen und unkontrollierten Aspekten unseres Innenlebens zu befreien. »Vielleicht ist sie [die Willensfreiheit] eher wie ein Ideal, an dem man sich orientiert, wenn man sich um seinen Willen kümmert« (HF 383).

Wie man sich nun um seinen Willen kümmert, das führt Bieri im abschließenden und für unseren Zusammenhang zentralen Kapitel von *Das Handwerk der Freiheit* aus. Unter dem Titel *Die Aneignung des Willens* präsentiert er »die Gesamtheit der Dinge, die man unternehmen kann« (HF 383), um dem Ideal der Willensfreiheit näherzukommen. Die Arbeit an der inneren Freiheit, so zeigt sich dabei, hat drei Dimensionen: Artikulation, Verstehen und Bewerten. Die entsprechenden Aspekte der Unfreiheit, die es demnach zu »bearbeiten« gilt, sind die Ungewissheit über das, was man eigentlich will, das Unverständnis gegenüber dem eigenen Willen, den man daher als fremd empfindet, und die Missbilligung eines handlungsleitenden Willens, wie wir sie bereits am Beispiel der Leistungssklavin kennengelernt haben.

Die Artikulation des Willens

»Es ist erstaunlich schwierig zu wissen, was man will« (HF 385). Sicher, das alltägliche, kurzfristige Wollen stellt in der Regel kein allzu großes Mysterium dar: Ich will den 8-Uhr-Bus zur Arbeit nehmen, ich will mir morgen einen neuen Laptop kaufen, ich will heute Abend Spaghetti kochen. Aber wenn es um die Fragen geht, was wir eigentlich mit unserem Leben als Ganzem anfangen wollen und was die allgemeine, übergeordnete Motivation unserer täglichen Handlungen ist, dann fällt es uns oft überraschend schwer, hierauf eine Antwort zu finden. »Es ist vor allem der langfristige Wille, über den wir oft im Unklaren sind. Wenn wir innehalten und uns fragen, was uns insgesamt antreibt und welche Wünsche es sind, die unserem Leben gerade diese Gestalt geben, so kann es uns vorkommen, als stünden wir vor einer undurchdringlichen Wand der Unwissenheit« (HF 385). Um aber an seinem Willen arbeiten zu können, muss man ihn zuallererst kennen. Man muss wissen, womit man es überhaupt zu tun hat.

Wie verschafft man sich Klarheit über seinen Willen? Eine direkte Innenschau ist offenbar nicht möglich, andernfalls bestünde das Problem der Undurchsichtigkeit des langfristigen Willens ja gar nicht. Man muss sich seinem Willen also auf Umwegen nähern, um ihn artikulierend fassen zu können. Hierzu muss man zunächst einmal Abstand nehmen zum alltäglichen Handeln, Wünschen und Urteilen, dessen übergeordneter und impliziter Sinn der in Frage stehende Wille ist. Die grundsätzliche Fähigkeit des Menschen, »einen Schritt hinter sich selbst zurückzutreten und einen inneren Abstand zum eigenen Erleben aufzubauen« (WL 12) ist für die Arbeit an innerer Selbstständigkeit von zentraler Bedeutung. Wir Menschen können uns selbst zum Thema werden und uns auf dieser Basis »um uns selbst *kümmern*« (WL 12).

Wir müssen also – vielleicht zum ersten Mal – aus unserer üblichen Geschäftigkeit bewusst heraustreten und uns selbst aus dieser Abständigkeit heraus die Frage stellen: Was tue ich hier eigentlich? Worauf läuft mein Handeln auf lange Sicht hinaus? Welche Situationen schaffe ich damit? »Wichtig ist dabei, daß der Gehalt des Willens durch die Worte äußerlich gemacht wird. Wenn man ihn in Worte gefaßt hat, kann er einem gewissermaßen von außen entgegentreten, und nun hat man etwas vor sich, das man überprüfen, korrigieren und genauer machen kann« (HF 385). Erst wenn man weiß, mit welchem Willen man es zu tun hat, kann man diesen »bearbeiten«.

Es bedarf gewissermaßen einer Außenwendung statt einer Innenwendung, um zu erkennen, welcher Wille uns langfristig antreibt. Wenn ich mich nun einer solchen Selbstbetrachtung offen und aufrichtig zuwende, kann dabei die eine oder andere Selbsttäuschung zu Tage treten. So war ich beispielsweise bisher stets der Meinung, mein langfristiges Ziel sei beruflicher Erfolg – dieses Ziel verfolgt doch schließlich fast jeder, also warum nicht auch ich? Eine distanzierte Betrachtung meines täglichen Wünschens und Handelns lässt mich aber erkennen, dass es sich hierbei um einen

Irrtum (oder eine Lüge?) handelt, denn faktisch tue ich nichts, was auf einen Willen zu beruflichem Erfolg schließen ließe. Eher im Gegenteil: Wenn ich ehrlich bin, muss ich zugeben, dass ich beruflichen Herausforderungen aus dem Weg gehe und keine Ambitionen verspüre, meine Position zu verbessern. Die Bemühung, mir Klarheit über meinen Willen zu verschaffen, führt somit zu einer realistischeren Sicht auf mich selbst: Mein Wille richtet sich nicht auf beruflichen Erfolg, wie es mir spontan in den Sinn kam, sondern darauf, ein ruhiges Leben zu führen mit viel freier Zeit für meine Familie und Freunde. Bieri stellt fest: »Artikulation als der erste Schritt der Aneignung ist unter anderem die Anstrengung, Lebenslügen, sofern sie den Willen betreffen, aufzulösen und durch eine unvoreingenommene Bestandsaufnahme des eigenen Wünschens zu ersetzen« (HF 388). Ehrlichkeit gegenüber sich selbst ist unabdingbar für die innere Selbstbestimmung, denn Selbsttäuschungen und Rationalisierungen verstellen den Blick auf die wahren Wünsche und damit »rauben sie mir die Chance, mich damit auseinanderzusetzen und zu einem realistischen Selbstbild zu gelangen, wie es für Freiheit Voraussetzung ist« (WL 388).

Wie Bieri betont, sind es nicht nur oder nicht primär *Worte*, die bei der Artikulation des Willens helfen. »Was ich will, kann sich auch in den Bildern zeigen, die ich male, und in den Bildern, die meine Phantasie und meine Träume bestimmen. Worauf es ankommt, ist die Zeichen richtig zu deuten« (HF 386). Die entscheidende Frage lautet also nicht nur: Was tue ich?, sondern auch: Wovon träume ich?

Das Verstehen des Willens

Einen Willen, den wir zwar artikulieren können, dessen Existenz wir aber nicht verstehen, empfinden wir als einen Fremdkörper in unserem Inneren, der unsere Freiheit bedroht. Aber was bedeutet es eigentlich, den eigenen Willen nicht zu verstehen? Bieri führt ein weiteres Beispiel an, um zu verdeutlichen, worum es ihm geht: »Nehmen Sie an, Sie sind jemand, der die Nähe anderer sucht, auch die körperliche Nähe in ihren vielen Ausprägungen. Ein großer

Teil ihres Handelns ist um diese Art von Wunsch herum angelegt. Doch dann, als käme es von einem anderen Stern, überfällt Sie immer wieder das übermächtige Bedürfnis nach viel leerem Raum um sich herum, Sie suchen das Weite und kommen erst am Rande eines großen, leeren Platzes zur Ruhe« (HF 389). Dieses Gefallen an leeren Plätzen »gibt Ihnen das Gefühl, in ihrem Willen zutiefst unfrei zu sein« (HF 389). Der Grund dafür ist, dass der als fremd empfundene Wunsch nach leerem Raum »seinem *Gehalt* nach nicht zum sonstigen Wunschprofil der Person paßt« (HF 391). Dieser Wille lässt sich scheinbar nicht mit den übrigen Wünschen vereinbaren. Ein unverstandener Wille passt anders gesagt nicht zu dem Bild, das eine Person von sich selbst hat. Der Versuch, sich den ungereimten Willen verstehend anzueignen, muss folglich darin bestehen, sich einen Reim darauf zu machen, d.h. den Sinn dieses scheinbar sinnlosen Willens zu entdecken. Die entsprechende Suche richtet sich auf »eine *Interpretation*, die den zunächst unverständlichen Willen für das Verstehen öffnet« (HF 391).

Um sich dem unverstandenen Willen interpretierend zu nähern, bedarf es zunächst einer genaueren Betrachtung und Artikulation desselben. Man könnte auch sagen, dass es eine eingehendere Selbstanalyse erfordert. Bei dem Beispiel von Bieri müsste es darum gehen, den Wunsch, sich auf leeren Plätzen aufzuhalten, zu spezifizieren: »Ist es leerer Raum überhaupt, den Sie sich um sich herum wünschen? Oder ist es die Abwesenheit *bestimmter* Dinge, um die es Ihnen geht? [...] Oder sind es im besonderen *Menschen*, die Sie nicht da haben wollen?« (HF 392) usw. Durch diese Untersuchung und Selbstbefragung gelangt man zu größerer Klarheit und kann dann versuchen, den genauer bestimmten Willen zu interpretieren. Dabei kann es aufschlussreich sein, seiner Entstehung nachzuspüren. Welche Umstände, welche Ereignisse in der persönlichen Entwicklungsgeschichte lassen den Willen möglicherweise verstehbar werden – »als bedeutungsvolle Antwort auf eine bedeutungsvolle Situation« (HF 391)? Auch kann es nötig sein, sich mit den scheinbar verstandenen, *unproblematischen* Wünschen zu beschäftigen, denn »vielleicht kennen Sie sich einfach in der inneren Landschaft Ihrer Wünsche nicht genügend aus, um erkennen zu können, daß der Wunsch nach Abstand ganz

gut hineinpaßt« (HF 392). Sie könnten z.B. herausfinden, dass Ihr
Bedürfnis nach Nähe ambivalent ist und die Angst vor Abhängig-
keit beinhaltet. Ihre Fluchtreflexe wären dann verstehbar als ein
Ausdruck dieser Angst.

Was auch immer als Sinn des unverstandenen Willens zu Tage
tritt, die verstehende Annäherung wird dem zunächst als störend
empfundenen Willen Stück für Stück seine Fremdheit nehmen.
»Es ist, als rückte der Wunsch durch das wachsende Verstehen
näher an Sie heran, so daß Sie ihn immer mehr als etwas erleben
können, das zu Ihnen gehört, und immer weniger als etwas, das
Ihre Freiheit bedroht« (HF 393). Wenn es gelingt, dem Sinn eines
unverstandenen Willens auf die Spur zu kommen, dann vergrößert
das den Spielraum der inneren Freiheit. »Das ist in einem doppel-
ten Sinne so. Zum einen verschwindet der Eindruck, daß ein Riß
durch uns hindurch geht und daß es Wünsche gibt, die als Fremdkörper in uns wuchern. [...] Zum anderen kann das Verstehen zu
einer inneren Umgestaltung führen, die den Wunschkonflikt zum
Verschwinden bringt« (HF 395). Das Benennen und das Verstehen
des Willens lassen das eigene Innenleben nicht unberührt, wie Bieri betont, sondern setzen eine Dynamik der Umgestaltung in Gang.
Die Arbeit an sich hat damit begonnen, und es sind zwei wichtige
Voraussetzungen dafür erfüllt, dass der betreffende Wille zu einem
solchen werden kann, mit dem ich mich identifiziere. Auf dem
Weg zum angeeigneten Willen und mithin zur inneren Freiheit
ist mit der ehrlichen Selbstanalyse bereits ein großer Schritt getan.

Das Bewerten des Willens

»Wachsende Erkenntnis bedeutet wachsende Freiheit. So gesehen
ist Selbsterkenntnis ein Maß für Willensfreiheit« (HF 397). Ein
zentraler Aspekt innerer Selbstbestimmung fehlt aber noch. Man
kann ihn als Einverständnis mit sich beschreiben. Einen Willen,
den man hat, zu identifizieren und zu verstehen ist der unabdingbare Anfang der Arbeit an der Freiheit, doch »die denkende und
verstehende Einstellung ist nicht die einzige, auf die es ankommt.
[...] Was hinzukommen muß, ist ein innerer Abstand zu unserem

Willen, der darin besteht, daß wir ihn *bewerten*« (HF 398). Nur wenn man einen artikulierten und verstandenen Willen auch *gutheißt*, kann davon gesprochen werden, dass dieser Wille im emphatischen Sinne der eigene ist.

Wenn nun Bieri davon spricht, dass es nötig ist, seinen Willen zu bewerten, dann wirft das die Frage auf, von welchem Standpunkt aus diese Bewertung stattfindet. Wo kommen die Bewertungen her, und was ist das Kriterium dafür, dass man einen Willen ablehnt oder gutheißt? Eine denkbare Möglichkeit wäre es, den eigenen Willen zu bewerten, indem man seine Funktionalität einschätzt. Die leitende Frage würde dann lauten: »Welche meiner Wünsche sind funktional günstig, welche dagegen störend und schädlich? Dieser Blickwinkel bedeutet eine nüchterne Bilanzierung der Art und Weise, wie ich mit meinen Wünschen in der Welt, wie sie nun einmal ist, zurechtkomme« (HF 398). Ich will immer und bei allem die Beste sein? Gut so, denn wir leben in einer Gesellschaft, in der Ehrgeiz und Konkurrenzdenken wichtige Erfolgskriterien sind. Ich will lieber wahrhaftig sein, als mich überall beliebt zu machen? Das ist zweifellos ungünstig in einer Welt, in der Selbstmarketing eine große Rolle spielt und in der man sich mit kritischem Denken unbeliebt macht. Aber würde eine derartige, rein funktionale Bewertung des eigenen Willens wirklich zu einem Mehr an innerer Selbstbestimmung führen? Kaum, denn maßgeblich für die Arbeit an sich sind in dieser Betrachtungsweise gesellschaftliche Gegebenheiten und Normen. Das Kriterium für das Gutheißen eines Willens läge mithin *außerhalb* unserer selbst, so dass es hier viel eher um eine möglichst reibungsfreie Anpassung als um eine eigenwillige Selbstbestimmung ginge. Bieri schlägt daher eine »ganz andere Form der Bewertung« vor, deren leitende Fragestellung lautet: »Welchen Willen *möchte ich haben*, und welchen nicht, gleichgültig, was er mir nützt? Hier geht es um die Frage, was für eine Art Person ich sein möchte. Es geht, wie wir sagen, um mein *Selbstbild*« (HF 398). Diese Betrachtungsweise wirft vielleicht ein ganz anderes Licht auf das eigene Wollen. Wenn die Funktionalität nicht das entscheidende Kriterium ist, »stört es mich nicht, daß mich meine einzelgängerischen Wünsche ins

Abseits treiben, und mein Leistungswille, obgleich zweckmäßig, geht mir auf die Nerven« (HF 399).

Wie man wird, wer man sein will

Unser Leben ist selbstbestimmt, wenn es uns gelingt, es im Einklang mit unserem Selbstbild zu leben. Selbstbestimmt sind wir also dann, wenn wir mit unserem Wollen einverstanden sind, weil es unserer Vorstellung davon entspricht, wer wir sein möchten. Selbstbestimmung ist also eine Art von Einverständnis mit sich. Dabei gilt es allerdings Folgendes zu bedenken: Das Selbstbild ist zwar der Maßstab für die Bewertung und Aneignung von Wünschen, aber dieser Maßstab ist nicht unveränderlich und unanfechtbar. Es ist deshalb nicht so, »daß es eine Beeinflussung nur in der einen Richtung gibt, indem das Selbstbild die bewerteten Wünsche zur Anpassung zwingt. Es gibt auch die umgekehrte Erfahrung: Selbstbilder verändern und entwickeln sich unter dem Einfluß von Wünschen, die nicht zu ihm passen. Das ist die Erfahrung, daß sich in mir ein Wille herausbildet, der nicht mehr zum bisherigen Selbstbild paßt, der aber deswegen nicht als fremd gebrandmarkt wird, sondern umgekehrt eine Überprüfung des Selbstbilds erzwingt« (HF 402). Erinnern Sie sich zur Veranschaulichung noch einmal an den Wunsch, sich auf leeren Plätzen aufzuhalten. In Bieris Beispiel wurde dieser Wunsch als Fremdkörper empfunden, weil er nicht mit den übrigen Wünschen bzw. mit dem Selbstbild der betreffenden Person zusammenpasste. Für die Erfahrung der inneren Freiheit wäre aber gerade ein solches Zusammenpassen die Voraussetzung. Nun scheint es auf den ersten Blick so zu sein, dass der widerspenstige Wunsch, sich auf leeren Plätzen aufzuhalten, das eigentliche Problem ist. Möglicherweise wird sich aber im Laufe einer eingehenden Reflexion herausstellen, dass es eigentlich das *Selbstbild* ist, das nicht mehr so recht passen will, während der als fremd empfundene Rückzugsimpuls Ausdruck eines authentischen Erlebens ist. Das Selbstverständnis, eine Person zu sein, die menschliche Nähe sucht und liebt, entpuppt sich dann vielleicht als eine Fortführung von Vorstellungen und Anforderungen, die von außen an einen herangetragen wurden. Jemand wurde beispielsweise als Kind dazu angehalten, lieb, hilfreich und umgänglich zu sein, und war schließlich der Überzeugung, diese Eigenschaften würden sein innerstes Wesen ausmachen. Der irritierende Wunsch, auszubrechen und alleine zu sein, kann dann zum Anlass werden, das eigene Selbstbild auf den Prüfstand zu stellen und unter Umständen zu revidieren. Plötzlich wird dem Betreffenden klar: Dieser Mensch möchte ich eigentlich gar nicht (mehr) sein! Deswegen ist für die Arbeit an der Freiheit das *Verstehen* so wichtig: »Die bewertende Übereinstimmung mit mir selbst muß, wenn sie zur Erfahrung der Freiheit beitragen soll, etwas sein, […], das sich aus dem Verstehen meiner selbst ergibt« (HF 404).

Über innere Freiheit entscheiden nach Bieri nicht die Resultate eines Hirnscans oder der philosophische Streit um die Begriffe von Kausalität und Unbedingtheit. Freiheit als Selbstbestimmtheit ist viel eher ein Projekt, eine praktische Aufgabe, der man sich ernsthaft widmen muss. Freiheit ist keine Illusion, aber auch keine simple Gegebenheit. Sie kann Wirklichkeit werden, wenn man sich um sie kümmert – das ist Bieris optimistische Überzeugung. Bei der Arbeit an der Freiheit geht es um »Genauigkeit und Tiefe der Artikulation, die eine größere Reichweite des Verstehens vorbereitet, das wiederum zu einer Bewertung führen kann, die uns erlaubt, in größerem Umfang aus einem Willen heraus zu leben, den wir gutheißen können. Und dieser Zusammenhang gibt der Rede von der ›Identifikation‹ mit dem eigenen Willen und seiner ›Zugehörigkeit zu uns selbst‹, die zunächst wie eine hohle Beschwörung von Worten aussehen konnte, einen reichen und genauen Sinn« (HF 408).

Wenn man nun Bieris Ausführungen zur Arbeit an der Freiheit betrachtet, darf man nicht den Fehler machen, sich diese Arbeit mit ihren drei Schritten des Artikulierens, Verstehens und Bewertens zu schematisch vorzustellen. Insbesondere muss man sich klarmachen, dass es nicht um eine reine Bestandsaufnahme und »Sortierarbeit« gehen kann: Hier sind die guten Wünsch, mit denen ich einverstanden bin, und da sind die schlechten Wünsche, die meine Freiheit beschränken. Es gilt vielmehr eine Besonderheit zu beachten: »In den meisten Fällen verändert die Anstrengung, eine Sache zu erkennen, diese Sache nicht. Wenn wir versuchen, die Planeten und ihre Bahnen zu erkennen, so verändern sich die Planeten und ihre Bahnen dadurch in keiner Weise. [...] Anders verhält es sich, wenn wir uns erkennend mit unserem Denken, Erleben und Wollen beschäftigen. [...] Hier greift das Erkennen in das Erkannte ein« (WL 42f.). Selbsterkenntnis bringt Selbst*veränderung* mit sich. Die verschiedenen Aspekte der Arbeit an der Freiheit lassen den Willen und das Selbstbild nicht unberührt, sondern setzen eine Dynamik und einen Prozess der Selbsttransformation in Gang, dessen Ausgang unklar ist. Möglicherweise wird man sich von einem zwanghaften Willen befreien, vielleicht wird sich aber auch das Selbstbild ändern, und unter Umständen werden innere Konflikte zu Tage treten, von denen man gar nichts geahnt hat. In jedem Fall bringt die Arbeit an der Freiheit Bewegung in das eigene Innenleben: »Das Bröckeln alter Bewertungen und vermeintlicher Einsichten, den Willen betreffend, und das Entstehen neuer Strukturen – all das gleicht eher einer geologischen Umschichtung als einem planvollen Spiel« (HF 415).

Klar ist bei alldem, dass es auf die Frage nach der inneren Freiheit keine »verbindliche und endgültige Ja-nein-Antwort« (HF 409) gibt. Die Freiheit des Willens ist etwas, »das kommen und gehen, erreicht werden und wieder verloren gehen kann. Wie sollte es anders sein können, wo doch unsere Wünsche und alles, was wir über sie denken, offensichtlich in einem ständigen Fließen begriffen sind, weil wir uns in jeder Sekunde mit einer fließenden Welt auseinandersetzen müssen?« (HF 409). Freiheit ist auch nichts, was man ein für alle Mal erreichen könnte, um sich dann auf ihr auszuruhen. »Sich einen Willen anzueignen ist ein holpriger Prozeß mit Rückschlägen« (HF 415). Aber es lohnt sich, sich auf diesen holprigen Weg zu machen, denn mit der Arbeit an der Freiheit ist die Erfahrung verbunden, »daß wir uns ein größeres Stück der Innenwelt zu eigen machen. Wir breiten uns in unserem Subjektsein immer weiter nach innen aus, so daß das Erlebnis, von unseren Wünschen auf blinde Art und Weise bloß getrieben zu werden, seltener und das Bewußtsein, Herr der Dinge zu sein, häufiger wird« (HF 411).

1944   Peter Bieri wird in Bern geboren.

1963   Bieri verlässt die Schweiz, um in London Indo-
logie und Anglistik zu studieren. Ein Jahr später
wechselt er an die Heidelberger Universität und
belegt die Fächer Philosophie und Philologie.

1973–75   Forschungsaufenthalte in den USA, an den Universitäten Berkeley und Harvard.

1990–93   Bieri ist Professor für Geschichte der Philosophie
an der Universität Marburg.

2001   11. September: Islamistisch motivierte Terror-
anschläge auf wichtige zivile und militärische
Gebäude in den USA.

2004   Unter dem Pseudonym Pascal Mercier veröffentlicht Bieri den Roman »Nachtzug nach Lissabon«.

2007   Bieri zieht sich vorzeitig aus dem akademischen
Betrieb zurück.

    ## Neuronale Plastizität

*»Unser Gehirn ist nicht starr verdrahtet wie ein Compu-
ter. Es wird ständig umgebaut und an neue Erfordernisse
angepasst – sei es als Reaktion auf Umweltbedingungen,
weil wir etwas Neues gelernt haben, oder wenn sich das
Gehirn von einer Schädigung erholen muss. Diese so ge-
nannte neuronale Plastizität begleitet uns ein Leben lang.*

*So ist laut Studien bei Londoner Taxifahrern das für die
räumliche Orientierung zuständige Hirnareal vergrößert.
Und wenn man Jonglieren lernt, verändern die für Bewegungen zuständigen Hirnareale ihre Gestalt. Es finden sich
sogar zunehmend Hinweise darauf, dass selbst im Gehirn
von Erwachsenen noch neue Nervenzellen entstehen –
was lange als ausgeschlossen galt.«*

Quelle: www.mpg.de

Zum Nachlesen

Peter Bieri, *Das Handwerk der Freiheit. Über die Entdeckung des eigenen Willens*, Frankfurt am Main 2009 (HF).

Peter Bieri, *Wie wollen wir leben?*, St. Pölten/Salzburg 2011 (WL).

http://www.viva.tv/news/15501–180-wahre-lebensgeschichten (letzter Abruf 17.5.2013).

Zum Weiterlesen

Svenja Flaßpöhler, *Neu anfangen,* in: Philosophie Magazin, 05/2012, S. 46–51.

Volker Gerhardt/Gerhardt Roth, *Wie flexibel ist mein Ich?*, Gespräch mit Svenja Flaßpöhler, in: Philosophie Magazin, 05/2012, S. 52–57.

Christian Geyer (Hrsg.), *Hirnforschung und Willensfreiheit. Zur Deutung der neuesten Experimente*, Frankfurt am Main 2004.

Felix Hasler, *Kritik an Neuroscans: »Hirnforscher sollten nicht überreizen«*, Interview mit dem Spiegel, abrufbar unter: http://www.spiegel.de/wissenschaft/mensch/kritik-an-fmrt-hirnscans-interview-mit-felix-hasler-a-867591.html (letzter Abruf 15.07.2013).

Uwe an der Heiden/Helmut Schneider (Hrsgg.), *Hat der Mensch einen freien Willen? Die Antworten der großen Philosophen*, Stuttgart 2007.

Geert Keil, *Willensfreiheit und Determinismus*, Stuttgart 2009.

Birgit Recki, *Freiheit*, Stuttgart 2009.

PETER SLOTERDIJK
und der Mensch unter Vertikalspannung

Am 31. Oktober 2011 wurde in Manila die kleine Danica May Camacho von UN-Vertretern zur siebenmilliardsten Erdenbürgerin erklärt. Ein symbolischer Akt versteht sich, denn wie viele Menschen genau auf der Erde leben, weiß niemand. Außerdem kamen am »Tag der sieben Milliarden« um die 350.000 Menschen zur Welt, die Auswahl war also willkürlich. Für Danicas Eltern war der 31. Oktober 2011 sicher ein Tag der Freude, zumal ihre Tochter zur Geburt ein Stipendium für ein späteres Studium und die Familie eine finanzielle Unterstützung für den Aufbau eines Geschäfts erhielten. Doch Danicas Geburt symbolisiert gleichzeitig die Überbevölkerung der Erde und die Herausforderungen, vor die diese die Menschheit stellt, denn mit der Weltbevölkerung wachsen auch die Probleme. Es wächst der Druck auf Ökosysteme, Ressourcen und Klima. Und es wachsen die Schwierigkeiten des Miteinander-Lebens.

Geschätzte 7 Milliarden Menschen bewohnen die Erde, und die Weltbevölkerung wächst in rasantem Tempo weiter – jährlich um 80 Millionen Menschen. Und schon heute haben 1,1 Milliarden Menschen keinen Zugang zu sauberem Trinkwasser. Über 925 Millionen Menschen weltweit leiden an Hunger. Über 72 Millionen Kinder haben keinerlei Zugang zu Bildung. Dieser Mangel an Nahrung und Bildung hat fatale Begleiterscheinungen: Kinderarbeit, Prostitution, Gewalt und Unterdrückung – für unzählige Menschen ist das Elend *der Alltag. Doch das sind noch längst nicht alle Probleme und Missstände, mit denen wir uns auseinandersetzen müssen. Täglich verbraucht die Menschheit mehr Erdöl, als auf natürliche Weise in tausend Jahren entsteht. Der steigende CO_2-Ausstoß beschleunigt die Erderwärmung und führt mithin zu einer nachhaltigen Schädigung und Zerstörung (nicht nur) unseres Lebensraums. Und bei alldem kann von einer globalen Solidarität angesichts der sich stellenden Herausforderungen keine Rede sein. Die Menschheit ist weit davon entfernt, sich als Sieben-Milliarden-Volk zu verstehen. Vielmehr ist die Weltlage durch zahllose Konflikte zwischen nationalen, kulturellen und religiösen Menschengruppen geprägt. DIE ZEIT fragte daher anlässlich der Geburt der siebenmilliardsten Erdenbewohnerin: »Können wir uns wirklich zum Erfolg unserer Spezies gratulieren? Müssen wir uns nicht vielmehr vor uns selber fürchten?«(VP). Peter Sloterdijk findet: Zum Gratulieren besteht kein Anlass. Die globale Entwicklung ist mehr als besorgniserregend, sie droht in einer Katastrophe zu münden. Angesichts dessen sind wir auf das Extremste herausgefordert, besser:* hinauf-*gefordert, denn Sloterdijk meint, es sei nun an der Zeit, die Vertikalspannung zu erhöhen und sich »nach oben« zu orientieren.*

In einem Interview mit dem *Philosophie Magazin* wird Sloterdijk auf das Phänomen einer »Wiederkehr der Philosophie« angesprochen. Er erklärt daraufhin: Bei der Suche nach Orientierung »kommt man unweigerlich an diese gute alte Adresse der Philosophie und klopft an. Und hofft, dass man nicht nur auf eine Tapetentür stößt« (LZ 40). Zu denjenigen, die auf das Klopfen reagieren und aus der Tür herauskommen gehört auch Sloterdijk selbst. Er bietet den Orientierungssuchenden ein »Therapiekonzept« an, das ganz im Zeichen der Spannung steht. Nun könnte man meinen, in einer Zeit, in der sich ohnehin die meisten gehetzt, unter Druck oder sogar ausgebrannt fühlen, sei doch viel eher auf die heilsame Wirkung der *Ent*-Spannung zu setzen. Sloterdijk aber erwidert gegen diese Bedenken, dass tatsächlich nur sehr wenige gestresste Zeitgenossen »in einer authentischen Vertikalspannung leben. Die meisten werden von hinten gehetzt, nicht von oben gezogen« (LZ 40). Während daher vielerorts mit Versprechungen von Wellness und Tiefenentspannung geworben wird, fordert Sloterdijk die Menschen zu *mehr Spannung* auf. Frei nach Nietzsche: Ihr seid mir noch nicht angespannt genug!

Als eine Art philosophischer Fitnesstrainer will Sloterdijk die Menschen auf den Allkampf des Lebens einstimmen, denn um ein Versinken in Hilflosigkeit und Trägheit zu verhindern, muss geübt werden. Die erste Aufgabe des Trainer-Philosophen ist es daher, zum Sprachrohr zu werden für einen im Menschen immer schon implizit gegenwärtigen Imperativ, dessen Explizit-Werden heute nottut, um mit einem (ins Haus stehenden) Leiden fertig werden zu können, das nicht nur einzelne Menschen, sondern die gesamte Weltbevölkerung betrifft. Dieser Imperativ lautet so schlicht wie ergreifend: *Du mußt dein Leben ändern!*

Der Mensch, das übende Wesen

Sloterdijks Buch *Du mußt dein Leben ändern. Über Anthropotechnik* kann man als einen Beitrag zu der traditionsreichen Disziplin der Philosophischen Anthropologie betrachten, d.h. es widmet sich der leitenden Frage »Was ist der Mensch?«. Diese Frage nach dem menschlichen Wesen zeichnet sich gegenüber anderen philosophischen Themen durch eine Besonderheit aus: Sie verweist auf ein Selbstverhältnis. Wenn wir über den Menschen sprechen, dann sprechen wir über uns selbst. Der Mensch ist offenbar dasjenige Lebewesen, dem sein eigenes Sein fragwürdig ist. Es hat in der Geschichte des abendländischen Denkens eine ganze Reihe von Antworten auf diese Frage gegeben. Der Mensch wurde beschrieben als *zoon politikon* (Aristoteles), als *animal symbolicum* (Cassirer), als *animal laborans* (Arendt), als *homo sapiens* (Linné), als *homo patiens* (Frankl), als *homo compensator* (Marquard), als Mängelwesen (Gehlen), als zweifüßiges Tier ohne Federn (Platon) – um nur einige Beispiele zu nennen. Zweierlei ist hierzu anzumerken: Zum einen haben die lange Beschäftigung mit der Frage nach dem wesentlich Menschlichen und die Fülle von Antwortversuchen deutlich gemacht, dass wir bisher zu keiner definitiven Gewissheit über uns gelangt sind. Die einzige anthropologische Konstante, die sich zweifelsfrei festmachen lässt, ist die Fragwürdigkeit des Menschen für sich selbst und somit seine unaufhebbare Selbstbezüglichkeit. Zum anderen muss man sich klarmachen, dass die mannigfaltigen Versuche der Menschen, ihr eigenes Sein bzw. Wesen begrifflich zu fassen, keineswegs nur theoretische Spielereien ohne Relevanz für das alltägliche Leben sind. Jede Selbstdeutung hat ihre Rückwirkungen auf unser Denken und Handeln. Es ist für die konkrete Lebensgestaltung nicht gleichgültig, ob man sich als Glied einer mythischen Naturordnung oder als Träger des egoistischen Gens, als Kind Gottes oder als arrivierten Affen auffasst. Wenn also die Anthropologie zu keiner letzten Gewissheit gelangen kann und wenn gleichzeitig ihre Versuche, sich dem Wesen des Menschen begrifflich zu nähern, unmittelbar auf dessen Selbstverständnis und mithin auf sein Denken, Wollen und Handeln zurückwirken, dann sollte man möglicherweise die Fragestellung modifizieren: Nicht »Was ist der Mensch?«, sondern »Wie sehen wir uns?«, und vielleicht »Wie *sollten* wir uns selbst betrachten?« wären dann die entscheidenden Fragen. Sloterdijks anthropologische Ausführungen zielen genau auf besagten rückwirkenden Effekt von Konzeptionen des Menschlichen ab. Die Explikation eines bestimmten Verständnisses des Humanen soll die Sicht des Menschen auf sich selbst verändern und in der Folge sein Denken und Handeln in neue Bahnen lenken. Eine derartige Selbstveränderung durch Selbstdeutung fällt bei Sloterdijk unter das Schlagwort der *Anthropotechnik*.

»Es ist an der Zeit, den Menschen als das Lebewesen zu enthüllen, das aus der Wiederholung entsteht« (L 14), so hebt Sloterdijks umfangreiche anthropologische Studie an. Der Mensch ist also ein wiederholendes, genauer gesagt ein *übendes* Lebewesen, ja mehr noch: »ein Lebewesen, das nicht nicht üben kann – wenn üben heißt: ein Aktionsmuster so wiederholen, daß infolge seiner Ausführung die Disposition zur nächsten Wiederholung verbessert wird« (L 643). Ein Aktionsmuster wiederholen, so dass bzw. damit seine Ausführung sukzessive immer leichter von der Hand geht, immer besser wird, um dann sprichwörtlich in Fleisch und Blut überzugehen – diese Vorgehensweise ist jedem vertraut, der ein

Musikinstrument spielt oder eine Sportart betreibt. Da heißt es üben, üben, üben. Dass Übung der Schlüssel zur Aneignung einer bestimmten Fertigkeit ist, ist für uns selbstverständlich. Aber wenn Sloterdijk behauptet, wir Menschen seien Lebewesen, die gar nicht anders *können* als zu üben, dann haben wir es beim Üben offenbar mit einem wesentlich umfassenderen Phänomen zu tun als bisher angenommen.

Der Mensch, so erklärt Sloterdijk, lebt in Übungen, und »als Übung definiere ich jede Operation, durch welche die Qualifikation des Handelnden zur nächsten Ausführung der gleichen Operation erhalten oder verbessert wird, sei sie als Übung deklariert oder nicht« (L 14). Es gibt demnach zwei wichtige Ergänzungen zu dem alltagssprachlichen Übungsbegriff, mit dem wir Tätigkeiten belegen, die dazu dienen sollen, eine bestimmte Kunstfertigkeit zu erlernen: Erstens erfordert nicht nur die Verbesserung, sondern auch die *Erhaltung* einer Qualifikation Übung, zweitens gibt es *deklarierte* Übungen und solche, die es nicht sind. Betrachten wir unter diesen Gesichtspunkten (und zur Verdeutlichung derselben) einmal die Entwicklung eines Menschenjungen: Es kommt zur Welt und kann mehr oder weniger nichts. Es ist, wie es Sloterdijk formuliert, ein »polymorphe[r] Nichtskönner« (LZ 41). Das macht es einerseits ausgesprochen hilflos, bedeutet aber andererseits, dass es sich, einmal in die Welt geworfen, ein unfassbares Spektrum an Qualifikationen übend aneignen kann (oder *muss* – je nachdem wie man es betrachtet). Der Großteil der kindlichen Übungen fällt naturgemäß in den Bereich des Deklarierten, denn wer mehr oder weniger nichts kann, muss mehr oder weniger alles trainieren, und das geschieht in weiten Teilen explizit – zumindest für diejenigen, die das Kind zum Üben anhalten. So übt das Kind unter den Augen und der Anleitung seiner Bezugspersonen zu essen, zu krabbeln, zu sprechen, zu gehen, aber auch, sich in die kulturellen Besonderheiten seiner Gruppe einzufügen, und in dem Maße, in dem es sich eine Fertigkeit übend aneignet, gehen die Übungen vom Bereich des Deklarierten in den Bereich des Nicht-Deklarierten über. Das Üben hört also nicht etwa auf, wenn das Sprechen, das Laufen oder die Traditionen und Leitvorstellungen einer Kultur einmal beherrscht werden, sondern läuft permanent, wenn auch von allen

Beteiligten unbeachtet, weiter, um den Status quo zu erhalten. Auf diese Weise erweitert sich im Laufe der Entwicklung sukzessive die Sphäre der nicht-deklarierten Übungen, bis zu dem Punkt, wo »unser Dasein sich zu 99,9 % aus Wiederholungen zusammensetzt, von denen die meisten strikt mechanischer Natur sind« (L 643). Da dieser ausgedehnte innere Übungsraum faktisch in erster Linie der *Erhaltung* bestimmter Qualifikationen dient, kann Sloterdijk feststellen, dass »Menschen insgesamt immerzu die notwendigen Vorkehrungen treffen, um zu bleiben, wie sie bis zu dieser Minute waren« (L 643). Daraus folgt: »Was an den Lebewesen wie einfache Identität mit sich selbst erscheint, ist *de facto* das Resultat einer permanenten Selbstreproduktion dank der Bewältigung unsichtbarer Trainingsprogramme« (L 644). Für ein Wesen, das nicht nicht üben kann, ist auch die bloße Erhaltung eines relativ stabilen »Ichs« nur um den Preis permanenten Trainings zu haben.

Der Mensch lebt in Übungen, er erzeugt und erhält sich, indem er Operationen wiederholt. Die von Sloterdijk skizzierte »allgemeine Übungstheorie« schließt daher »jedes vitale Kontinuum, jede Gewohnheitsreihe, jedes gelebte Nacheinander ein, das scheinbar formloseste Dahintreiben und die verwahrloseste Entkräftung inbegriffen« (L 64). Auch da also, wo ein Mensch *nicht* in Form zu sein scheint, wo er – sei es im Hinblick auf sein gesamtes Dasein oder auf einen (physischen, psychischen, kognitiven) Aspekt desselben – einen gänzlich untrainierten Eindruck macht, haben wir es in Wahrheit mit dem Resultat von Übungsreihen zu tun. »Wie es implizite Fitnessprogramme gibt, so auch implizite Unfitnessprogramme« (L 644). Auch Trägheit und Unfitness will demnach geübt sein. Das gilt nicht zuletzt für ein geistiges Aus-der-Form-Sein: »Im übrigen darf man selbst manifeste Dummheit nicht mehr als simples Datum nehmen: Sie wird durch ein langes Training an Lernvermeidungsoperationen erworben. Nur nach einer hartnäckig fortgesetzten Serie von Selbst-Knockouts der Intelligenz kann sich ein Habitus zuverlässiger Stupidität stabilisieren […]« (L 645f.). Dumm ist demnach, wer dumm zu sein geübt hat. Welche Gründe es auch immer haben mag, dass jemand übend den Habitus der Dummheit aufrecht erhält – ein »Rückfall in die Nicht-Dummheit« (L 646) oder allgemeiner: in die Fitness, bleibt jederzeit möglich.

Gute Askesen, schlechte Askesen

Übung macht also nicht nur den Meister, vielmehr will auch das Nichts-Können geübt sein – ebenso wie die Untugend, also das Schlechtsein. Tatsächlich ist der Mensch als Übungstier »imstande, sich das Schlechteste zu eigen zu machen, bis es ihm wie eine un- antastbare Selbstverständlichkeit erscheint« (L 648). Jedes mensch- liche Dasein verdankt seine Form individuellen und kollektiven bzw. seriellen Übungen – oder *Askesen*, wie Sloterdijk es mit Bezug auf die ursprüngliche Bedeutung des griechischen Begriffs *askesis* (= Übung, Training) nennt. Diese Sichtweise hat zur Konsequenz, dass »auf dem asketischen Stern, nachdem er als solcher entdeckt ist, […] der Unterschied zwischen denen, die etwas oder viel aus sich machen, und denen, die nichts oder wenig aus sich machen, immer auffälliger [wird]« (L 66). Sloterdijk gibt zu bedenken, »daß der Grund der Ungleichheit zwischen den Menschen in ihren Askesen liegen könnte« (L 66).

Wer sich von der These, dass »die letzten Ursachen der Verschie- denheit zwischen Menschen« (L 66) deren Trainingsprogramme seien, provoziert fühlt, liegt damit vollkommen richtig. Sloterdijk *will* uns provozieren, also wörtlich genommen: herausfordern, auffordern oder reizen; das ist Teil seines anthropotechnischen Programms. Wer nun glaubt, sich dieser Herausforderung mit dem Vorwurf des Zynismus oder des elitären Denkens entziehen zu können, der hat schon verloren (oder anders gesagt: der kann aus dem Gesagten keinerlei Gewinn ziehen). Wer sich hingegen der Herausforderung stellen will, muss sie zunächst einmal *persönlich* nehmen und sich direkt von ihr ansprechen lassen, denn in Wirk- lichkeit geht es dem Autor um einen Unterschied *im* Menschen, »der sich als Unterschied zwischen den Menschen darstellt« (L 259). Lasse ich mich aber ganz unvoreingenommen von Sloter- dijk reizen, dann besagt die These von der eingeübten Ungleichheit zwischen den Menschen *für mich*: Wenn andere mich in ihren

Askesen übertreffen, bedeutet das, dass ich nicht hart genug oder nicht das Richtige trainiere. Was dieser Gedanke in mir bewirkt, wenn ich dazu bereit bin, ihn anzunehmen, das beschreibt Sloterdijk unter dem Begriff der *Vertikalspannung*. Indem ich mich auf ein Mehr-Können, auf eine Überwindung meiner wie auch immer gearteten Unfitness hin ausrichte, orientiere ich mich »nach oben«, auf eine von mir noch nicht erreichte Vollkommenheit hin. Ich werde somit – tatsächlich oder virtuell – von oben angesprochen. Dieses Angesprochen-Werden von oben ist zugegebenermaßen leicht mit einem Von-oben-*herab*-angesprochen-Werden zu verwechseln. Der Unterschied kann in der Intention des Sprechenden oder aber im Ohr des Angesprochenen liegen. Lasse ich mich *von oben* ansprechen, dann richtet mich diese Erfahrung auf, sie verstärkt die Vertikalspannung in meinem Inneren und erhöht somit meine Trainingsbemühungen; glaube ich mich aber *von oben herab* angesprochen, dann halte ich mich selbst am Boden in dem unbegründeten Glauben, jenes ominöse Oben sei für mich nicht erreichbar.

Sloterdijks Rede von den nicht-politischen Klassenunterschieden, deren letzte Ursachen in mehr oder weniger gutem Training zu suchen sind, ist vergleichbar mit Nietzsches Diktum von der ewigen Wiederkunft des Gleichen: Beide Aussagen sind relativ unergiebig, wenn man sie als Tatsachenbeschreibungen auffassen will. Beide Aussagen haben aber einen unmittelbar anthropotechnischen Effekt, wenn man sich von ihnen persönlich herausfordern und in seinem Innersten ansprechen lässt. Erinnern wir uns an die eingangs vorgeschlagene Reformulierung der anthropologischen Fragestellung, wonach die entscheidende Frage lautet: »Wie sollten wir uns selbst betrachten?«. Sloterdijk meint: Als Wesen, die besser sein könnten als sie es in diesem Moment sind.

Das Phänomen des Von-oben-angesprochen-Werdens findet laut Sloterdijk seine adäquate sprachliche Form in dem Rilke‹schen Satz »Du mußt dein Leben ändern!«. Dieser Befehl ist unbestimmt, was seine Herkunft, seine Autorität und seinen konkreten Inhalt betrifft, aber er lässt keinerlei Zweifel am Adressaten, an der Kompromisslosigkeit der Forderung und an der radikalen Vertikalität, die zum Ausdruck gebracht wird. »Es ist der absolute Imperativ

[...]. Er gibt das Stichwort zur Revolution in der zweiten Person Singular. Er bestimmt das Leben als ein Gefälle zwischen seinen höheren und seinen niederen Formen. Ich lebe zwar schon, aber etwas sagt mir mit unwidersprechlicher Autorität: Du lebst noch nicht richtig« (L 47). Wer oder was darf mich auf diese zwingende und ganz und gar anmaßende Weise ansprechen? Wer oder was darf zu mir sagen »*Du mußt* dein Leben ändern!«? Ganz allgemein – also immer noch ohne über einen bestimmten Inhalt der geforderten Verbesserung zu sprechen – lässt sich feststellen: »Es ist die Autorität eines anderen Lebens in diesem Leben. [...] Sie ist mein innerstes Noch-nicht« (L 47). Dieses innere Noch-nicht meiner selbst erhebt »absoluten Einspruch gegen meinen *status quo*« und lässt mich wissen: »Meine Veränderung ist das eine, das not tut« (L 47). Diese Gewissheit und diesen Willen zur Veränderung verspüre ich, sobald eine »für [m]ich gültige Vertikalspannung [m] ein Leben aus den Angeln hebt« (L 47). Es geht um die Feststellung der Tatsache, »daß jeder Einzelne, auch der erfolgreichste, der schöpferischste, der großzügigste, wenn er sich ernsthaft prüft, zugeben müßte, er sei weniger geworden, als er seinem Seinskönnen nach hätte werden sollen« (L 701). Die Autorität meines Nochnicht verlangt von mir, meine bequemen Lebensweisen, meine gewohnte Trägheit, meine faule Selbstzufriedenheit aufzugeben und mich neuen Anstrengungen zu widmen. Sie befiehlt mir, mich in Form zu bringen, und das bedeutet zunächst und vor allem, auf meine innere Vertikalspannung zu achten. Wir müssen, findet Sloterdijk, dem *homo erectus* in uns zum Durchbruch verhelfen: »Es ist nicht der aufrechte Gang, der den Menschen zum Menschen macht, es ist das aufkeimende Bewußtsein des inneren Gefälles, das im Menschen die Aufrichtung bewirkt« (L 99).

Ausstieg aus dem Fluss des Gewöhnlichen

Sloterdijks vornehmliches Interesse richtet sich auf das Phänomen, dass in den letzten 3000 Jahren Kulturgeschichte immer wieder Menschen als »asketisch[e] Extremisten« (L 349) aus der Masse der Übenden hervorgetreten sind und sich durch ihre Askesen über das Niveau des Gewöhnlichen hinauskatapultiert haben. Was hat es aber mit diesem Phänomen der Ausnahmemenschen auf sich? Wie kommt es, dass Einzelne sich dem Übergewöhnlichen zuwenden? »Wie jeder zugeben wird, ist nichts selbstverständlicher, als daß Menschen ›in Gewohnheiten verstrickt‹ sind. Nichts versteht sich jedoch weniger von selbst, als daß Einzelne, [...], in eine Sezession von den Gewohnheiten geraten« (L 299).

Die Sezession, die Abtrennung und Absetzung vom Gewohnten steht am Anfang jeder Ausnahmebiographie. »Alle Steigerungen geistiger und leiblicher Art beginnen mit einer Sezession von der Gewöhnlichkeit. Diese geht zumeist einher mit einer heftigen Abstoßung der Vergangenheit« (L 338). Bevor einzelne Menschen »sei es allein, sei es in Gesellschaft Mitverschworener« sich in ungewöhnliche, unwahrscheinliche Sphären erheben, sind sie zunächst einmal »aus den Habitusgemeinschaften, denen sie zunächst und zumeist angehören« (L 298), ausgestiegen. Indem sie aus dem Fluss der Gewohnten aussteigen, »distanzieren die Uferbasierten sich von den Schwimmenden« (L 300). Die Uferbasierten, so nennt Sloterdijk die Aussteiger, um zu verdeutlichen, dass diese durch ihren Ausstieg in die Lage versetzt sind, den »Schwimmenden im Habitus-Pool« (L 300), zu denen sie selbst bis vor kurzem noch gehörten, beim »Schwimmen« zuzusehen. Die unhinterfragten Gewohnheiten, in die die Menschen verstrickt sind, werden dem Uferbasierten mit einem Mal fragwürdig, und das ist nur möglich, weil er in Distanz zu ihnen getreten ist und das habituelle Treiben nun als Abseitsstehender betrachtet. Wer sich vom Fluss der Gewohnheiten abtrennt, der kann nicht gleichzeitig darin schwimmen – möglicherweise kann er es nie mehr. Sloterdijk erinnert in diesem Zusammenhang an den berühmten Satz von Heraklit, demnach es unmöglich ist, zweimal in denselben Fluss zu steigen. Für gewöhnlich wird in diesem Diktum eine Metapher für die Unaufhaltbarkeit und Unumkehrbarkeit des Werdens gesehen, aber Sloterdijk meint: »In Wahrheit erinnert der dunkle Satz an eine tiefere Irreversibilität: daß nämlich, wer einmal aus dem Wasser gestiegen ist, nicht mehr zu der ersten Art des Schwimmens zurückkehrt« (L 300). Und doch, so könnte man mit Blick auf das Thema der philosophischen »Heilmittel« ergänzen, wird denjenigen, die beispielsweise durch eine persönliche Krise ans Ufer des Habitusstroms katapultiert worden sind, regelmäßig das Wiedereinsteigen und Wieder-mit-Schwimmen als (vermeintliche) Lösung angetragen. Es zeichnet sich deutlich ab, dass Sloterdijks Überlegungen in eine ganz andere Richtung zielen: Wer aus dem Gewohnheitsfluss ausgestiegen ist oder aus ihm geworfen wurde, *kann* sich nicht einfach wieder in die schwimmenden Masse werfen und orientiert sich daher künftig am *Außer*gewöhnlichen. Dass dem einmal Ausgestiegenen der Zugang zu den »Wonnen der Gewöhnlichkeit« erschwert wird, dass er in gewisser Weise welt-fremd geworden ist, »gehört zum Preis des Lebens unter erhöhter Vertikalspannung« (L 365).

Die Geste der Sezession, also der Ausstieg aus dem Gewohnten und Gewöhnlichen, steht als solche bereits im Zeichen des absolu-ten Imperativs »Du mußt dein Leben ändern!«. Denn da, wo eine Sezession stattfindet, sind Menschen »am Ende ihrer Geduld mit den vorgefundenen Tatsachen. Sie wollen weder die gewohnten Verhältnisse mehr sehen noch ihre Abbilder« (L 221). Die gewohn-ten Verhältnisse sind dem Sezessionisten (aus dem einen oder anderen Grund) untragbar, unerträglich geworden. Er empfindet eine tiefe Unzufriedenheit mit bestehenden Lebensformen, von denen er sich folglich lossagt, um sie bzw. um *sich* zu verändern. Dies tut der Ausnahmemensch, wie Sloterdijk ausführt, in einer radikalen Einstellungsänderung, in einer Konversion. Nicht selten befallen den Sezessionisten im Zuge dessen Affekte »wie Ekel, Reue und völlig[e] Verwerfung des früheren Seinsmodus« (L 338). Diese heftige Ablehnung, die im Grunde eins ist mit der Abgrenzung vom Bisherigen, setzt eine grundlegende Veränderung des Übungsverhaltens in Gang: Die nicht-deklarierten Askesen werden durch deklarierte Askesen ersetzt, d.h. der aus dem Gewöhnlichen heraus katapultierte Mensch übt im Folgenden *bewusst*. Das Schwimmen im Gewohnheitsfluss kann man also eher als ein Getrieben-Werden und Sich-treiben-Lassen in der Strömung des Habituellen beschreiben, wohingegen der einmal ans Ufer gelangte auf sich selbst gestellt ist und daher seine aktiven Kräfte mobilisieren muss. Er beginnt damit eine ganz andere Art des Lebens, in der die eigenen, bisher unbemerkt ablaufenden

Übungsprogramme geprüft und gegebenenfalls durch bessere
ersetzt oder ersatzlos gestrichen werden. Das deklarierte, bewusste
Üben markiert somit zugleich den Übergang von einer passiven
Form des Daseins, in der man sozusagen von seinen unbewussten,
unhinterfragten Askesen *gelebt* wird, zu einer aktiven, sich selbst
ergreifenden Lebensform. Eine Konversion ist für Sloterdijk daher
»nicht der Übergang von einem Glaubenssystem zu einem anderen. Die ursprüngliche Bekehrung geschieht als Austritt aus dem
passivischen Daseinsmodus in Tateinheit mit dem Eintritt in den
aktivierenden« (L 306). Man könnte sagen: Nicht (nur) der *Inhalt*,
sondern die *Form* des Trainings wird grundlegend verändert. An
die Stelle von »selbstläufigen Programmen – Affekten, Gewohnheiten, Vorstellungen« (L 309), von denen der gewöhnliche Mensch
besessen ist, treten das eigentätige, eigenständige Denken, Fühlen
und Tun. »Dadurch setzt sich allmählich ein Subjektmensch vom
Objektmenschen ab […]. In der zweiten Position bleibt der Mensch,
wie er war, das Passive, Wiederholte, kampflos Überwältigte, in der
ersten hingegen wird er der Post-Passive, der Wiederholende, der
Kampfbereite« (L 310). Kampfbereit zu sein, bedeutet hier, den
Willen zu haben, gegen die eigene »Besessenheit« durch nicht-
deklarierte Askesen vorzugehen und »die Macht der Wiederholung
gegen die Wiederholung [zu] wenden« (L 309). Es geht also um
eine Kampfansage gegen sich selbst, genauer gesagt gegen die Gewohnheiten, Gefühle und Vorstellungen, die das bisherige Selbst
konstituiert haben.

Aufschwung ins Über-Gewöhnliche

Wohin aber orientiert sich der aus dem Gewöhnlichen ausge-
stiegene Mensch, nachdem er seine ursprüngliche Habitus-
Gemeinschaft verlassen und seinem alten Ich den Kampf angesagt
hat? Anders gefragt: Wenn die Rede von *Vertikal*spannungen ist,
von einem Nach-*oben*-ausgerichtet-Sein und von einem Leben
im *Über*-Gewöhnlichen, was sind dann die Kriterien für diese
»Über-Urteile«, die ja bis hierhin mehr oder weniger unbestimmt
geblieben sind? Wenn es in den Leben der Ausnahmemenschen

darum geht, in ein über-gewohntes Niveau hinaufzusteigen, dann stellt sich unweigerlich die Frage: »Was heißt hinauf?« (L 179).

Sloterdijk nimmt in seiner Auseinandersetzung mit dieser Frage Bezug auf ein berühmtes und berüchtigtes Über-Wesen, von dem Friedrich Nietzsche gesprochen hat, auf den *Übermenschen.* »Ich lehre euch den Übermenschen«, so spricht Nietzsche durch die Figur des Weisen Zarathustra. »Der Mensch ist etwas, das überwunden werden soll« (Z I, 3). Es geht also um eine Art von Über-Windung und Höher-Entwicklung des bisherigen Menschen, und wieder stellt sich die Frage: Was heißt hier »höher« und »über«? Sloterdijk stellt zunächst eines klar, das für Nietzsches Rede vom *Übermenschen* ebenso gilt wie für seine eigene Konzeption des Menschen unter Vertikalspannung: Es geht um »Dressur, Disziplin, Erziehung und Selbstentwurf – der ›Übermensch‹ impliziert kein biologisches, sondern ein artistisches, um nicht zu sagen: ein akrobatisches Programm« (L 178). Artistik und Akrobatik (und nicht etwa Züchtung und Selektion) sind demnach die entscheidenden Stichworte, wenn wir über eine Veränderung des Menschen hin zum Besseren, also über eine Optimierungsbewegung sprechen wollen.

Artisten sind Menschen, die eine hoch spezialisierte Kunstfertigkeit ausüben, und das tun sie unter den Blicken eines erstaunten und faszinierten Publikums. Sie zeigen dem normalen Durchschnittsmenschen, was möglich ist, wenn man sein Training außerhalb des Gewohnten und mit höchster Selbstdisziplin absolviert. Der Artist verkörpert in diesem Sinne das Unwahrscheinliche. Idealerweise verführt er seine Zuschauer zu der Äußerung: »Unglaublich, dass so etwas möglich ist«. Das trifft in besonderem Maße auf die Akrobatik als Unterkategorie der Artistik zu. Akrobaten verfügen einerseits über eine »übermenschliche« Koordinations- und Konditionsfähigkeit und setzen sich andererseits scheinbar furcht- und hemmungslos über den (physischen) Habitusstrom hinweg. Als Seiltänzer, Trapezkünstler oder Adagio-Akrobaten führen sie den Zuschauenden vor Augen, in welchem Maße Trägheit und Gewöhnlichkeit asketisch überwunden werden können. Artistik und Akrobatik sind vor diesem Hintergrund für Sloterdijk die idealen Metaphern, wenn es darum geht, sich der

Frage nach dem Sinn von Über-Urteilen zu nähern: »Der Mensch des ›Über‹ ist der Artist, der den Blick dorthin zieht, wo er agiert. Für ihn heißt Dasein – da oben sein« (L 184). In welcher Disziplin der »Mensch des Über« seine Trainingseinheiten absolviert, bleibt dabei offen. Klar ist nur, dass er die gemeinsame Basis des Gewohnten zum Ausgangspunkt für außergewöhnliche und daher unwahrscheinliche Askesen nimmt. »So mag der ominöse Übermensch im übrigen so beschaffen sein, wie er will, er bringt Merkmale mit, die ihn von den Altmenschen so unterscheiden, wie sich der Seiltänzer von den Zuschauern unter[scheidet]« (L 183).

Der »Mensch des Über« bewegt sich demnach bildlich gesprochen oben, über den Köpfen der Masse, die dadurch dazu verführt wird, ihre Blicke auf die verkörperte Unwahrscheinlichkeit zu richten und sich selbst, zumindest im Akt des Zuschauens, vertikal zu orientieren. Sloterdijk schreibt daher: »Artistik ist Subversion von oben, sie überwandert das ›Bestehende‹. Das subversive Prinzip, besser: das supraversive, steckt nicht im ›Über‹ von Überheblichkeit, im *hypér* von *hybris*, im *super* von *superbia*; es verbirgt sich im ›Akro‹ von Akrobatik« (L 198). Akrobatik – dieses Wort bezeichnet wörtlich genommen das Gehen auf Zehenspitzen, d.h. »es benennt die einfachste Form der natürlichen Gegennatürlichkeit« (L 199).

Fassen wir zusammen: Der »Mensch des Über« ist ein Wesen, das aus dem Fluss des Gewohnheitsmäßigen ausgestiegen ist, seine Lebensweise dadurch radikal verändert hat und sich übend »nach oben«, auf das Außergewöhnliche, Unwahrscheinliche hin orientiert hat. Der »da oben« agierende Ausnahmemensch zieht wie ein Zirkusartist die Blicke der »unten« Gebliebenen auf sich und vermag es dadurch, zumindest manche Zuschauer an ihre eigene Vertikalspannung, an den »Spielraum nach oben« zu erinnern. Als eine Subversion von oben bzw. als eine Überwanderung des Bisherigen beschreibt Sloterdijk diese Provokation durch das Außergewöhnliche. Dabei bleiben nach wie vor zwei Aspekte unbestimmt, nämlich zum einen der Anlass bzw. Grund für das Aussteigen des »Übermenschen« aus dem Habitusstrom und zum anderen der konkrete Inhalt bzw. das Ziel seines neuen, nach oben ausgerichteten Übungsverhaltens. Hierzu äußert sich Sloterdijk erst auf den letzten Seiten von *Du mußt dein Leben ändern*, wenn er über die Bedrohung durch eine sich ankündigende globale Katastrophe spricht.

Die Autorität der globalen Krise

Warum aus dem Fluss des Gewohnten aussteigen? Warum sein Leben, und das bedeutet ja dem Gesagten zufolge sein *Üben*, radikal ändern? Sloterdijks Antwort mit Blick nicht auf *individuelle* Situationen, sondern auf die *globale* Situation lautet: »Die einzige Tatsache von universaler ethischer Bedeutung in der aktuellen Welt ist die diffus allgegenwärtig wachsende Einsicht, daß es so nicht weitergehen kann« (L 699). Es kann so nicht weitergehen, weil wir auf eine zweifache Katastrophe zusteuern: »Was sich zur Stunde auf der Erde abspielt, ist auf der einen Seite eine real voranschreitende Integrationskatastrophe [...]. Durch sie werden die bisher zerstreut lebenden Fraktionen der Menschheit, die sogenannten Kulturen, zu einem instabilen und von Ungleichheiten zerrissenen Kollektiv auf hohem Transaktions- und Kollisionsniveau synchronisiert. Auf der anderen Seite vollzieht sich eine voranschreitende Desintegrationskatastrophe«, stetig vorangetrieben durch die »blind[e] Überausbeutung endlicher Ressourcen« (L 708). In einer globalisierten Welt miteinander leben zu lernen und »meinen Fußabdruck in der Umwelt auf die Spur einer Feder [zu] reduzieren« (L 709) – das sind die beiden gewaltigen und nicht aufzuschiebenden Aufgaben, die sich laut Sloterdijk dem modernen Menschen aufdrängen. Und dabei können wir keineswegs »von einer Symmetrie zwischen *challenge* und *response*« (L 706) ausgehen, wir dürfen also nicht glauben, die aktuellen Probleme seien mit Bordmitteln zu bewältigen.

Bisher ging es darum, das Gewahr-Werden der inneren Vertikalspannung, den Ausstieg aus dem Gewohnten und den Aufstieg ins Übergewöhnliche ganz allgemein zu beschreiben, ohne also auf bestimmte Übungsziele und -inhalte einzugehen. Nun erklärt uns Sloterdijk, dass es die Gefährdung unserer Koexistenz und letztlich die unseres Überlebens ist, die unsere Vertikalspannung erhöht (oder dies zumindest tun sollte), und dass bedeutet mit Bezug auf den absoluten Imperativ: »Die einzige Autorität, die heute sagen darf: ›Du mußt dein Leben ändern!‹, ist die globale Krise, von der seit einer Weile jeder wahrnimmt, daß sie begonnen hat, ihre Apostel auszusenden. Sie besitzt Autorität, weil sie sich auf etwas Unvorstellbares beruft, von dem sie der Vorschein ist – die globale Katastrophe« (L 702). Die Ankündigungen der globalen Krise befehlen mir unerbittlich, mein Leben zu ändern, und »von mir wird gefordert, mich zu verhalten, als könnte ich auf der Stelle wissen, was ich zu leisten habe« (L 709). Mit anderen Worten: Ich werde mit der absoluten Überforderung meiner selbst konfrontiert, die ich dennoch nicht abweisen kann, weil es unter den geschilderten Umständen »kein Menschenrecht auf Nicht-Überforderung gibt« (L 705). Sloterdijk fährt fort: »Mir scheint sogar, ich solle mich lächerlich machen, indem ich mich als Mitglied eines Sieben-Milliarden-Volks verstehe – obwohl mir schon die eigene Nation zu viel ist. Ich soll als Weltenbürger meinen Mann stehen, selbst wenn ich meine Nachbarn kaum kenne und meine Freunde vernachlässige« (L 709).

Ich soll mich also mit der gesamten Menschheit solidarisieren und mich nicht nur um das Wohlergehen meiner Nächsten, sondern um das Wohlergehen aller sorgen. Eine solche Ausdehnung meines Interesses auf die Weltbevölkerung tut not, weil diese, wie Sloterdijk meint, gewissermaßen an einer Immunschwäche leidet. Was ist darunter zu verstehen? »Immunsysteme sind verkörperte bzw. institutionalisierte Verletzungs- und Schädigungserwartungen, die auf der Unterscheidung zwischen Eigenem und Fremdem beruhen« (L 709). Wenn wir von Immunität und Immunsystemen sprechen, meinen wir in der Regel die biologische Unempfindlichkeit bzw. Abwehrleistung eines Einzelorganismus. Daneben gibt es aber laut Sloterdijk zwei weitere, soziale, kooperative Immunsysteme menschlicher Existenz, ein solidaristisches und ein symbolisches. »Das solidaristische System garantiert Rechtssicherheit, Daseinsvorsorge und Verwandtschaftsgefühle jenseits der jeweils eigenen Familien; das symbolische gewährt Weltbildsicherheit, Kompensation der Todesgewißheit und generationenübergreifende Normenkonstanz« (L 710). Diese beiden Immunsysteme betreffen nicht einen einzelnen Organismus, sondern ein Kollektiv, sie stehen also im Dienste des Überlebens von Gemeinschaften. Wenn daher der Einzelne bestimmte Einschränkungen seines unmittelbaren Eigeninteresses zugunsten seiner Gruppe in Kauf nimmt – etwa in Form von Steuern oder Diensten –, dann kann man das vor dem Hintergrund des Gesagten als »Egoismus auf der Ebene der größeren Einheit« (L 710) bezeichnen. Dieses »implizite immunologische Kalkül« (L 710) liegt Handlungen zugrunde, die im Dienste der eigenen Kulturgemeinschaft stehen und erklärt, inwiefern solche Handlungen dem Einzelnen dienlich sind. Selbst dort, wo die kulturellen Gewohnheiten mir auf den ersten Blick zum Nachteil gereichen, verspricht mir demnach die Teilhabe an der kulturellen Gemeinschaft einen immunologischen Vorteil. So wird beispielsweise verstehbar, dass viele Frauen die Geringschätzung ihres Geschlechts innerhalb ihrer Kulturgemeinschaft akzeptieren und sogar teilen, um an einem symbolischen Immunsystem – und nichts anderes ist Sloterdijk zufolge eine Kultur – partizipieren zu können, das ihnen Schutz vor den Übeln der Todesgewissheit und der Absurdität des Daseins verspricht. Der persönliche Nachteil wird sozusagen durch den kollektiven Vorteil aufgewogen. Oder in Sloterdijks Terminologie: Den »überindividuellen Immunitätsbündnisse[n]« wird der Vorrang vor dem im engeren Sinne Eigenen eingeräumt, weil für den Menschen als soziales Wesen »individuelle Immunität nur als Ko-Immunität zu haben« (L 711) ist.

Die oben erwähnte »Immunschwäche«, die von Sloterdijk diagnostiziert wird, besteht nun darin, dass es »keine effiziente Ko-Immunitätsstruktur für die Mitglieder der ›Weltgesellschaft‹« (L 711) gibt. Was fehlt, ist ein globales, nicht-biologisches Immunsystem, das den einzelnen Menschen zur Solidarität mit seinen sieben Milliarden Mitweltbürgern verpflichtet. »Auf der höchsten Ebene ist Solidarität noch ein leeres Wort« (L 711). Menschen fassen momentan das Eigene noch viel zu eng, wenn sie darunter nur ihre Familie, ihre Gruppe oder ihre Kulturgemeinschaft verstehen. Weit genug gefasst ist das Eigene erst dann, wenn »eine globale Ko-Immunitätsstruktur unter respektvoller Einbeziehung der Einzelkulturen, der Partikularinteressen und der lokalen Solidaritäten entsteht« (L 713). Solidarität und mithin Immunität auf der höchsten Ebene zu realisieren und »in täglichen Übungen die guten Gewohnheiten gemeinsamen Überlebens anzunehmen« (L 714), das sind die Aufgaben, mit denen wir als heute Lebende konfrontiert werden. Sich dieser Herausforderung zu stellen bedeutet, auf die eigene Vertikalspannung zu achten, aus dem Gewohnten auszusteigen und sich neuen Askesen zu widmen.

Mit Blick auf das Thema dieses Buches kann man zusammen-fassen: Sloterdijk expliziert in *Du mußt dein Leben ändern!* ein bestimmtes Menschenbild – der Mensch als übendes Wesen –, und dieses Selbstverständnis des Menschen können wir als »Heilmittel« betrachten für das Unbehagen, das wir in einer Welt empfinden, die auf eine Katastrophe zuzusteuern scheint. Wichtig ist dabei, dass das philosophische »Heilmittel« nicht nur darin besteht, sich selbst auf eine andere Weise als bisher zu *betrachten*, sondern dass dieser neue Blick des Menschen auf sich selbst sich unmittelbar in seinem Denken, Fühlen und vor allem in seinem Handeln nie-derschlägt. Das von Sloterdijk skizzierte Menschenbild, so könnte man es sagen, ist ein Mittel zur Weltverbesserung, weil es uns dazu auffordert, mehr aus uns zu machen als wir bisher sind und dieses Mehr, diese gesteigerte Fitness in den Dienst des *gemeinsamen* Überlebens zu stellen.

Nun geht es Sloterdijk zwar um notwendige Selbstveränderun-gen angesichts einer drohenden globalen Krise, aber man kann aus dem Gesagten durchaus auch Bedeutsames für *persönliche* Krisen oder Selbstveränderungen ableiten. Sloterdijks Ausführungen können beispielsweise helfen zu verstehen, dass es als leidvoll erlebt werden kann, »im Horizontalen« festzustecken. Es kann eine Qual sein, sein Leben mit der permanenten Wiederholung der ewiggleichen Askesen zu verbringen – und das umfasst die Verrichtung von langweiligen, sich ständig wiederholenden Arbei-ten ebenso wie das Stagnieren der persönlichen Entwicklung. Wo die Möglichkeiten zur Selbstverbesserung blockiert sind, wo die gesamte Energie in Übungen zur Erhaltung des Status quo, also in den immer gleichen Trott und vielleicht in die immer gleichen Fehler investiert wird, wo mithin die Vertikalspannung aus dem Blick geraten ist (oder besser: niemals in den Blick gekommen ist), da kann es heilsam sein, dem absoluten Imperativ in sich Gehör zu verschaffen: »Du mußt dein Leben ändern!«. Auch und gerade wenn die nicht-deklarierten Askesen einen nicht *in*, sondern *aus der Form* gebracht haben, kann es nötig werden, die Vertikalspannung zu erhöhen. Körperliche, mentale oder psychische Unfitness verlangt nach einem Explizit-Machen des (schlechten) Übens und nach einer Veränderung des Trainings. An die Stelle des unreflektierten, kontraproduktiven Übens tritt dann das bewusste, auf eine – wie auch immer geartete – Selbstverbesserung abzielende Üben. »Gib deine Anhänglichkeit an bequeme Lebensweisen auf« (L 51), verlasse den Fluss des Gewohnten, mache aus deiner passiven Existenz eine aktive, selbstbestimmte und orientiere dich am Außergewöhnlichen! Glücklich ist derjenige, dem dabei nicht nur der innere Zeuge zur Seite steht, sondern der auch externe Unterstützung in Form eines Trainers hat. Denn, wie Ralph Waldo Emerson es formulierte: »Was wir am nötigsten brauchen, ist ein Mensch, der uns zwingt, das zu tun, was wir können«. Wir brauchen anders gesagt einen *Herauf*forderer, jemanden der uns sagt: »Das kannst du noch besser!«. Die Heraus- und Heraufforderung, das Appellieren an das ungenutzte Potenzial ist die angemessene Haltung gegenüber einem übenden Lebewesen und mithin als ein Akt der Menschenfreundlichkeit zu betrachten.

Des Weiteren kann Sloterdijks anthropologische Perspektive denen als philosophisches »Heilmittel« dienen, die sich unfreiwillig aus dem Fluss des Habituellen herausgeworfen finden. Wer einmal den Habitusstrom verlassen hat, so hatte Sloterdijk mit Bezug auf Heraklit ausgeführt, der kann nicht zur ersten Form des Schwimmens zurückkehren. Wer sich also durch eine persönliche Krise plötzlich ans Ufer des Gewohnheitsflusses versetzt fühlt, kann im Sinne des bisher Dargelegten gewissermaßen aus der Not eine Tugend machen und eine völlige Neuorientierung anvisieren: Anstelle des Versuchs, sich wieder in die Mitte der gewohnheitsmäßig Schwimmenden zu stürzen, tritt dann der Aufschwung zum Über-Gewöhnlichen. So werden Krisen zu Herausforderungen umgedeutet, und der Wunsch, nie aus dem Gewohnten und Gewöhnlichen herausgefallen zu sein, wird ersetzt durch das Horchen auf den absoluten Imperativ im Inneren seiner selbst: »Du mußt dein Leben ändern!«, du musst mehr aus dir machen als du es bisher getan hast. Denn »der Mensch kommt nur voran, solange er sich am Unmöglichen orientiert« (L 700).

1947	Sloterdijk wird in Karlsruhe geboren.
1968–74	Studium der Philosophie, Germanistik und Geschichte in München. 1975 erfolgt die Promotion in Hamburg.
1978–80	Sloterdijk lebt im Ashram von Baghwan Shree Rajneesh im indischen Pune.
ab 1980	Sloterdijk ist als freier Schriftsteller tätig.
1989	Fall der Berliner Mauer und Ende des Kalten Krieges.
1992	Sloterdijk wird Professor für Philosophie und Medientheorie an der Hochschule für Gestaltung in Karlsruhe. 2001 wird er Rektor der HfG.
2002–12	Gemeinsam mit Rüdiger Safranski leitet Sloterdijk die Sendung »Das philosophische Quartett« im ZDF.

Übung macht die Meister

▷ **34%** *der Deutschen treiben mindestens dreimal pro Woche aktiv Sport.*

▷ **82,6%** *der Deutschen betreiben in ihrer Freizeit überhaupt kein mentales Training.*

▷ **1,9%** *der Deutschen widmen sich regelmäßig mentalem Training, Yoga oder Meditation.*

▷ **16,4**% *der Deutschen sind an Fitness besonders interessiert.*

▷ **14%** *der Deutschen ist Weiterbildung überhaupt nicht wichtig.*

▷ **15%** *der Deutschen finden, dass Weiterbildung sehr wichtig ist.*

▷ **54%** *der Deutschen machen sich Sorgen, dass die Politiker mit den Problemen überfordert sind.*

▷ **38%** *der deutschen Jugendlichen sind sehr besorgt, wenn sie an den Zustand der Welt in 20 Jahren denken.*

▷ **36%** *der Deutschen waren im Jahr 2009 längerfristig freiwillig engagiert.*

Quelle: Statista, Statistisches Bundesamt

Zum Nachlesen

Peter Sloterdijk, *Du mußt dein Leben ändern. Über Anthropotechnik*, Frankfurt am Main 2011 (L).

Peter Sloterdijk, *»Das Leben ist ein Zehnkampf«*, Gespräch mit Wolfram Eilenberger, in: Philosophie Magazin, 05/2012, S. 37–41 (LZ).

Friedrich Nietzsche, *Also sprach Zarathustra. Ein Buch für Alle und Keinen*, in: Ders., Werke. Kritische Gesamtausgabe, herausgegeben von Giorgio Colli und Mazzino Montinari, Berlin/New York 1967ff., VI/1 (Z).

Andreas Sentker, *Der volle Planet*, in: Die Zeit, 44/2011, abrufbar unter: http://www.zeit.de/2011/44/01-Weltbevoelkerung (letzter Abruf: 25.07.2013; VP).

 Zum Weiterlesen

Gerald Hartung, *Philosophische Anthropologie*, Stuttgart 2008.

A.J. Jacobs, *Saufit: Von einem der auszog, nie wieder krank zu werden*, Berlin 2013.

Hans-Jürgen Heinrichs, *Peter Sloterdijk. Die Kunst des Philosophierens*, München 2011.

Hans Lenk, *Das flexible Vielfachwesen. Einführung in die moderne philosophische Anthropologie zwischen Bio-, Techno- und Kulturwissenschaften*, Weilerswist 2010.

Günter Schnabel/Dietrich Harre/Jürgen Kraft/Alfred Borde: *Trainingswissenschaft. Leistung – Training – Wettkampf*, Berlin 2003.

Tectum Verlag, 2013
282 Seiten, Paperback
29,95 € / 37,10 sFr
ISBN 978-3-8288-3193-3

Hendrik Wahler

Philosophische Lebensberatung

Begriff, Theorie und Methoden

Seit Jahrzehnten drängt die Bewegung der Philosophischen Praxis auf die praktische Anwendung der meist lebensfernen akademischen Philosophie. Die theoretische und psychologische Fundierung blieb dabei jedoch fast vollständig außen vor, weshalb der Ruf nach einer Theorie Philosophischer Praxis zunehmend lauter wurde.

Hendrik Wahler legt nun den ersten systematischen Entwurf der Philosophischen Lebensberatung vor. Dabei entlarvt er viele Selbstwidersprüche aus den Anfangsjahren der Philosophischen Praxis – insbesondere die glorifizierte Ablehnung aller Begriffsbestimmung sowie jeglicher fundierenden Theorie und psychologischen Grundlegung. Er plädiert für ein integratives und theoretisch fundiertes Konzept der Beratung, deren Hauptanliegen nicht die Abgrenzung zu anderen Beratungsformen, sondern der Beratungserfolg für den Klienten ist – und zeigt, warum gerade die Philosophie diese integrierende Funktion von sich gegeneinander abschottenden Psychotherapieschulen übernehmen kann.

Tectum Verlag, 2013
154 Seiten, Paperback
8,95 € / 10,90 sFr
ISBN 978-3-8288-3164-3

Werner Raupp

Denis Diderot – Ein funkensprühender Kopf

100 Gedanken. Ein Mosaik zum 300. Geburtstag
des französischen Philosophen

Denis Diderot gilt als einer der brillantesten Köpfe der europäischen Aufklärung, wenn nicht sogar der gesamten abendländischen Geistesgeschichte. Bekannt und berühmt wurde er als En-
zyklopädist, Philosoph, Publizist und Schriftsteller, Dramatiker,
Kunst- und Musikwissenschaftler und schließlich als Wegbereiter
der Demokratie. Lessing bezeichnete ihn als „Wolkenmacher" und
„Weltweisen", Nietzsche als ersten Geist des neuen Frankreich, Schil-
ler würdigte seine Gedanken als „Lichtfunken".
Zu seinem 300. Geburtstag im Jahre 2013 unternimmt Werner
Raupp einen Streifzug durch Diderots Leben und Werk und zeichnet ein buntes Mosaik aus 100 prägnanten Gedanken des Philosophen, von kurzen Aphorismen bis hin zu längeren Auszügen aus
Romanen und Briefen, die zum Nach- und Weiterdenken anregen.

Dr. Werner Raupp studierte Philosophie, Theologie und Neuere Geschichte in Mainz und Tübingen. Er ist freier Autor, FH-Dozent, Mitbe-
gründer und Geschäftsführer des humanistisch-philosophischen Arbeits-
kreises Tusculum und veröffentlichte zahlreiche Beiträge zur neuzeitlichen
Geistesgeschichte.